本书是国家社科基金项目（17BJL007）结题成果

全球价值链视角下
产业集群的质量升级研究

马中东　著

中国财经出版传媒集团

经济科学出版社

Economic Science Press

图书在版编目（CIP）数据

全球价值链视角下产业集群的质量升级研究/马中
东著. —北京：经济科学出版社，2022.6
ISBN 978 – 7 – 5218 – 3248 – 8

Ⅰ. ①全…　Ⅱ. ①马…　Ⅲ. ①产业集群 – 产业结构升
级 – 研究 – 中国　Ⅳ. ①F269. 23

中国版本图书馆 CIP 数据核字（2021）第 248255 号

责任编辑：刘　莎
责任校对：刘　娅
责任印制：王世伟

全球价值链视角下产业集群的质量升级研究

马中东　著

经济科学出版社出版、发行　新华书店经销
社址：北京市海淀区阜成路甲 28 号　邮编：100142
总编部电话：010 – 88191217　发行部电话：010 – 88191522
网址：www. esp. com. cn
电子邮箱：esp@ esp. com. cn
天猫网店：经济科学出版社旗舰店
网址：http://jjkxcbs. tmall. com
北京季蜂印刷有限公司印装
710×1000　16 开　19.25 印张　300000 字
2022 年 6 月第 1 版　2022 年 6 月第 1 次印刷
ISBN 978 – 7 – 5218 – 3248 – 8　定价：86.00 元
（图书出现印装问题，本社负责调换。电话：010 – 88191510）
（版权所有　侵权必究　打击盗版　举报热线：010 – 88191661
QQ：2242791300　营销中心电话：010 – 88191537
电子邮箱：dbts@ esp. com. cn）

序

习近平总书记在 2014 年提出了中国经济的三个转变："中国制造向中国创造转变、中国速度向中国质量转变、中国产品向中国品牌转变"，为中国经济新常态下实现高质量发展指明了方向和路径。2017 年党的十九大报告首次提出了质量强国战略，习总书记指出，"供给侧结构性改革的主攻方向是提高供给质量，中心任务是全面提高产品质量和服务质量"，目标是显著增强我国经济质量优势。习总书记在谈到产业升级时指出，"促进我国产业迈向全球价值链中高端，培育若干世界级先进制造业集群"；在谈到经济发展特征时指出，"我国经济发展进入了新时代，基本特征就是由高速增长阶段转向高质量发展阶段""推动经济发展质量变革、效率变革、动力变革"。习近平总书记关于质量问题的重要论述，既涉及宏观层面的经济发展质量，也涵盖产品质量、工程质量和服务质量等具体领域，形成了系统科学、内涵丰富的质量观。

在习近平总书记质量思想的指导下，党中央国务院先后出台了《质量发展纲要（2011～2020 年）》《关于开展质量提升行动的指导意见》《中国制造 2025》等一系列重要文件和政策，推动实施质量强国战略，促进中国经济发展迈向全球价值链中高端水平。这些文件与政策，关注的重点就是我国制造业产业集群转型升级的问题，因为我国制造业主要采用产业集群的组织形式，利用产业集群的创新优势、成本优势、共享优势等，来获取产品的国际竞争力。因此，研究全球价值链下制造业产业集群的质量升级问题，是培育世界级先进制造业产业集群的需要，是响应我国建设制造业强国的需要，也是进一步落实习近平总书记质量观的需要。

国内关于产业集群的研究，兴起于 2000 年，繁荣于 2010 年左右。作者长期从事产业集群理论和实践的研究。早在 2004 年，作者就以产业集群作为博士论文研究方向；2008 年，作者在人民出版社出版学术专著《分工视角下产业集群的形成与演化研究》，提出了分工—市场—制度的分析框架，指出分工和市场的相互促进，只是产业集群形成的关键因素，制度环境才是决定性因素，政府政策的扶持、特定区域的商业文化、社会资本的影响、交易费用的降低、企业家的创新动力等，共同决定了产业集群的形成和演化。从 2008~2010 年，作者在山东大学博士后工作站继续研究产业集群问题，于 2016 年由中国社会科学出版社出版学术专著《分工—市场—制度与产业集群升级研究——以山东省为例》，提出产业集群的优势来源于分工，分工表现为国内分工和国际分工，从价值增值角度，表现为国内价值链和全球价值链。分工和市场的相互促进，在国际市场上也表现为全球价值链的治理模式选择。分工是否促进创新，市场是否推动产业集群升级，还取决于制度的作用。比如，我国在汽车产业领域推行市场换技术的政策，使得汽车技术研发比较缓慢，过度依赖技术引进，模仿创新成为普遍现象，不重视基础研究，缺乏核心技术，严重影响了我国汽车制造业产业集群的转型升级，甚至被锁定在全球价值链的低附加值环节。

从价值链角度来看，双循环新发展格局的内涵，就是构建全球价值链与国内价值链互动的发展格局。中国推进供给侧结构性改革、"一带一路"倡议等，使得双循环格局下的产业升级成为一系列问题的焦点，而制造业产业集群的质量升级又成为焦点中的焦点，关键中的关键。2020 年全球新冠肺炎疫情暴发，逆全球化暗流涌动，作为全球制造业大国，我国产业链和供应链面临的形势愈发严峻，核心零部件以及核心技术出现断点和卡点，比如半导体产业的高端芯片、原材料、操作软件等，受制于西方科技强国，因此，我国制造业的升级，需要在技术创新方面进行突破，而技术创新的突破，又依靠标准国际化、品牌国际化来支撑。标准国际化，是全球价值链各个分工环节相互沟通和衔接的共同语言，与标准紧密相关的是计量、检验检测、认证认可等质量管理基本要素，这些要素被称为国家质量基础设施（NQI）。国际竞争力的比拼，说到底是质量基础设施的比拼，产业集群的升级，也是质量基础设施和产业集群竞争优势的有机契合，进而推动产业集群提质增效，因此，产业集群的升级，最终要依靠制造业产业集群质量升级来解决。

当前学术界从经济学角度研究宏观经济高质量发展的文献比较丰富，从管理学角度研究具体产品和具体产业领域质量提升的文献也较为丰富，但是介于学科交叉视角，研究中观层面的产业集群质量升级的文献相对较少。经济学视角的高质量发展研究，往往把质量作为一个整体要素，质量提升是一个既定的过程，这个过程如何具体实现，又有哪些要素影响或者决定质量提升，缺乏深入的研究，或者说，把质量提升作为一个"黑箱"处理，没有打开这个"黑箱"来研究其内部运行情况，只是分析质量提升的结果就足够了。管理学的视角研究质量问题，需要区分具体的研究领域、研究要素；比如产品质量、服务质量、工程质量等领域，质量要素分为标准、计量、检验检测、认证认可等要素，统称为质量基础设施，还要研究质量管理的具体工具和方法。管理学视角的质量提升虽然打开了"质量黑箱"，但是往往侧重于具体产品和具体领域，较少涉及行业与产业的中观层面和宏观层面的高质量发展，因此，从经济学视角下，打开"质量黑箱"，分析质量基础设施、质量治理、质量文化与价值链、产业链、产业高质量发展的关系，成为一个亟待理论创新的领域。作者正是基于这一考虑，主持研究了国家社科基金课题"全球价值链下产业集群的质量升级路径与对策研究"，将产业集群研究根植于全球价值链视角，探讨产业集群的质量升级这一重大问题。本书以此国家社科基金课题的结题报告作为主要内容，不仅丰富了产业集群发展理论，而且将对我国的产业集群的质量升级提供方向和方法指导。

山东大学

前　言

　　改革开放以来，我国的产业集群积极融入全球价值链，虽然取得了快速发展，但是大多处于全球价值链中低端，即处于附加值比较低的生产、加工、组装等环节，附加值高的技术与研发、设计与品牌等环节被西方发达国家控制。产业集群的升级就是要通过自主技术研发、自主设计，培育自主品牌，最终获取高附加值，而产业集群的质量升级是达到这一目标的根本路径。目前我国产业集群的质量升级已经启动，仍面临很多问题：创新能力不足，标准化建设滞后，认证认可的实效不高，计量和检验检测服务不到位，品牌价值不明显等，致使产业集群锁定在全球价值链的中低端，产业集群竞争力亟待通过质量升级得以加强。全球价值链下产业集群的质量升级，是指通过强化产业集群的四大质量基础设施建设，即通过标准的规范性、计量的准确性、检验检测的符合性、认证的公允性功能，推动产业集群沿着全球价值链的生产环节升级到自主研发和自主品牌环节，获取全球价值链高附加值环节，摆脱低附加值锁定，最终提升产业集群的全球竞争力。

　　产业集群的质量升级逻辑是：发挥产业集群的创新优势、共享优势，在全球价值链的研发设计与生产加工环节，使研发技术化、技术专利化、专利标准化、标准国际化，在全球价值链的销售环节，推动产品品牌化、品牌国际化。

产业集群通过强化国家质量基础支撑实现质量升级进而融入全球价值链中高端，其机理为：国家质量基础能有效地提升集群技术研发效率、增强产品生产制造质量、塑造集群品牌和拓展产品市场，引导产业集群向价值链高附加值环节攀升，同时提升生产环节价值创造力。具体路径是：在技术分工层面，基于全球价值链视角下，通过技术创新，强化质量四大基础设施，即提升标准、计量、检验检测、认证认可建设水平，实现产业集群的整体质量提升，进入到全球价值链中高端环节；在市场层面，基于竞争视角下，提升质量服务产业的市场竞争优势，营造质量升级的市场竞争生态环境，打造产业集群的国际化品牌；在制度层面，基于价值链和质量链治理视角下，强化质量相关主体的治理机制和治理水平，培育优胜劣汰的营商生态环境，倡导精益求精的质量文化，提升全球范围内产业集群的质量治理能力。

现有文献中的产业集群升级研究已经构建了一些理论模型，比如波特的五力模型、卡普林斯基和莫里斯（Kaplinsky & Morris，2001）的四个升级模型：过程升级、产品升级、功能升级和链的升级。虽然这些理论模型对我国产业集群升级有一定的指导意义，但是我国产业集群升级面临全球价值链低端锁定的困局，在升级路径和突破全球价值链锁定方面，仍然存在诸多理论层面和现实层面的困难。产业集群升级的本质是竞争力的提升，具体路径是产品质量提升和产品品牌的国际化，本书尝试构建全球价值链分工环节和质量四大基础设施（标准、计量、检验检测、认证认可）之间相互联系的产业集群质量升级模型，构建质量链分析框架，分析价值链和质量链之间的互动机制，并提炼相关指标，建立计量模型，进行实证分析，寻找价值链背后的质量链存在的问题。接着，从质量基础设施、质量治理、质量文化等方面，比较分析了中国、美国、德国、日本产业集群质量升级的现状和进展，提炼出规律性的成功经验。

本书运用质量升级理论，对汽车产业集群、手机产业集群、轴承产业集群进行了基于全球价值链的案例分析。汽车产业集群作为拉动我国经济的主力军，其产业链长，产业关联度高，是现代制造业的典型代表，因此，选取汽车产业集群作为全球价值链下质量升级的案例，具有较强的理论意义和实践价值。手机产业集群是移动通信行业的代表，科技含量高，产品更新快，全球化产业链分工十分明显，作为典型案例进行分析，能较好地契合本书的研究内容。轴承产业集群是制造业的基础行业，具有区域聚集的明显特征，也成为助推我国制造业质量升级的关键环节。这三个产业集群具有全球价值链布局、产业集群特征明显、质量升级较为成功的共同特征，因此具有较强的代表性，对于验证本书的研究内容和观点，有一定的说服力。本书最后提出产业集群质量升级的路径与对策。

目录
CONTENTS

0

绪　　论

0.1　问题的提出

产业集群的质量升级主要体现在"标准、计量、检验检测、认证认可"四大基础要素的提升，即通过标准的规范性、计量的准确性、检验检测的符合性、认证的公允性等功能，提升产业集群核心竞争力。目前我国产业集群已融入全球价值链，仍面临很多问题：创新能力不足，标准化建设滞后，计量和检验检测服务不到位，认证认可的实效不高，品牌价值不明显等，致使产业集群锁定在全球价值链的中低端，产业集群竞争力亟待通过质量升级得以加强。因此，基于全球价值链视角，以质量升级四大基础要素为切入点，研究产业集群质量升级的理论模型、路径与对策，对于经济高质量发展阶段推进供给侧结构性改革，推动实体经济走向全球价值链中高端，保持经济中高速增长具有重要的现实意义。

0.2　相关概念界定

"链"是对经济现象的一种形象化的表述，其实质是网络化的产业组织形式，具有利益共生、命运共同的特点。"链"用于经济学的理论构建，可以形成多个概念，经常用到的有"产业链""供应链""全球价值链""质量链"等。与"链"相关的概念，在本书中还有"产业集群""质量基础设施"等，在本书研究开始前，需要进一步明确这些概念的含义及其相互关系。

（1）产业集群。产业集群是基于分工的众多企业和其他市场主体形成的网络化的生态系统。产业集群内部分布着纵横交错的各种基于分工的产业链、供应链。产业集群的优势体现在创新经济、规模经济、范围经济、共享经济、品牌经济、制度经济等方面，因而制造业大多选择产业集群的方式存在，以获取和保持竞争优势。

和产业集群相关的概念有产业集中、产业聚集、企业集群等，这些概念之间既有区别也有联系，衡量指标或者识别指标不同。比如产业集中度、赫芬达尔指数、区位熵等，许多学者也进行了研究。

（2）全球价值链。全球价值链是从价值形态基础上考察制造业的全球分工链条。侧重于分析价值增值环节的分布，分为高附加值环节和低附加值环节。高附加值环节一般指全球价值链的两端，即研发设计环节和品牌营销环节。低附加值环节一般指生产加工环节，因此全球价值链的图形表示就是微笑曲线。全球价值链概念来源于价值链概念，最早是由哈佛大学的波特提出来的，主要指企业围绕顾客的价值创造过程。

全球价值链可以表现为高级和低级两个层次，技术含量高、附加值高、品牌价值高的是高级形态的全球价值链，反之是低级形态的全球价值链。全球价值链的升级，不仅是指高级形态的价值链的加工环节向研发设计和品牌营销环节升级，而且还指低级形态的全球价值链升级为高级形态的价值链。

全球价值链是基于国际分工的价值增值链条，产业集群通过参与国际分工融入全球价值链。从各国的区域角度看，产业集群表现为中小企业聚集型，或者大企业带动型，从国际分工角度看，各国的产业集群只是全球价值链上的一个环节或者模块，整个全球价值链则是一个散落在全球各地的虚拟的产业集群①。

（3）产业链。产业链是基于产业技术需求的产品制造上下游的技术分工链条。产业链是全球价值链的技术形态。依据分布的地域范围，可以划分为全球产业链和国内产业链。

（4）供应链。供应链是从产品制造的物流管理角度形成的分工链条。供应链反应制造业的上下游产品的供求关系，是保证产品生产顺利进行的物质形态的链条。供应链是全球价值链和产业链的实物形态，也可以分为全球供应链和国内供应链。

（5）质量链。以顾客为中心的质量管理全过程。来源于朱兰博士的质量环，质量管理分为研发、设计、生产、检验、控制、销售、服务等多个环节，形成一个质量链条，强调质量管理过程的系统性和协同性。

（6）质量基础设施。进入 21 世纪，世界各国间的贸易和投资自由化不断推进，为了使贸易和投资便利化，联合国工业发展组织和世界贸易组织于 2005 年共同提出了质量基础设施这一概念。主要包含标准、计量和合格评定（检验检测、认证认可）三大内容。

经过各种国际组织的研究和探讨，到 2018 年，国际标准化组织等十余家国际组织，提出了质量基础设施的新的含义，它不仅包含标准、计量、检验检测、认证认可，还包括相关的政府治理、法律法规等内容，质量基础设施成为一个涵盖技术、公共服务、法律法规和政府治理的系统性概念。

产业集群、价值链、产业链、供应链、质量链等概念之间关系（如图 0 - 1 所示）。虽然概念属性的角度不同，但是都可以包含于同一个产业集群之中。

---

① 马中东．分工、市场、制度与产业集群升级研究［M］．北京：中国社会科学出版社，2016（01）：30.

价值增值维度——全球价值链
技术分工维度——全球产业链
物流管理维度——全球供应链
质量管理维度——全球质量链
产业集群

图 0 – 1　产业集群、价值链、产业链、供应链、质量链关系

0.3　研究思路与研究总体框架

本书按照局部与系统相结合的思维方式，遵循由浅入深的研究路径，构建本书的研究框架，将全球价值链视角下产业集群的质量升级研究工作从四个方面展开。首先，在全球价值链视角下，构建由"标准、计量、检验检测、认证认可"四大质量基础为核心内容的产业集群质量升级理论框架（如图 0 – 2 所示）；然后，选取"专利数、国际标准参与度、认证认可覆盖面、品牌价值"等关键指标，建立计量模型，进行实证分析，并根据分析结果，指出当前产业集群质量升级面临的问题；接着，比较分析了中国、美国、德国、日本产业集群质量升级经验；最后，提出产业集群质量升级的路径和对策。

本书通过研究我国制造业产业集群质量升级的现状、存在的问题，提出运用标准、计量、检验检测、认证认可等质量基础来研究我国产业集群升级的路径。本书包括以下八个部分：

第一部分　全球价值链视角下产业集群的质量升级理论文献梳理

梳理了国内外全球价值链理论、产业集群升级理论、质量升级理论的相关研究成果，比较了国内外在研究方法和研究视角上的差异性，分析了国内外相关理论研究的发展趋势，并就产业集群的质量升级问题提出了研究方法和思路。

第二部分　全球价值链下我国产业集群质量升级的背景与历程分析

本章首先分析了全球价值链下产业集群发展现状，然后把全球价值链下产业集群质量升级历程划分为四个阶段，并总结了成功经验，最后指出了面临的问题和挑战。

第三部分　全球价值链视角下产业集群质量升级的理论模型构建与验证

结合产业集群升级、质量与全球价值链研究的最新进展，构建"产业集群研发设计升级→产业集群生产过程升级→产业集群质量品牌升级"逻辑框架，分析产业集群的质量升级机理，提炼四大质量基础促进产业集群升级的指标体系，如专利数、国际标准参与度、认证认可率、品牌价值等。

在理论模型的基础上，通过行业数据收集获得分析所用数据，利用交互项模型对构建的产业集群的质量升级理论模型进行验证，分析产业集群质量升级的问题及原因。

产业集群可通过强化国家质量基础支撑实现质量升级进而融入全球价值链中高端，其机理为：国家质量基础能有效提升集群技术研发效率、增强产品生产制造质量、塑造集群品牌和拓展产品市场，引导产业集群向价值链高附加值环节攀升，同时提升生产环节价值创造力。基于熵权法测算的国家质量基础与产业质量均表现出明显的区域差异，两者在演变趋势上具有较强一致性。基于拉詹和辛格莱斯（Rajan & Zingales，1998）交互项模型检验进一步得出：控制其他影响产业集群质量的变量后，国家质量基础对产业集群质量具有显著正向影响，并且其效应随着产业集聚度提升而增强。未来，应进一步强化国家质量基础技术支撑在产业集群质量升级中的效能，促进产业集群在更高层次融入全球价值链分工体系。

第四部分　全球价值链视角下产业集群的质量升级经验借鉴

通过比较中国、美国、德国、日本产业集群质量升级的各自特点，从质量基础设施、质量治理、质量文化等方面，分析全球价值链视角下产业集群的质量升级历程，探索其质量升级的内在机制，归纳提炼产业集群质量升级的经验与启示，为我国产业集群的质量升级提供经验借鉴。

第五部分、第六部分和第七部分　运用全球价值链下的质量升级分析理论，分别研究了汽车产业集群、手机产业集群和轴承产业集群三个案例，进一步验证了全球价值链、产业集群、质量升级三者之间的关系。

第八部分　推动产业集群迈向价值链中高端的质量升级路径和对策

在理论分析、模型构建、实证分析和经验借鉴的基础上，结合供给侧结构性改革和质量强国战略背景下我国产业集群质量升级存在的问题，建立产业集群质量升级管理体系，提出促进产业集群质量升级的路径与对策，如发挥产业集群协同创新优势、建立区域技术标准联盟、提升认证认可实效、打造品牌聚集示范区等。

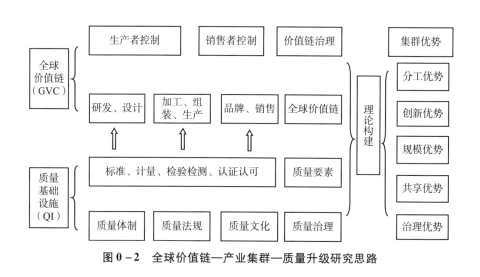

图 0 - 2　全球价值链—产业集群—质量升级研究思路

0.4　主要目标

本书基于我国产业集群在全球价值链中低端锁定的现状，基于全球价值链视角研究我国产业集群的质量升级机制及可行路径，为促进我国产业集群有效升级提供理论基础与应用依据：

（1）构建产业集群的质量升级理论分析框架。在全球价值链视角下，以四大质量基础要素为切入点，构建基于全球价值链的产业集群升级理论分析框架，分析其运行机理，建立理论模型。

（2）构建产业集群的质量升级管理指标体系。在获得理论模型的基础上，构建产业集群的质量升级指标体系，收集相关数据，评价我国产业集群的质量升级状况。

（3）提出具有操作性和针对性的产业集群质量升级的措施。根据产业集群的质量升级指标体系，从宏观层面、中观层面、微观层面分别给出政府、产业集群、企业的质量升级工具、路径与措施。

0.5　研究方法

（1）文献研究法：从经济思想史角度，先介绍理论形成和演化的历史背景，然后对主要文献进行梳理与提炼，从国际与国内两个方面，从全球价值链及其治理、质量升级等角度分析产业集群升级问题。

（2）归纳演绎法：本书先进行归纳分析，由具体到抽象，然后在进行演绎分析，构建产业集群的质量升级理论模型。比如先介绍产业集群的发展现状、产业集群质量升级的现状，然后提炼出问题与挑战，接着从研发设计、生产加工、品牌营销三个方面分析全球价值链下产业集群质量升级的内在机理，获得基于全球价值链的产业集群质量升级理论框架。

（3）计量分析法：在基于不同维度构建反映制造业发展质量和国家质量基础指标体系的基础上，应用熵权法测算出反映两者发展水平的综合性指数，采用拉詹和辛格莱斯（Rajan & Zingales，1998）交互项模型实证检验国家质量基础对产业集群质量升级的影响效应，并进行稳定性检验。

（4）比较分析法：结合理论模型与实证模型，选取中国、美国、德国、日本产业集群质量升级为对象，对基于全球价值链的产业集群质量升级进行深入剖析和比较，为我国产业集群质量升级提供经验借鉴。

（5）案例分析法：选取汽车产业集群、手机产业集群、轴承产业集群的质量升级为案例，以全球价值链为背景，从质量基础设施、质量治理、质量文化等关键指标入手，分析质量升级的历程、机制、问题与路径。

0.6 创 新 点

（1）在学术思想方面，构建了基于四大质量基础——标准、计量、检验检测、认证认可的产业集群质量升级模型，该模型综合考虑全球价值链治理与产业集群升级内在机理，突出质量要素在产业集群升级中的重要性，丰富了产业经济学的内涵。

（2）在学术观点方面，以四大质量基础为切入点研究经济高质量发展阶段产业集群的质量升级，能够有助于我国产业转型升级、提质增效，实现整个产业迈向产业链的中高端，赋予质量强国战略更加丰富的内容，有助于形成理论价值与实践价值并存的观点与成果。

（3）在研究方法方面，采用拉詹和辛格莱斯（Rajan & Zingales，1998）交互项模型实证检验国家质量基础对产业集群质量升级的影响效应，并进行稳定性检验，揭示了质量要素与产业升级之间的关系，有助于掌握产业集群质量升级的内在规律。

0.7 研 究 前 提 与 研 究 范 围

本书的研究范围是中国制造业产业集群的质量升级过程。为了便于研究，在总结国内外研究成果的基础上，凝练出三点共识，作为课题研究的前提条件。

共识一，传统产业等同于传统产业集群。在产能过剩，竞争日趋激烈，利润率不断降低的形势下，传统产业一般依靠产业集群这种中间型组织形式成长和发展，否则，离开产业集群，产业链、规模收益、技术外溢等优势很难获得，因此传统制造业中的纺织业、钢铁、机械制造、五金工具、家具、家电等，基本是按照产业集群的形式存在的，为了便于搜集数据，我们假设这些产业的数据就等同于该产业集群的数据。

共识二，基于模块化的许多高端制造业也等同于产业集群。许多高端制造业产业集群，虽然不像传统制造业集群那样是由众多中小企业高度聚集在一定区域，但是基于全球价值链的网络化聚集特征明显，比如以华为、中兴、富士康为龙头企业的电子通信产业集群，每年进口芯片等集成电路元器件，利用模块化生产，在全球形成网络化产业集群。智能手机制造、笔记本电脑生产、高端精密机床、自动机器人、无人机、智能汽车等先进制造业的生产，基于模块化的零部件，在全球形成网络化产业链，都依赖于集成电路这样的核心零部件，这些生产也是以产业集群的组织方式进行的。因而，先进制造业的核心零部件——集成电路的进出口额，可以反映先进制造业产业集群的增长情况。

共识三，产业集群的质量升级与中国质量建设与治理具有一致性。改革开放以来，中国的质量建设不断强化，治理水平逐渐提升，质量管理体系和机制不断完善，质量基础设施日趋改进，同时，产业集群的质量升级也不断推进，而且成为中国质量建设和质量治理的主要载体。质量建设的指标，比如质量四大基础设施、制造业质量竞争力指数等，也可以适用于产业集群质量升级的分析和研究。

本书的研究范围就是中国制造业产业集群。制造业产业集群是中国经济崛起的表现形式和成功之道。中国制造业之所以成功，原因在于采取了产业集群的组织形式，而这种产业组织形式在不断地演化过程中提升了自己的核心竞争力。制造业产业集群升级有很多途径，而质量升级是根本途径，目前对于质量升级的研究还处于起步阶段，因此本课题的研究具有很强的现实意义和理论意义。

0.8　有待进一步研究的问题

　　通过研究假设可以发现，本书研究的范围是制造业产业集群，因为产业集群是介于市场和企业的中间性组织，既有市场和企业的优点，也有市场和企业具有的不足之处。同时在统计指标上，往往不使用一个统计单位进行统计分析，因而产业研究数据不能直接获取，只能通过相关的间接数据进行分析。这个情况虽然不会影响研究结果的科学性和合理性，但是在一定范围内会影响实证分析的精确度。那么，如何获取更为准确的数据，提升实证分析的精确度，成为今后需要进一步研究的主要问题。

1

全球价值链视角下产业集群质量升级
相关研究的学术史梳理及研究动态

本章首先分析了产业集群理论演化的历史背景，然后梳理了国内外全球价值链理论、产业集群升级理论、质量升级理论的相关研究成果，比较了国内外在研究方法和研究视角上的差异性，最后探讨了国内外相关理论研究的发展趋势，提出了产业集群质量升级问题的研究方法和思路。

1.1 产业集群理论演化的历史背景分析

1.1.1 21 世纪以来中美关系走向影响世界经济发展

21 世纪的前二十年，世界经济以 2008 年金融危机为分界线，经历了一个由兴起、繁荣到衰退的小周期，美国经济一国独大；2001 年 911 美国恐怖袭击事件以后，反恐成为美国的首要目标，中美关系进入了最好时期，两国贸易额增长迅速，中国成为美国最大进口国；伴随着中国经济的不断强大，世界经济成为中美两国引领和主导的经济。2008 年由美国次贷危机引起的全球金融危机爆发，经济全球化进程开始减速。进入 21 世纪的第二个十年，世界经济金融调整和下行周期，逆全球化的事件不断涌现，欧洲债务危机、英国脱欧等。作为新兴经济体的中国，经济进入新常态，提出"一带一路"倡议，推行"供给侧"结构性改革，提出"五位一体"新发展理念，构建国内大循环为主的双循环新发展格局；作为世界经济守成大国的美国、欧洲等 2013 年提出"跨大西洋贸易与投资伙伴协定"（TTIP），美国、日本、澳大利亚等国家在 2016 年正式签署"跨太平洋战略经济伙伴协定"（TPP）；同时，原有的北美贸易区、东盟、国际经济合作论坛（G20）等区域化经济国际组织的作用不断强化，并继续主导着世界各地的区域经济发展。

中美主导的世界经济发展，实质是全球产业链、供应链主导地位的争夺问题。2016 年特朗普当选总统，推行美国优先战略，实施制造业回归政策，2017 年把中国定位战略竞争对手，制造中国崛起威胁论，在贸易、科技、金融、军事等领域打压中国，中美关系逐渐趋冷，2018 年爆发贸易战，2019 年贸易战不断升级，2020 年新冠肺炎疫情导致两国关系进一步趋冷，2021 年 1 月拜登就任美国总统，他表示对中国的遏制政策不会发生根本性改变。中国的崛起威胁到了美国在全球产业链的主导地位和控制地位，中美关系由原来的合作共赢关系走向了争夺全球价值链主导地位的零和博弈阶段。

1.1.2 中国通过改革开放成为世界第二大经济体

2001 年 11 月中国加入世贸组织（WTO），出口贸易快速增长，贸易比重不断提升，成为世界工厂；2010 年中国 GDP 超过日本成为世界第二大经济体。中国改革开放的主要成就是制造业的发展壮大，在科技、品牌等方面与欧美国家的发展差距不断缩小，甚至在部分领域已经领先全球。制造业发展的主要载体是分布在全国各地数目众多的产业集群，比如纺织、服装、鞋帽玩具、家电家具等传统产业集群，汽车制造产业集群，集成电路产业集群，智能手机产业集群等，占据我们制造业和进出口贸易的主导地位。

我国制造业的规模和种类已经是世界第一，产业体系和产业链条最为齐全。但是中国制造的世界代工地位并没有发生根本改变。产业链和供应链上的核心零部件依然依赖进口，价值链上的高附加值环节还是被欧美发达国家控制。因此，基于全球价值链的产业集群升级问题成为国内各界关注的热点问题。

1.1.3　新一轮的技术革命为中国经济进入高质量发展阶段提供了新机遇

制造业的发展得益于中国科技水平的不断进步，许多领域走在国际前列，比如中国的移动通信技术走过了跟跑、并跑到领跑的过程，中国的5G技术已经超过欧美发达国家水平；中国的高铁技术、互联网技术及其应用、航天技术等位居世界领先水平。工业互联网与智能制造正在快速崛起，芯片技术的研发取得进展，新技术革命为我国实现超越提供了机遇，我国在许多产业的全球价值链环节已经占据了高附加值地位，或者正在升级为全球价值链的高端环节，与此同时，遇到的挑战也会越来越严峻。我国学术界基于这些机遇和挑战的理论分析、理论成果也越来越多，出现了一批重要的研究成果。

中国经济进入高质量发展阶段。质量理论研究和高质量发展研究是不同层次的理论研究。质量管理研究偏重微观，以企业为研究对象；高质量发展研究偏重宏观，以经济增长为研究对象。产业质量是中观概念，以产业转型升级为研究对象。产业集群的质量升级，就是各个层面的质量研究的交叉融合，以区域产业集群为载体，即涉及高质量发展、产业质量升级、企业质量管理三个层次，又相对独立、自成体系的质量研究理论。

1.1.4　全球价值链下的产业集群理论研究得到不断丰富

在全球化大背景下，国内外经济发展面临的问题逐渐集中到全球价值链高附加值环节的争夺，也就是全球价值链治理控制权的争夺问题。进一步讲，实质是产业集群在全球价值链中的地位问题。美欧等西方发达国家一直占据领导地位，中国等新兴市场国家长期位居生产加工环节，处于被领导的地位，中国为首的新兴市场经济国家有升级到全球价值链中高端的内在需求，围绕这一问题，学术界开展了一系列研究，取得了丰富的成果。依据国际上影响力和理论派别，可以分为空间经济学、国际经济学、产业经济学、管理学等不同视角。

一是空间经济学视角，主要代表性成果是藤田昌久、保罗·克鲁格曼、安东尼·J. 维纳布尔斯合著的《空间经济学——城市、区域与国际贸易》。二是国际经济学视角，主要代表成果是保罗·克鲁格曼的新贸易理论和新地理经济学。克鲁格曼的新地理经济学理论研究了区域集聚形成的原因，认为产业集群是在节约运输成本、形成规模经济、外部性等条件下建立并发展起来的，还强调产业集群的最初建立具有历史偶然性，产业集群的发展壮大具有路径依赖性。出于技术外部性难以用数学模型刻画出来，克鲁格曼在分析产业集群问题时忽略了技术外溢的重要性。三是产业经济学视角，认为产业集群是介于市场与企业的中间性产业组织。四是管理学视角，代表成果是哈佛大学迈克尔波特的《国家竞争优势》等著作。波特的竞争优势理论认为产业集群的竞争力不是基于资源禀赋的比较优势，而是源于产业持续创新和升级的竞争优势，并构建钻石模型解释了如何创造有利于形成和提升产业集群竞争力的发展环境。但是，波特钻石模型是基于发达国家产业集群竞争优势形成建立起来的，缺乏对发展中国家的适应性。

1.1.5　质量理论研究成果为质量升级研究奠定了基础

我国产业集群大多处于全球价值链的低端，主要从事附加值较低、利润不高的加工、组装、生产活动。由于缺乏核心竞争力，区域产业集群容易被全球价值链治理的领导者"低端锁定"，产业集群升级是解决低端困境的主要路径。

标准、计量和合格评定在全球价值链分工和治理过程中发挥着重要作用，降低交易风险、促进科技创新、建立统一稳定秩序、提升治理能力。随着全球竞争由产品价格竞争转向质量竞争、标准竞争，技术法规、质量标准、生态要求越来越成为产业集群攀升高附加值环节的升级壁垒，质量技术基础水平的高低显示了参与国际竞争优势的大小。在全球价值链视角下，产业集群质量升级实质是通过提升质量技术基础建设能力和水平来提升产业集群竞争力，并形成区域产业集群的竞争优势，获得全球价值链治理的主动权，最终实现全球的经济发展。

现有文献对全球价值链理论、产业集群升级理论的研究已经比较丰富，这些理论模型为分析全球价值链视角下区域产业集群质量升级提供了方法和思路，奠定了理论基础。

在全球化背景下，从全球价值链视角研究产业集群的升级问题已成为当前研究的主流趋势，区域产业集群升级就是在全球价值链地位的升级。但无论是波特的产业集群竞争优势理论，还是全球价值链理论，在提供产业集群升级具体路径时，都对质量升级关注不够。结合全球产业集群的发展实践，质量升级才是产业集群升级的本质，竞争优势的获取、价值链的攀升，最终都需要质量升级来支撑。尤其在发展中国家，产业集群升级往往陷入价值链低端锁定，其根本原因在于质量的低端锁定，质量升级难以实现。因此，研究产业集群的质量升级，是发展中国家产业集群摆脱全球价值链低端锁定的重要理论命题。需要构建起"全球价值链—产业集群—质量升级"三者有机结合的理论框架，来探索具体有效的路径和对策。

1.2　国外研究综述

　　根据克鲁格曼、波特等人的理论理解，区域产业集群是在特定空间内集聚的产业网络组织，是全球价值分工链条的从属片段。在经济全球化背景下，产业集群要想拥有持续竞争力，必须不断进行升级。全球价值链理论主要包括驱动动力、治理模式等问题，并认为在全球价值链视角下，产业集群升级是从价值链低端向具有高附加值的研发设计和品牌营销两端延伸的过程，嵌入价值链的治理模式和驱动机制影响产业集群的升级形式和升级方向。关于全球价值链下产业集群升级的研究，国外学者主要从两个视角来开展：一是升级路径视角，着力于全球价值链下产业集群的升级形式和升级路径、选取现实案例进行实证研究，具体分析不同类型产业集群的升级路径；二是治理视角，着力于全球价值链的动力机制和治理模式研究。

1.2.1　全球价值链下的产业集群治理研究

1.2.1.1　全球价值链的定义

　　全球价值链理论源于 20 世纪 80 年代学者们提出的价值链理论。波特（Porter，1985）最早提出公司价值链概念，认为基于价值创造的公司经营活动构成一条公司价值链①。科格特（Kogut，1985）把价值链的研究范围拓宽到国家层面，认为一国的比较优势决定了价值链在全球空间的配置，而企

---

　　① Porter，M. E. & Advantage，C. Creating and sustaining superior performance［J］. Competitive advantage，1985，167：167 – 206.

业的竞争能力决定了企业参与价值链的具体细分环节①。格雷菲尔（Gereffi,
1999）将价值链概念与全球生产组织结合起来，提出全球商品链（Global
Commodity Chain, GCC）概念②。然后，格雷菲尔和卡普林斯基（Gereffi &
Kaplinsky）对价值链理论进行了梳理总结，并开始使用全球价值链（Global
Value Chain, GVC）概念③。对全球价值链的概念，国外学术界基本形成了
统一定义：全球价值链是为实现商品或服务价值而在全球范围内连接生产、
销售、回收处理等过程的企业网络组织，它包括了商品或服务从设计研发、
制造加工、市场营销、售后服务及回收处理的全过程④。

1.2.1.2　全球价值链下产业集群两种治理驱动力

由于全球分工下存在交易成本、不完全信息、有限理性等问题，作为一
种产业组织形式，全球价值链难以通过市场机制自发协调各经济主体之间的
利益关系，实现供应链合理配置，因此价值链治理成为必要机制⑤。根据治
理领导者的类型和价值链驱动力的来源，格雷菲尔（Gereffi, 1999）把全球
价值链划分为两种类型：生产者驱动型和购买者驱动型⑥。在生产者驱动型
价值链中，以掌握核心研发技术的供应商为中心；在购买者驱动型价值链
中，以拥有品牌和销售渠道的大型零售商、批发商为核心，发展中国家的劳
动密集型产业集群大多进入这种链条中。但是，这种对全球价值链的划分方
法太过宽泛，无法捕捉到全球价值链治理结构的全部复杂性。

---

① Kogut, B. Designing global strategies: Comparative and competitive value-added chains [J].
Sloan Management Review (pre – 1986), 1985, 26 (04): 15.

② Gereffi, G. International trade and industrial upgrading in the apparel commodity chain [J]. Journal
of international economics, 1999, 48 (01): 37 – 70.

③ Humphrey, J. & Schmitz, H. How does insertion in global value chains affect upgrading in industri-
al clusters? [J]. Regional studies, 2002, 36 (09): 1017 – 1027.

④ 乔小勇，王耕，李泽怡. 全球价值链国内外研究回顾——基于 SCI/SSCI/CSSCI 文献的分析
[J]. 亚太经济, 2017 (01): 116 – 126.

⑤ Ponte, S., Kelling, I., Jespersen, K. S. & Kruijssen, F. The blue revolution in Asia: upgra-
ding and governance in aquaculture value chains [J]. World Development, 2014, 64: 52 – 64.

⑥ Gereffi, G. International trade and industrial upgrading in the apparel commodity chain [J]. Journal
of international economics, 1999, 48 (01): 37 – 70.

1.2.1.3 全球价值链下产业集群的治理模式

汉弗莱和施米茨（Humphrey & Schmitz，2000）将价值链治理模式划分为：纯市场关系型、网络型、准科层制和科层制四种类型①。斯特金和李（Sturgeon & Lee，2001）基于产品和流程的标准化程度，区分了"普通商品供应商""俘虏型供应商""交钥匙型供应商"三种供应商类型②。斯特金（Sturgeon，2002）考虑到社会文化的影响，进一步建立了生产网络的国别模型：日本模型、意大利模型、德国模型、美国模型，并将它们划为三类：领导型（日本）、关系型（意大利和德国）、模块型（美国），并认为"交钥匙供应商"为模块型生产网络，这种生产网络拥有更高的经济绩效③。虽然上述研究更加详细地提出了全球价值链治理模式的基本类型，但没有给出区分不同治理模式的具体变量。格雷菲尔（Gereffi et al.，2005）提出划分治理层次结构的三个关键变量：交易的复杂性、信息的编码能力和供应商的能力，归纳出全球价值链治理模式的五种类型：市场型、模块型、关系型、俘虏型（准层级型）和层级型，从市场到层级，行为主体间的协调能力逐渐增强④。

1.2.2 全球价值链下的产业集群升级形式

1.2.2.1 产业集群的生命周期理论

产业集群在发展成熟后，如果不能成功升级并形成竞争力，则最终将

---

① Humphrey, J. & Schmitz, H. Governance and upgrading: linking industrial cluster and global value chain research [M]. Brighton: Institute of Development Studies, 2000.

② Sturgeon, T. & Lee, J. R. Industry co-evolution and the rise of a shared supply-base for electronics manufacturing [C]. In Nelson and Winter Conference, Aalborg, 2001 (06): 12 – 15.

③ Sturgeon, T. J. Modular production networks: a new American model of industrial organization [J]. Industrial and corporate change, 2002, 11 (03): 451 – 496.

④ Gereffi, G., Humphrey, J. & Sturgeon, T. The governance of global value chains [J]. Review of international political economy, 2005, 12 (01): 78 – 104.

面临衰落甚至灭亡的结局。迪肯等（Dicken et al.，2001）认为，只注重内部联系的产业集群注定要走向衰败，产业集群需要加强与全球生产网络的有机结合，通过嵌入全球价值链加强外部联系，才能实现产业集群的升级和发展。这是因为，全球价值链为产业集群提供了知识流动和技术创新的机会，有助于提高集群企业的创新能力和经营绩效[1][2]。

1.2.2.2　全球价值链视角下产业集群升级的四种形式

根据全球价值链分工环节和获利能力的匹配关系，贝尔和格雷菲尔（Bair & Gereffi，2001）认为，产业集群升级是放弃低附加值活动转向获利更多、技术水平更高的高附加值活动的过程[3]。汉弗莱和施米茨（Humphrey & Schmitz，2000）提出了全球价值链视角下产业集群升级的四种形式：工艺流程升级、产品升级、功能升级和链条升级。工艺流程升级是提升产业价值链中某环节的生产效率，加快流程运转速度；产品升级是适应市场需求生产新产品或改进已有产品性能；功能升级是参与价值链条由低端向高端延伸；链条升级是转换价值链进入新价值链。李和陈（Lee & Chen，2000）指出产业集群升级一般按照"工艺流程升级→产品升级→功能升级→链条升级"的方向进行[4]。卡普林斯基和莫里斯（Kaplinsky & Morris，2001）认为发展中国家产业集群在实行出口导向型的国际贸易中，都遵循了委托组装（OEA）→贴牌生产（OEM）→自主设计加工（ODM）→自主品牌生产（OBM）的路径[5]。

---

① Nadvi，K. & Halder，G. Local clusters in global value chains：exploring dynamic linkages between Germany and Pakistan [J]. Entrepreneurship & Regional Development，2005，17（05）：339－363.

② Tsai，M. T. & Tsai，C. L. Innovation capability and performance in taiwanese science parks：exploring the moderating effects of industrial clusters fabric [J]. International Journal of Organizational Innovation，2010，2（04）.

③ Bair，J. & Gereffi，G. Local clusters in global chains：the causes and consequences of export dynamism in Torreon's blue jeans industry [J]. World development，2001，29（11）：1885－1903.

④ Lee，J. R. & Chen，J. S.. Dynamic synergy creation with multiple business activities：toward a competence-based business model for contract manufacturers [J]. applied business strategya，2000：209－228.

⑤ 转引：李玮. 全球价值链理论和发展中国家产业升级问题研究 [J]. 工业技术经济，2017，36（01）：22－31.

1.2.3　治理动力和治理模式与产业集群升级形式的联系

从治理角度来看，区域产业集群升级是向着具有治理主导权的战略环节移动。谁处在全球价值链中战略环节的位置，谁就抓住了整条价值链，从而就控制了价值链上的其他主体，拥有了这条价值链的治理权。汉弗莱和施米茨（Humphrey & Schmitz，2002）指出，产业集群升级前景因其所服务的价值链类型而异，不同类型价值链的治理模式影响了产业集群升级的可能性和持续性①。在两种动力机制驱动的价值链中，产业集群根据驱动力的来源选择升级方向，如生产者驱动链条中的产业集群应加强技术创新提高硬件建设，购买者驱动链条中的产业集群需从渠道、品牌下手打造软件基础设施。

学者们通过若干现实案例研究认为，当前发展中国家产业集群所在价值链的治理模式大多为准层级制，治理主导权主要由拥有核心技术、先进管理能力和品牌销售渠道的发达国家掌控。在准层级制治理模式中，领导者向发展中国家产业集群提供技术建议、设备设施，或者确定产品设计、流程参数，有利于区域产业集群快速实现流程升级和产品升级。但是，为了获得最大利润和维护治理主导权，领导者不但不会向其他主体输入核心技术和管理方法，还会设置若干贸易壁垒，俘获发展中国家的升级能力，提高他们对领导者的依赖性，阻碍功能升级②③。在市场型、模块化和网络型治理模式的价值链中，国外学者一般认为，功能

---

① Humphrey，J. & Schmitz，H. How does insertion in global value chains affect upgrading in industrial clusters？［J］. Regional studies，2002，36（09）：1017 – 1027.

② Bazan，L. & Navas – Alemán，L. Upgrading in global and national value chains：recent challenges and opportunities for the Sinos Valley footwear cluster，Brazil［J］. In EADI's Workshop "Clusters and Global Value Chains in the North and the Third World" Novara，2003：30 – 31.

③ Morris，M. & Staritz，C. Industrial upgrading and development in Lesotho's apparel industry：global value chains，foreign direct investment，and market diversification［J］. Oxford Development Studies，2017，45（03）：303 – 320.

升级的道路更为开放，流程升级和产品升级往往较慢。而对于发展中国家而言，要想嵌入这些类型的价值链实现功能升级需要一些条件，要求供应商具备高水平能力和丰厚的资金实力①②。关系型治理模式多发生在具有相同经济文化背景、地理位置接近的区域产业集群之间，如意大利北部工业区，价值链中的参与主体不经常改变，发展中国家产业集群很难嵌入。

格雷菲尔等（Gereffi et al.，2005）认为，产业集群参与价值链的治理模式不是永远不变的，随着时间的推移，划分价值链治理模式的三个变量将产生变化，如交易复杂程度降低、供应商能力提高，这将使区域产业集群参与的价值链治理模式发生动态调整和重叠③。科雷斯塔内洛和塔塔拉（Crestanello & Tattara，2011）调查了意大利威尼托与罗马尼亚的鞋业和服装产业集群之间治理关系随时间演化的机制，二者之间由高度垂直化管理的层级制逐渐演化为关系型的生产网络结构，意大利公司开始向罗马尼亚在技术、质量、灵活性、产品定制和技能方面进行知识转移和升级，虽然高附加值的设计和营销活动仍位于意大利，但是，罗马尼亚的一些承接商实现了一定程度的功能升级④。汉弗莱和施米茨（Humphrey & Schmitz，2002）指出，巴西西诺斯产业集群虽然对领导厂商的依赖性较高，但是经过多年发展，在产品质量、交货速度等方面已拥有了较强优势，正由准层级型向模块型转型⑤。

---

①⑤ Humphrey, J. & Schmitz, H. How does insertion in global value chains affect upgrading in industrial clusters? [J]. Regional studies, 2002, 36 (09): 1017 – 1027.

② Ponte, S., Kelling, I., Jespersen, K. S. & Kruijssen, F. The blue revolution in Asia: upgrading and governance in aquaculture value chains [J]. World Development, 2014, 64: 52 – 64.

③ Gereffi, G., Humphrey, J. & Sturgeon, T. The governance of global value chains [J]. Review of international political economy, 2005, 12 (01): 78 – 104.

④ Crestanello, P. & Tattara, G. Industrial clusters and the governance of the global value chain: The Romania-Veneto network in footwear and clothing [J]. Regional Studies, 2011, 45 (02): 187 – 203.

1.2.4 质量标准、质量链与产业集群升级

经济全球化不仅使全球分工深化形成全球价值链，导致国际竞争加强，而且竞争方式和手段逐渐向质量竞争和标准竞争方面深入。与此同时，国外学术界对质量标准及质量管理在产业集群升级中作用的关注越来越多，而质量链治理已成为提高产业集群竞争力的发展趋势。

一是质量管理的方式不断创新，向与全球价值链、供应链关联和延伸。自 20 世纪 80 年代进入标准化质量管理阶段以来，如国际标准化组织（ISO）通过制定和发布国际标准，在提高客户满意度、提升产品和服务质量、降低交易成本和增强质量意识等方面发挥了很大作用，引导越来越多的机构主体参与并执行国际标准；国际标准虽然不是一项强制性措施，但已经成为质量管理的一个有用工具，而且供应链中处于强势地位的企业将其作为供应商需要满足的必要条件。基于 ISO 国际标准、美国国家质量奖评价标准等，加拿大哥伦比亚大学学者提出"质量链"概念，提出质量链是包括供应链全流程，综合全球价值链多元主体的，基于质量流、信息流和价值流的一套质量共治体系。面向全球供应链的质量链管理可以提高产品和服务质量，提升产业集群竞争力。

二是质量约定和标准在全球价值链治理的应用越来越广泛，在塑造产业集群的升级机会中扮演着越来越重要的角色①。庞特和吉本（Ponte & Gibbon，2005）将质量安全、技术标准、质量惯例等与价值链治理结合起来，建立了基于惯例准则的全球价值链治理框架，使价值链治理模式的划分更加一般化②。庞特等（Ponte et al.，2014）扩展了产品升级的内容，认为产品升级还应包括产品质量提高、符合安全标准、环境保护标准等。

①　石洁. 全球价值链治理模式研究综述［J］. 财会通讯，2016（07）：41-43.
②　转引：石洁. 全球价值链治理模式研究综述［J］. 财会通讯，2016（07）：41-43.

他们还通过研究亚洲水产养殖产业集群升级案例，发现高端买家相对低端买家对更高级、更高品质产品的需求，设置的食品安全、质量认证等门槛，以及中国和越南的质量法律能有效地促进产业集群升级[①]。维瑟等（Visser et al.，2015）从秘鲁服装业集群案例研究中得出，为了遏制集群进一步恶化的趋势，需不断加强集群在治理过程中的质量[②]。

1.3 国内研究综述

嵌入全球价值链是发展中国家产业集群参与国际竞争和实现升级的必然选择，在劳动力、土地和资源等要素禀赋的比较优势下，国内区域产业集群最初从参与加工组装活动融入全球分工体系，成为加工贸易的"世界工厂"。在国外产业集群理论和全球价值链理论的基础上，国内学术界分析了适应我国产业集群升级的路径，通过实证方法检验了我国区域产业集群在全球价值链中的位置。

1.3.1 全球价值链下区域产业集群升级的路径

国内学者对产业集群升级及其具体路径做出了详细研究，将区域产业集群升级表述为：在全球价值链视角下，区域产业集群的升级是从价值链的低端向左右两端延伸，即从低附加值的加工制造环节向高附加值的研发

---

① Ponte, S., Kelling, I., Jespersen, K. S. & Kruijssen, F. The blue revolution in Asia: upgrading and governance in aquaculture value chains [J]. World Development, 2014, 64: 52 – 64.

② Visser, E. J., Távara, J. I. & Villaran, F. Growing but not developing: long-term effects of clustering in the peruvian clothing industry [J]. Tijdschrift voor economische en sociale geografie, 2015, 106 (01): 78 – 93.

设计和品牌营销环节转变的过程①②③。库妮都孜·司地克和付书科（2016）认为，嵌入全球价值链可以扩大区域产业集群的外向联合度，解决产业集群在升级过程中面临的内部信息封闭和专业技术不足等问题④。洪银兴（2017）提出，嵌入全球产业链是中国参与全球经济治理的重要途径，国内产业集群向全球价值链中高端攀升是使中国在全球经济治理中占据主导地位的重要保障⑤。

在工艺流程升级→产品升级→功能升级→链条升级的路径下，国内学者认为，区域产业集群应视集群类型不同而采取不同的升级路径。曾繁华等（2016）提出创新驱动下产业升级路径为模仿、吸收国外先进技术→ODM→OBM⑥。胡大立（2016）认为，根据全球价值链的驱动动力，生产者驱动型产业集群应遵循工艺流程升级→产品升级→自主研发设计的路径，采购者驱动型产业集群应遵循 OEA→OEM→ODM→自建渠道→OBM 的升级路径⑦。张鹏和占豪剑（2009）以广东省产业集群为例，认为生产者驱动型地方产业集群应按照功能—产品—工艺流程—跨产业转换的路径，购买者驱动型应按照产品—流程—功能—跨产业转换的路径⑧。

除了从产业集群升级的四种形式探寻全球价值链下区域产业集群升级

① 王静华. 全球价值链视角下产业集群升级的路径探析 [J]. 科技管理研究，2012，32 (01)：156 – 158.

② 苏东坡，柳天恩，李永良. 模块化、全球价值链与制造业集群升级路径 [J]. 经济与管理，2018，32（04）：54 – 61.

③ 余东华，田双. 嵌入全球价值链对中国制造业转型升级的影响机理 [J]. 改革，2019 (03)：50 – 60.

④ 库妮都孜·司地克，付书科. 全球价值链视角下地方产业集群升级路径及对策 [J]. 商业经济研究，2016（21）：199 – 200.

⑤ 洪银兴. 参与全球经济治理：攀升全球价值链中高端 [J]. 南京大学学报（哲学·人文科学·社会科学），2017，54（04）：13 – 23 +157.

⑥ 曾繁华，杨馥华，侯晓东. 创新驱动制造业转型升级演化路径研究——基于全球价值链治理视角 [J]. 贵州社会科学，2016（11）：113 – 120.

⑦ 胡大立. 我国产业集群全球价值链"低端锁定"战略风险及转型升级路径研究 [J]. 科技进步与对策，2016，33（03）：66 – 71.

⑧ 张鹏，占豪剑. 基于全球价值链的集群升级及对广东的启示 [J]. 科技管理研究，2009，29（06）：426 – 429.

的路径，国内学者还从价值链转换和融合的角度进行了思考。梁颖和卢潇潇（2019）指出，与相对不发达的发展中国家相比，我国产业集群可以凭借在全球价值链低端中的相对优势构建"区域价值链"，在"一带一路"倡议推进过程中，我国构建区域价值链的优势凸显，因此我国产业集群可以通过主导区域产业链→嵌入全球价值链的路径实现升级①。黄光灿等（2019）通过实证分析得到科技投入能够通过提高产业分工地位有效实现产业升级，基于此提出构建以技术创新为主导的"全产业链"的思路，关键是把核心要素掌控在国内，按照全产业链→全球产业链的路径进行产业升级②。

1.3.2　全球价值链下产业集群升级面临的挑战

国内产业集群长期徘徊在全球价值链的低端。面对国际分工格局不断调整，产业集群创新技术缺乏尚未解决，以及国内比较优势下降逐渐突出等因素变化，国内产业集群处在"前有壁垒，后有追兵"的困境，难以跳出"低端锁定"的陷阱。

学者们使用库普曼等（Koopman et al.，2010）提出的附加值贸易测度法对国内产业集群在全球价值链的地位进行了测度。实证表明，我国产业集群在全球价值链中参与程度不断提高，但是在全球价值链中的位置不高，参与全球分工的方式仍以加工组装为主，尚未进入核心环节③。此外，不同性质和类型的产业集群在全球价值链的地位和升级效果也不相同。王振国等（2019）测算出国内一些加工贸易部门在全球价值链的地

---

① 梁颖，卢潇潇. 发展中国家如何实现产业升级？——基于价值链转变视角的文献述评［J］. 广西大学学报（哲学社会科学版），2019，41（01）：87 - 96.

② 黄光灿，王珏，马莉莉. 全球价值链视角下中国制造业升级研究——基于全产业链构建［J］. 广东社会科学，2019（01）：54 - 64.

③ 肖宇，夏杰长，倪红福. 中国制造业全球价值链攀升路径［J］. 数量经济技术经济研究，2019，36（11）：40 - 59.

位提升明显①；黄光灿等（2019）表示低技术制造业在分工中的地位相对较高，中高技术制造业地位较低但呈上升趋势；陈艺毛等（2019）发现在嵌入全球价值链的过程中，劳动密集型产业升级效果较好，中高技术产业升级效果微小，更容易被锁定在低端②；康淑娟（2018）也得出一致的结论：低技术行业参与全球价值链的程度和地位比高技术行业高，劳动密集型行业比资本密集型、知识密集型高③。国内产业集群在全球价值链下整体的发展现状和行业异质性差异表明，我国产业集群并未实现附加值环节攀升和产业集群升级，技术、知识密集型产业集群优势不突出，以参与加工组装环节为主，被锁定在全球价值链的低端环节。

国内学者进而解释了产业集群低端锁定的成因，主要可以概括为三个方面：第一，从产业集群本身来看，要素禀赋决定下的集群缺少创新能力，对价值链形成过度依赖④。国内要素禀赋比较优势决定了区域产业集群嵌入全球价值链的位置——以加工组装活动为主的低端环节，有利于培养劳动密集型或资源密集型产业集群。与进行加工贸易相比，集群自主研发活动投入成本高、风险大，因此对于集群而言，只要继续加工制造，引进国外中间投入品，就能在全球价值链中获利。第二，从区域产业集群发展的国内环境来看，低效的"区域治理模式"下，激发集群创新的动力不足⑤。地方政府缺少动力引导和鼓励产业集群升级，代工生产活动虽然不利于产业集群升级，但是能够增加地方 GDP，提高地方政府政绩。国内一些企业家缺乏专注研发设计的精神和打造国际知名品牌的勇气，这必

---

① 王振国，张亚斌，单敬，黄跃. 中国嵌入全球价值链位置及变动研究［J］. 数量经济技术经济研究，2019，36（10）：77-95.

② 陈艺毛，李春艳，杨文爽. 我国制造业国际分工地位与产业升级分析——基于增加值贸易视角［J］. 经济问题，2019（05）：105-114.

③ 康淑娟. 行业异质性视角下的中国制造业在全球价值链中的地位及影响因素［J］. 国际商务（对外经济贸易大学学报），2018（04）：74-85.

④ 胡大立. 我国产业集群全球价值链"低端锁定"的诱因及其突围［J］. 现代经济探讨，2013（02）：23-26+36.

⑤ 马中东. 区域治理模式与产业集群升级困境分析——基于全球价值链视角［J］. 山东社会科学，2014（04）：130-134.

然会使我国产业集群长期困于低端。部分行业协会没有协调好技术和知识溢出与内部竞争机制，抑制了企业创新升级的积极性。第三，从全球价值链治理来看，国内产业集群大多处于治理关系的从属地位，受领导者的"俘获"①。领导者按照自身利益最大化的方式进行价值链的利益分配，国内产业集群由于成本优势被长期俘获在加工环节。领导者为了维护治理主导权，会采取技术封锁、知识产权保护等技术壁垒遏制集群升级。

洪银兴（2017）提出，我国产业集群低端锁定的环节已经"低端锁不定"了。随着近几年中国劳动力、土地成本上升，国内产业集群参与全球分工的比较优势被削减，国际上最初由我国承接的加工制造产业有向东南亚国家转移的趋势②。吕越等（2019）认为，中美贸易摩擦发生的原因之一就是中美两国制造业在全球价值链中地位发生了变动③。而中美贸易摩擦将重构全球价值链，对中国低端制造业产业集群而言，在交易成本上升和比较优势下降的双重限制下，国内产业集群向外转移速度加快，国内产业集聚规模下降，最终将导致中国参与全球分工的格局变小，不利于我国产业集群实现升级④。

1.3.3　产业集群的质量升级的具体路径

虽然我国的比较优势决定了国内产业集群嵌入全球价值链的最初位置，但是竞争优势决定了产业集群沿全球价值链的升级效果。为了摆脱低端锁定困境，迈向全球价值链中高端，区域产业集群必须要跳出"比较优

①　吕越，陈帅，盛斌．嵌入全球价值链会导致中国制造的"低端锁定"吗？［J］．管理世界，2018，34（08）：11 - 29．

②　洪银兴．参与全球经济治理：攀升全球价值链中高端［J］．南京大学学报（哲学·人文科学·社会科学），2017，54（04）：13 - 23 + 157．

③　吕越，马嘉林，田琳．中美贸易摩擦对全球价值链重构的影响及中国方案［J］．国际贸易，2019（08）：28 - 35．

④　王孝松，吕越，赵春明．贸易壁垒与全球价值链嵌入——以中国遭遇反倾销为例［J］．中国社会科学，2017（01）：108 - 124 + 206 - 207．

势陷阱"，建立起竞争优势①。从国际竞争的发展趋势来看，质量技术基础建设逐渐形成国家、区域或产业集群主体的竞争优势，提升区域治理能力，提高国内产业集群在全球价值链治理中的话语权。因此，基于质量技术基础提升的质量升级是产业集群升级的根本途径。国内学者从产业集群升级的价值链两端入手，提出了建立技术标准联盟、创建区域产业集群品牌、形成集群质量文化等分析框架，这为产业集群的质量升级提供了具体方向。

1.3.3.1 技术标准联盟

李大庆和李庆满（2017）指出，"谁掌握了行业标准，谁就具备了竞争优势，谁就能赢得市场"②。技术标准联盟是由标准制定者、标准产业化者、标准利益相关者和标准用户等主体组成的，一种以技术标准建立、生成、背书、维护、更新为导向，以知识流为纽带，具有长期、稳定、正式关系的组织，具有主体多元化、网络外部性和阶段竞争性的特点③。李庆满等（2018）认为，组建技术标准联盟是形成技术标准创新，进而提高区域产业集群创新绩效，促进区域产业集群实现可持续发展的一种低风险、高效率的方式④。质量技术基础包括标准、计量、检验检测和认证认可四个部分，其中标准是产业链、价值链、质量链的引领和规范，不仅推动技术扩散和传递，还关系产业集群国际竞争和治理的主导权，而质量技术基础作为一套基础性技术支撑体系，其水平的提升有赖于科技创新能力。因此，技术标准联盟将标准和科技创新融为一体，在提高产业集群技

---

① 洪银兴. 参与全球经济治理：攀升全球价值链中高端［J］. 南京大学学报（哲学·人文科学·社会科学），2017，54（04）：13－23＋157.

② 李大庆，李庆满. 产业集群环境下企业技术标准扩散模式及路径研究［J］. 科技进步与对策，2017，34（23）：77－83.

③ 姜红，孙舒榆，吴玉浩. 技术标准联盟知识生态系统演化机理分析——闪联产业联盟案例［J］. 科技进步与对策，2019，36（21）：1－9.

④ 李庆满，杨皎平，赵宏霞. 集群内外竞争、标准网络外部性对标准联盟组建意愿和创新绩效的影响［J］. 管理科学，2018，31（02）：45－58.

术水平、加快创新成果转化的同时，还能完善质量技术基础建设，提高质量技术基础水平，突破价值链升级的技术贸易壁垒，从而提高产业集群整体竞争力，促进产业集群的质量升级。

1.3.3.2　产业集群品牌

李明武和綦丹（2017）认为，"集群品牌生态系统是品牌集合与其生存环境的统称，包括各类企业品牌的政府、行业协会、金融机构、科研院所等服务系统，以及所在区域经济、文化等外部环境"①。张晓东和何攀（2019）提出，在美国实行贸易和知识产权保护日趋严格的环境下，塑造产业品牌形象，提升产业服务能力是跨境电商实现质的飞跃的突破点②。在推动产业集群升级机理方面，集群品牌具有集聚效应、扩散效应和识别效应等品牌效应。集聚效应是指，集群品牌具有集聚人才、资金等要素的作用，从而降低集群内企业的生产成本和交易成本，加强产业集群的规模经济③。扩散效应是指集群品牌会对内部企业形成示范，提高企业生产产品与提供服务的标准，并有利于建立起集群整体文化理念和规则制度，实现流程升级和产品升级④。识别效用是集群品牌知名度提高后，能促进相关支持产业与集群的交流合作，改善集群发展的外部环境，形成产业集群竞争力。在加强质量基础设施建设方面，集群品牌的品牌效应能促进形成国际权威认可，占据标准设定、合格评定等方面的先发优势，抢先形成国际标准，从而提高质量基础设施建设水平。而完善的质量基础设施建设是维护集群品牌的力量，并推动着品牌的发展，二者的相互作用促进了产业

---

① 李明武，綦丹. 产业集群品牌生态系统的构成、特征及演化［J］. 企业经济，2017，36（03）：23 – 28.

② 张晓东，何攀. 跨境电商产业国际集群品牌形成机理研究——基于扎根理论分析［J］. 科技管理研究，2019，39（22）：237 – 246.

③ 卞显红. 创新网络、集群品牌视角的旅游产业集群升级研究——以杭州国际旅游综合体为例［J］. 地域研究与开发，2012，31（03）：22 – 26.

④ 李明武，綦丹. 产业集群品牌生态系统的构成、特征及演化［J］. 企业经济，2017，36（03）：23 – 28.

集群的质量升级。

1.3.3.3 产业集群质量文化

产业集群质量文化是指产业集群以质量为中心，在长期质量管理过程中形成的并被内部成员共同认可和遵守的基本信念、意识规范、价值取向、行为准则等的总和，它包括物质、制度和精神三个层次，构成了产业集群竞争力的社会资本[1][2][3]。从物质层面来看，集群质量文化决定了产品和服务的质量，进而影响了产品升级。从制度层面看，质量文化还是集群内企业制定和实施的质量目标、质量管理工具、质量管理体系及法律法规等的一套制度安排，是加强企业对标准、计量、检验检测及认证认可的相关技术、设备投入的基础。从精神层面看，建立起创新化、标准化、品牌化、国际化的质量文化精神理念，将推动产业集群构建技术标准联盟和创建集群品牌，从而提升质量技术基础水平，实现功能升级。

1.4 国内外研究视角和研究方法的比较

国外研究产业集群及其相关理论较早，在产业集群的空间集聚、效应绩效和竞争力方面都有模型解释。随着跨国公司主导的全球分工模式向产品内演化，依托产品附加值、围绕价值链各环节的全球价值链分工体系逐渐形成，并且以片段化的区域产业集群为分工主体。全球价值链理论为产

---

① 赵广华. 产业集群文化的形成机理和培育策略 [J]. 经济学动态，2008（10）：34 – 37.

② 容秀英. 我国企业质量文化构建研究——日本的启示与借鉴 [J]. 科技管理研究，2015，35（12）：237 – 241.

③ 程虹，陈文津. 企业质量文化异质性与企业利润关联的实证研究 [J]. 管理学报，2017，14（07）：966 – 972.

业集群在国际竞争中获取可持续的竞争力提供了新的理论框架，已成为研究产业集群升级问题的趋势。在全球价值链视角下，国内对产业集群升级的研究起步较晚，在沿承国外理论模型的基础上，国内学者提出了适应中国国情的思路和理论。

1.4.1 　研究视角

国外学者基于交易成本理论、生产网络理论，研究了全球价值链的驱动机制、治理模式，提出了产业集群升级的四种形式。围绕治理理论和产业集群升级理论，国外学者重点关注全球价值链的治理模式对产业集群升级的四种形式的作用效果，以格雷菲尔（Gereffi）等人提出的五种治理模式和两种驱动机制为理论依据，国外学者们强调全球价值链的供应商和领导者的相互协调关系，并认为二者之间的关系决定了产业集群升级的形式和效果。但在这一过程中，忽略了其他治理主体在治理机制和升级形式中的作用。而国内学者在国外研究理论和模型的基础上，主要以国内产业集群为研究对象，重点关注产业集群的不同类型下升级路径的选择，以及关注行业异质性下产业集群沿全球价值链升级的效果。此外，国内学者还研究了国内产业集群升级困境的原因，在分析低端锁定的原因时，不再局限于价值链领导者的治理约束，把地方政府、行业协会、企业家等治理主体也考虑进来。

1.4.2 　研究方法

第一，国外学者在划分全球价值链治理模式和产业集群四种升级形式时，主要采用定性分析和规范分析手段，理论化和抽象化较明显，因此造成了四种升级形式划分的重叠性和升级绩效测评的不可得性。在研究产业集群沿全球价值链实现升级的路径时，大多采用案例分析方法，缺少可计量的实证分析。国内研究也主要采用个案分析法和理论分析法，没有构建起价值链治理和产业集群升级的完整框架，缺乏统计分析和定量分析。第二，随着科技创新的速度加快，经济结构和发展方式发生变化，影响全球价值链和产业集群升级的关键变量也将进行动态调整，虽然格雷菲尔（Gereffi）等人提到全球价值链的治理模式是动态变化的，但是国内外学者在研究过程中仍主要运用静态分析法和比较静态分析法，动态分析不占主导地位。

已有理论模型阐述了全球价值链和产业集群升级的联系、产业集群升级的路径，虽然指出了我国产业集群低端锁定的原因，但是对质量基础设施的支撑作用关注不多，缺少具体运行机理的分析，需要构建起"全球价值链—产业集群—质量升级"三者有机结合的理论框架。

本书结合质量管理理论的最新研究成果，从全球价值链的分工视角和治理视角，提出了通过技术创新和品牌建设，以及质量链融入价值链治理的方式，来提高质量基础设施建设能力和水平，从而提升产业集群竞争力，提高价值链治理话语权，实现产业集群的质量升级的理论框架。

1.5 文献评价与研究趋势展望

全球价值链理论已成为研究产业集群升级问题的重要支撑，产业集群升级的思路就是提升产业集群竞争力，攀升全球价值链的中高端，研究重点是提出系统的产业集群升级模型。然而，从国内外相关理论研究现状来看，已有理论模型在解决实际问题时尚存在一些不足。一是没有得出产业集群四种升级形式的具体实现路径的一般结论，只是分析治理模式和升级形式的联系（Humphrey & Schmitz，2002；洪银兴，2017；吕越等，2019）。二是对治理视角下产业集群质量升级的影响变量的研究不足，外部治理者及其治理规则正逐渐成为影响产业集群升级的因素，如国际标准化组织及其 ISO 标准、美国国家标准学会及其 ANSI 标准、英国标准学会及其 BS 标准等，但是全球价值链治理理论忽略了这些变量（Visser et al.，

2015；Gereffi et al.，2005）。三是在分析产业集群升级的质量要素方面，缺少"全球价值链—产业集群—质量升级"的机制分析，以及具体可行的策略研究。

产业集群的质量升级研究将成为提升产业集群竞争力的研究趋势。国内产业集群长期处于全球价值链低端的现状表明，产业集群升级受自身创新能力和价值链治理主体的制约。在质量规则和技术贸易壁垒成为国际竞争常用手段的过程中，产业集群升级的制约表现为质量升级的双重制约（质量技术基础能力与质量链、价值链治理能力）。因此，这需要综合运用全球价值链理论与质量管理理论的内容，构建全球价值链下产业集群质量升级的全新框架。

从全球价值链的生产分工视角来看，产品研发设计、生产加工、市场销售的每一过程都与质量基础设施建设的标准、计量、检验检测和认证认可四大质量基础要素有关。对以加工制造方式嵌入全球价值链的国内产业集群而言，质量技术基础的能力和水平制约着产业集群的发展和升级。而质量基础设施作为一套技术支撑体系，需要不断地进行技术升级，才能有助于提高产业集群技术创新投入。在生产分工视角下，产业集群质量升级的方向是迈入技术研发和品牌营销环节，要使质量技术基础的四大要素和产业集群技术创新、品牌建设进行有机结合，通过建立技术标准联盟、打造产业集群品牌、形成集群质量文化，不断强化集群质量技术基础，实现产业集群创新技术向形成国际标准转化、产业集群品牌向国际品牌转化，从而提升区域产业集群在全球价值链的地位。

从全球价值链的治理视角来看，任何一种生产组织形式都需要治理机制协调各个经济主体及其生产活动，全球价值链治理理论表明，治理模式影响产业集群升级形式和升级效果。质量链以质量流、价值流和信息流为一体，质量链治理包括对价值链全过程的质量管理，服务于价值链治理。在实现产业集群的质量升级过程中，质量链治理方式是培育和维护产业集群品牌的重要手段，成为产业集群提升治理能力的途径之一。而且质量链推动质量技术基础建设，质量技术基础作为一项制度安排，也是价值链的一种治理机制，质量技术基础建设水平的提高，就是质量链治理能力的实现和提高。

质量技术基础的技术水平由科技创新推动，质量链治理以大数据、云计算、人工智能和区块链等技术手段为基础支撑，因此要实现国内产业集群的质量升级，还要加强培育和发展数字经济和智能经济等新业态。新一轮科技革命和产业革命推动数字经济和智能经济兴起，为质量技术基础和质量链治理提供了技术支撑，最终有助于产业集群的质量升级。如网络基础设施与智能机等信息工具、互联网、云计算等信息技术有助于加快建立起标准并实现标准引领；人工智能的应用可以提高检验检测速度和质量，降低交易成本，还能升级计量技术；区块链的共享性和透明性为认证技术提供了新方式等。

通过上述分析，现有对全球价值链下产业集群升级问题的研究普遍认为产业集群升级是产业集群在全球价值链地位的攀升，并且认识到了产品质量提升是附加值提升的关键，但是现有研究未能打开"质量黑箱"，提出有效的解决方法。本书结合质量管理理论的最新研究成果，提出构建"全球价值链—产业集群—质量升级"三者有机结合的理论框架，试图通过与质量基础设施、质量治理和质量文化相结合的方式来提升产品质量，进而提升产业集群在全球价值链中的地位，实现全球价值链下产业集群的质量升级。其中，质量基础设施建设是质量治理的基本技术支撑，质量基础设施从标准、计量、认证认可、检验检测四个方面推动产品质量提升；产业集群质量文化的建立影响了产业集群内部质量治理的方式、手段、程度和制度等；从根本上来说，实现产业集群在全球价值链上的质量升级还需要依托制度创新和技术创新，产业集群由于自身的规模经济、外溢性等特点具有创新优势，数字经济与新技术手段也将有助于产业集群创新。

2

全球价值链下我国产业集群
质量升级的背景与历程分析

全球价值链下我国产业集群的质量升级过程，是积极参与国际分工推动国家质量基础不断发展进步的过程，也是国家质量治理体系不断完善、并且不断参与全球质量治理的过程，同时也是质量意识不断加强、质量文化不断丰富的过程。本章首先分析了全球价值链下产业集群发展现状，然后把全球价值链下产业集群质量升级历程划分为四个阶段，并总结了成功经验，最后指出了面临的问题和挑战。

2.1 全球价值链下我国产业集群的发展现状

我国的产业集群是伴随着改革开放历程而产生和发展壮大起来的，产业集群成为我国制造业的主要支撑，是我国成为世界工厂的主要载体。无论是依靠外资发展起来的外源性产业集群，还是依靠传统产业发展起来的内源性产业集群，都已经融入全球价值链之中，不过大多数产业集群处于价值链低附加值的生产加工环节，高附加值的研发设计环节和品牌营销环节一般掌控在欧美等发达国家手中。

从全球价值链角度，产业集群可以划分为内源性产业集群和外源性产业集群两类。外国直接投资（FDI）驱动的外源性产业集群，主要按照欧美发达国家制定并提供的生产标准进行生产，并依靠外企提供计量和检验检测等生产性服务，通过推行认证认可制度体系，保证产品质量，最终贴上欧美国家的国际品牌标签，通过 OEM 方式销往世界各地。对于内源性产业集群，大多数是按照欧美标准，以来料加工、购买零部件、贴牌出口等方式融入全球价值链；许多内源性传统产业集群在发展初期，人才和资金的实力不强，不能进行系统的技术创新，制造产品往往依靠简单模仿，没有参考国际标准，产品出口很少，主要出口到发展中国家和地区；在产业集群发展的中后期，人才和技术积累到一定程度，国内外竞争日趋加强，传统产业集群的生产也依据国际标准进行，并不断通过创新提升质量，打造自己的品牌，走 OEM、ODM 再到 OBM 的路径，逐渐提升国际知名度。

2.1.1　外源性产业集群参与全球价值链的发展现状

外源性产业集群主要是通过引进外资、依托外商投资企业和外资品牌，并聚集在经济开发区、高新技术开发区、工业园区、自贸区等特定区域而形成的产业集群，在这里主要研究制造业 FDI 产业集群（国内研究 FDI 产业集群的文献较为丰富，对其在资本、技术、人才等方面溢出效应的分析基本达成共识）。制造业 FDI 产业集群主要分布在长三角地区、珠三角地区、环渤海地区，以及中西部的武汉、重庆、成都、西安等几个核心城市的高新区、开发区。长三角主要是电子类、制药类、机械制造、电器机械类、化工类等产业集群，珠三角主要是家电类、信息技术类产业集群等。环渤海地区主要是汽车、航空等高端制造业集群。从外企进出口商品的结构来看，这些产业集群主要从国外进口电子类零部件，在国内组装形成最终产品，然后出口到欧美市场。

国家统计局数据显示，制造业是外商直接投资的主要行业，进入 21

世纪，外商实际直接投资制造业的数额一直稳定在 300 亿美元以上，最高是在 2011 年突破了 500 亿美元；无论合同项目数量、实际使用金额，还是注册登记的企业数量、投资总额、注册资本，制造业是外商直接投资的主要领域，占据了明显的主导地位。但是，从 2012 年以来，外商直接投资制造业的规模、增速、比重出现了下降趋势，外资制造业外迁或者撤离较为明显，这一问题值得关注（如图 2 – 1 所示）。

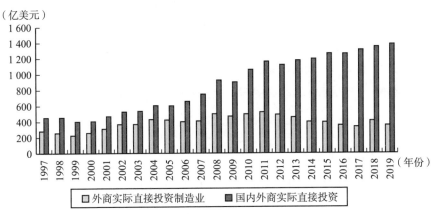

图 2 – 1　外商实际直接投资制造业数额与国内外商

实际直接投资数额（1997 ~ 2019 年）

资料来源：依据万德数据整理。

外商投资企业在我国进出口货物额中也占有相当高的比重（如图 2 – 2 所示）。2006 ~ 2019 年外商投资企业的进出口额占全国货物进出口额的比重基本在 40% ~ 50%，这说明外商投资企业是我国产业集群嵌入全球价值链的主要推动力量。

2.1.2　内源性产业集群参与全球价值链的发展现状

内源性产业集群主要是指国内资本驱动形成的产业集群，以民营资本为主，又分为传统产业集群、高新技术产业集群、高端制造业集群。

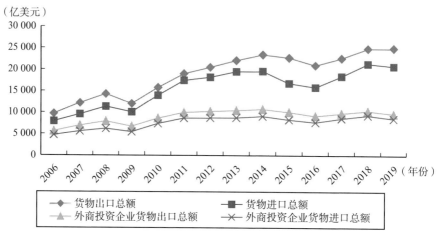

图 2-2　我国货物进出口额与外商投资企业货物进出口额

资料来源：中华人民共和国国民经济与社会发展统计公报（2006~2012 年），以及中国投资指南。

1. 传统产业集群

传统产业集群经过四十年的发展，已经突破了一般技术瓶颈，逐步摆脱全球跟随者的局面，走向并跑甚至领跑的地位。比如纺织、服装、家电、家具、制鞋、箱包、钢铁、汽车、五金等产业集群，在全球价值链上具有很强的国际竞争力，附加值逐步提升，出口额稳居各类商品前列（如图 2-3 所示）。以海尔、海信、格力、美的为主导的家电产业集群，以中铝、魏桥、信发、南山等大企业为主导的铝产业集群，以三一重工、潍柴动力、临工、徐工、柳工等为代表的机械及运输设备产业集群，以上汽、一汽、广州本田等为代表的汽车制造产业集群等，无论是在规模上还是在技术水平上，在全球都具有引领地位，成为出口产品中的主要组成部分。

目前，传统产业集群还是没有摆脱全球价值链低端的锁定问题。家电、纺织、服装、钢铁等行业的利润率很低，品牌知名度有待提升，国际品牌较少。比如山东和河北的钢铁业集群、电解铝集群、煤化工集群、石化集群等。这些传统产业集群基本以高耗能、高污染、低附加值产业为主。原油、铁矿石、铝土矿等原料主要依靠进口，进口额在我国每年进口支出金额中位居前列（如图2-4所示），这类产业集群生产的产品大部分属于中间产品，为国内和国际产业链提供初级成品。南方的长三角和珠三角的传统产业集群在全球价值链中主要集中在小家电、服装、家具、家纺、玩具等基础工业制成品方面，这些集群主要从日本和韩国，以及我国台湾地区进口机床和精细化工的原料等，而工业制成品主要出口到欧美国家。

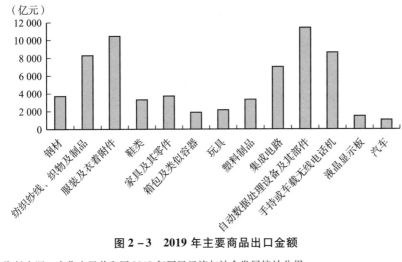

图2-3　2019年主要商品出口金额

资料来源：中华人民共和国2019年国民经济与社会发展统计公报。

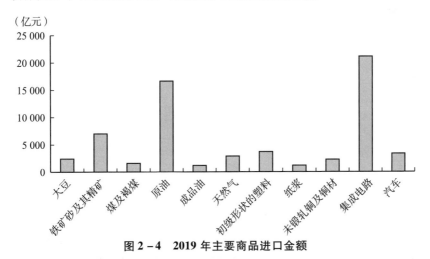

图2-4　2019年主要商品进口金额

资料来源：中华人民共和国2019年国民经济与社会发展统计公报。

2. 高新技术集群和高端（先进）制造业集群

高新技术产业集群和高端制造业集群在我国制造业中的比重正在快速提升。以华为、中兴大企业为主导的通信产业集群，以及手机、工业机器人、民用无人机、新能源汽车等新兴工业品产业集群快速成长，已经走在全球前列，成为国际标准的主导制定者，全球竞争力不断提升，在全球价值链中居于主导地位。2019 年我国出口额的商品构成中，自动数据处理设备及其部件出口额位居第一位，手机位居第三位，集成电路出口额排在第五位（如图 2－3 所示）。

这些集群的国内产业价值链较为齐全，但是仍然离不开全球价值链的技术锁定，其生产需要的集成电路、高端的芯片等核心零部件依靠从日本、韩国、美国等国，以及我国台湾地区进口，高端精密机床从欧洲进口。我国近年来进口额最大商品的是集成电路，2019 年集成电路进口额超过 20 000 亿元，高于位居第二的原油进口额近 5 000 亿元（如图 2－4 所示）。中美贸易战主要在这些关键技术领域进行，5G 技术就是一个非常重要的领域。随着贸易战的不断演化，国内更加重视关键核心技术的研发，研发投入不断增加，申报的专利和参与制定的国际标准也迅速增加。

2.2　全球价值链下产业集群的
质量升级阶段划分

依据质量的四大基础要素（标准、计量、检验检测、认证认可），通过比较分析技术创新、专利申请、标准、认证认可、检验检测、品牌、能耗、排放、质量文化与工匠精神、价值链治理与质量链治理等关键指标，我们可以把国内产业集群在全球价值链上的质量提升历程划分为以下四个阶段：（1）缺乏标准的自发生产阶段：20 世纪 80 年代；（2）国家标准下的规范生产阶段：20 世纪 90 年代；（3）国际标准下的贴牌生产与企业标准下品牌建设阶段：2001～2011 年；（4）地方标准和团体标准下的高质量发展阶段：2012 年至今。

2.2.1 缺乏标准的自发生产阶段：20 世纪 80 年代

我国产业集群的萌芽开始于 20 世纪 80 年代，商品供求处于短缺经济状态，商品流通领域是改革开放的最早领域，商品流通推动了市场的产生，最早从事商品流通的一批个体户，发现生产商品能带来更多的利润，于是就尝试自己生产并销售商品，这些个体户聚集在一定区域，就形成了萌芽状态的产业集群。前店后厂，"小企业、大市场"是这个时期产业集群的典型发展模式。先有市场，后有生产，而且生产以家庭作坊为主，集群内部上下游产品形成稳定的分工关系，每个分工环节聚集着几十家企业。这个时期，产业集群的企业基本属于中小微企业，还没有形成基本的质量意识，生产只是简单模仿，主要依靠经验指导，没有技术研发，没有标准引领，没有商标品牌意识，没有检测和计量服务，产品生产出来后直接拿到市场上销售。价格成为主要的竞争手段，价格便宜，规格齐全，在短缺经济时代，销售旺盛，吸引全国客户来集群购买或者销售。同期的国有企业的同类产品质量远远好于产业集群的产品质量，但产品价格高，在竞争中处于不利地位。从质量基础角度分析，传统产业集群这个时期的生产基本是一种缺乏标准的无序自发的家庭作坊生产模式，有的甚至是假冒伪劣的生产基地，以低技术含量、低附加值、低产品质量为主要特征。

改革开放初期，广东省借助邻近港澳的地理优势，承接港澳的劳动密集型产业转移，发展"三来一补"的加工贸易经济，以"两头在外"的方式融入全球价值链加工环节，研发、设计、采购、营销等环节分布在港澳地区，生产加工环节分布在广东沿海，并形成了一批纺织、服装、制鞋、家电等产品集群；浙江省依靠传统产业发展内源性的产业集群，投资、技术、市场依靠国内资源为主，在产业集群内部形成了由零部件到组装较为完整的生产链条，比如较早出现的温州制鞋集群、打火机集群、五金集群等。20世纪80年代中后期，浙江省开始实施外向型经济战略，产业集群的出口不断增加，并融入全球价值链，出口带动了浙江省产业集群的成长并逐步走向规范。

总之，这个时期产业集群内的企业一般采取低质低价的竞争策略，无序的市场竞争导致产品质量无法保证。因此，在20世纪80年代中后期陆续出现了多起质量危机事件。比较典型的是，1985年青岛的海尔砸冰箱事件和1987年很多城市的火烧温州鞋事件。质量危机事件让政府管理部门和企业开始对质量高度关注，虽然出台了一些提升产品质量的措施，但是在短缺经济时代，追求速度和规模仍然是经济发展的主旋律，对产品质量的重视程度仍然不够。

2.2.2 国家标准下的规范生产阶段：20世纪90年代

20世纪90年代初，邓小平南方谈话拉开中国建设市场经济的大幕，各类市场主体发展的积极性空前提升，市场活力迅速释放，民营经济获得快速发展。民营中小企业组成的产业集群本质就是市场经济的产物，在市场经济的各项利好政策支持下，各地产业集群得到迅速发展。浙江省、广东省等沿海地区形成了几百个产业集群。

为了更好地推动和引导产业集群的发展，政府出台了很多政策，比如建立开发区、产业园区，改善基础设施等，改进质量的政策也不断颁布，1996年国务院颁布实施了《质量振兴纲要（1996～2010年)》，产业集群内的企业得到规范化管理，按照国家标准进行质量监督、安全检查等，产业集群内的企业生产进入到有序规范的阶段。产业集群内的中小企业开始重视质量，引进国企的成套设备，培训技术工人，遵守国家标准，注册商标，接受质监部门的监督检查，产品质量得到有效保证，但是档次不高，仍处于低端环节。而企业家的质量意识仍然缺乏，在面对国家的质量检查时选择采取消极应付的态度。这时期的产业集群的产品出口比例不断增加、海外市场不断扩大，比如温州的小商品远销到非洲、欧洲和北美洲，纺织品出口到美国，更全面地融入全球价值链之中，但是仍处于价值链低端环节和低附加值环节。

在经济迅速发展时期，虽然国家标准建设已经全面进行，但企业的产品质量意识仍然比较薄弱，产业集群内的企业为了追求短期利润，假冒伪劣现象频发，引发的质量危机事件不断出现。比如 1995 年浙江省濮院羊毛衫集群售假，导致产业集群的整体衰落。

国家质量治理体系建立和稳定为产业集群质量升级提供了引导和保障。1993 年国务院颁布实施了《中华人民共和国产品质量法》，从此我国产业集群质量工作开始了法制建设时期。1994 年 2 月成立国家技术监督局，成为国家经贸委管理的国家局。1998 年 3 月更名为国家质量技术监督局，列为国务院直属机构，各省市县质监局垂直管理。国家质量治理机构的建立为我国产业集群质量改进提供了制度保障。

2.2.3 国际标准下的贴牌生产与企业标准下品牌建设阶段：2001～2011 年

2001 年国家质检总局和国家标准化管理委员会成立，同年 11 月，中国加入 WTO。以此事件为标志，中国产业集群质量升级进入国际标准下的贴牌生产和企业标准下的品牌建设阶段。

伴随着加入 WTO，我国的进出口贸易迅速增加。两头在外，大进大出，依据国际标准生产，贴牌出口，成为众多产业集群的经营模式。广东省、浙江省、江苏省、福建省、山东省的产业集群获得快速发展和提升。国家标准化管理委员会的成立使得标准化在保证质量、推动产业集群转型升级方面起到了重要作用，企业生产更加规范，并引进了国内先进设备，甚至是国际发达国家的设备，开始注重技术改进，消化吸收国际先进的技术和管理经验，在贴牌的同时，也在培育自己的品牌。主动加入国际标准化组织，主导和参与制定国际标准的进程不断加快、数量不断增加，计量、检验检测、认证认可的服务逐渐规范，国家建立起完整的质量监控体系，质量治理机制基本建立。比如纺织行业、家电行业等出现了不少知名品牌，甚至是国际知名品牌。

此时期我国的产业集群在全球价值链中仍处于低附加值的环节，仍然受制于发达国家的技术控制。产业集群内企业的质量意识仍然薄弱，对标准缺乏足够的重视，标准化的机制体制不健全。同时，环保标准缺乏，环保意识缺乏，污染物不经过处理直接排放，生产过程导致环境污染不断加重。

国家质量治理体系不断完善。2001 年 4 月国家质检总局成立，对质量、计量、标准化进行三位一体管理。2003 年 11 月施行认证认可条例，将 ISO 9001 质量管理体系引入国际企业管理内容，产业集群内企业相关产品的国际质量认证逐渐增加，国际标准的广泛使用，进一步提升了产业集群的质量水平。

2008 年的全球金融危机，导致国际市场需求下降，贸易保护主义有所抬头，绿色贸易壁垒尤为突出，我国的产业集群出口订单不足，产能严重过剩，寻找内需成为产业集群的必然选择，加大研发投入，对标国际标准，塑造自主品牌，成为竞争的主要手段。企业的质量意识不断提升，不断增加专利的标准化，参与国家标准、行业标准、国际标准的制定，提升产品质量，打造区域品牌聚集区，浙江省提出"浙江制造精品"工程，涌现出一批知名品牌，比如温州打火机、慈溪的小家电、永康的低压电器等。

产业集群对电子商务、节能减排、商贸物流、国际贸易服务等方面的标准化需求旺盛，但标准的供给不足，生产导致的假冒伪劣、环境污染事件不断出现。政府主导制定的国家标准和地方标准比较多，市场主导制定的、反映市场需求的团体标准却没有法律地位，因而，标准对产业集群的引领作用不能有效发挥。

2.2.4 地方标准和团体标准下的高质量发展阶段：2012 年至今

2012 年国务院颁布实施了《质量发展纲要（2011～2020 年)》，为指导产业集群质量升级提供了方向和政策。各地政府为塑造区域经济特色，不断推出地方标准，产业集群也成立了技术标准联盟，建立自己的检验检测部门，以此提升产业集群的产品质量，打造区域品牌。为推动我国制造业的转型升级，2015 年国务院颁布实施了《中国制造 2025》，提出了更高的质量要求。同年国务院印发了《深化标准化工作改革方案》，首次提出团体标准的法律地位问题，并制定了标准化工作改革的三个实施阶段。2017 年党的十九大报告提出质量强国战略，同年中共中央和国务院出台了《关于开展质量提升行动的指导意见》，指出提高供给质量是供给侧结构性改革的主攻方向，重点是全面提升产品质量和服务质量。2018 年新修订的《中华人民共和国标准化法》正式实施，积极推进建立国家新型标准体系，团体标准和企业标准成为引领产业集群升级的有效路径，产业集群演化进入高质量发展阶段。

2018 年国务院批准山西省、江苏省、山东省、广东省开展国家标准化综合改革试点工作，江苏标准、山东标准、深圳标准等区域战略的相继提出并实施，有力推动了产业集群的高质量发展。产业集群主导和参与制定的国际标准数量越来越多，我国的标准国际竞争力逐年增强，国际质量治理体系中的话语权不断提升，并以产业集群为基础，建设了许多标准化平台，比如团体标准公共服务平台、标准测试验证工作平台、国际标准孵化支撑平台、标准大数据共享服务平台等，这些平台利用互联网等信息技术，建立信用平台，建立产品质量可追溯体系，尤其是利用区块链技术，保证了产品质量。同时，国家的环保政策对产业集群升级提出了更高要求，生产过程务必实现智能化和绿色化。

2.3 全球价值链下产业集群的 质量升级经验分析

全球价值链下我国产业集群在质量升级方面取得的一系列进步，得益于各种创新优势的发挥，具体来说包括分工的比较优势、国际市场竞争优势、技术创新优势、治理优势和文化优势。

2.3.1 全球价值链分工的比较优势是产业集群质量升级的基础动力

全球价值链分工是国际分工的主要形式，是利用不同国家和区域的劳动、土地和资源等价格低廉优势，进而取得产品的成本优势，依靠这些比较优势，产业集群的规模不断发展壮大，产品质量也不断提升，这是产业集群的质量升级的基础动力。全球价值链分工的比较优势可以分为绝对比较优势和相对比较优势，在绝对比较优势时期，产业集群的质量升级是被动进行的，是迫于国际市场和国际标准的要求而不得不为之；在相对比较优势时期，产业集群的质量升级是主动开展的，是在绝对优势减弱或者消失，技术、人才、产业生态成为主要竞争优势的情况下进行的。

2.3.2 市场竞争尤其是国际市场竞争是产业集群质量升级的外在动力

产业集群是介于企业和市场的中间性组织，它的优势是能更好地发挥市场竞争对企业的引导作用。市场竞争倒逼企业降低成本，进而获得价格优势。产业集群内同质企业过多，产能过剩成为常态，只依靠价格竞争势必会导致企业利润下降，甚至亏损，最后产业集群整体衰落；为了避免这种情况的出现，许多企业开始放弃价格的恶性竞争，转向依靠提升质量获得竞争优势。国际市场竞争要求企业按照国际标准组织生产，需要获得ISO系列认证，并在工资、社会保障、环境保护等方面提出了更高的标准要求，通过更加严格的检验检测，使最终用于出口的产品质量要比国内产品更好。因此，市场竞争是产业集群质量升级的外在驱动力。

2.3.3 技术创新优势提升产品质量水平是产业集群质量升级的技术路径

产业集群主要优势在于更好地推动了技术创新和技术外溢，在产业集群成长早期，产业集群内的企业通过技术共享、模仿创新推动质量提升，在中后期则通过技术外溢、干中学等不断提升产业集群的整体技术水平和质量水平。技术创新促进了质量水平提升，首先创新推动技术进步，接着技术专利化、专利标准化、标准国际化，是产业集群质量升级的技术路径。为提升产业集群的竞争力，产业集群内企业在行业协会推动下成立技术标准联盟，通过制定团体标准淘汰落后企业，通过检验检测联盟，建立信用平台，提升区域品牌。

2.3.4 全球价值链治理与质量治理体系的融合是产业集群质量升级的体制保障

全球价值链治理分为购买者控制和生产者控制两种。我国产业集群治理基本属于购买者控制，即价值链两端被国外控制，我国产业集群处于生产环节。从质量链角度来说，研发设计、标准、计量、认证认可、检验检测、品牌等主要环节被西方发达国家控制，我们处于加工生产环节，只是被动的执行标准，不能主动的制定标准，无论是价值链还是质量链，都被锁定在低端环节。为了摆脱这一低端锁定，必须进行质量升级，产业集群加大研发力度，依靠自己的技术制定企业标准，逐渐参与制定国际标准，打造自己的品牌，把全球价值链治理和质量链治理相融合，更好地促进质量升级。目前，我国参与制定的国际标准比重已经有较大提升。

2.3.5 质量文化和社会资本的融合是产业集群质量升级的永恒动力

质量升级的永恒动力来自质量文化。产业集群的发展源于特有的区域传统商业文化——社会资本，比如浙商文化、儒商文化、晋商文化、徽商文化、齐商文化等。质量文化根植于这些区域传统商业文化之中，又包含现代商业文化的内容。产业集群的商业信誉是质量文化和社会资本融合的契合点，目的是重塑商业信誉，背后是二者融合的结果。

2.4 全球价值链下产业集群的质量升级面临的问题与挑战

我国产业集群的质量升级面临全球价值链低端锁定，还存在一些挑战和问题。

2.4.1 全球价值链治理体系导致的低端锁定不利于产业集群的质量升级

我国产业集群在全球价值链的低端锁定是质量升级的最大挑战。质量升级的目标是嵌入价值链中高端，摆脱低端锁定。西方发达国家长期控制全球价值链的中高端环节，对试图升级的国家和地区采取技术封锁、关税壁垒、绿色壁垒等手段进行压制。中美贸易摩擦的实质就是对中国高端制造业的抑制。我国众多的制造业产业集群质量升级大都面临这个挑战，比如进口高端装备、高端机床、高科技的零部件等，一直面临以美国为首的西方发达国家的封锁，核心技术很难买到，关键的高技术含量的零部件很难实现自己生产。

2.4.2　全球化的市场竞争环境需要进一步优化

2008 年世界金融危机以来，全球的贸易保护主义有所抬头，尤其是特朗普当选美国总统以来，对中国等贸易大国出台新的关税政策，不断挑起贸易纠纷，全球化市场竞争环境迅速恶化，民粹主义影响到全球贸易秩序。比如中美贸易摩擦，抑制了我国产业集群的产品出口，许多外向型的中小企业订单下降，有的关门歇业。当生存成为基本问题的时候，质量升级也就很难实现。

2.4.3　质量的四大技术基础仍然薄弱

经过四十多年的改革开放，我国的质量技术基础设施有很大发展，但整体实力仍然比较薄弱。到 2015 年我国企业主导制定的国际标准比例仅占 0.5% 来源于《2015 深化标准化工作改革方案》[①]，产业集群内企业国际认证的覆盖面较高，但有效性不高，国际认可度更低；检验检测产业发展滞后，机构数量多，但规模小，过于分散，许多高端检验检测服务还要依靠国外企业；国际品牌数量少，国际信誉度低。政府推行产业集群的区域品牌示范区建设，虽然收到一定效果，但是问题仍然不少，以集群为载体的技术标准联盟还没有得到普遍认同，团体标准建设刚刚起步，各种行业协会在标准建设中的话语权不足，这些都制约了产业集群

---

① 《2015 深化标准化工作改革方案》（国发〔2015〕13 号）。

的质量基础建设。

2.4.4 质量治理体系还需要进一步完善

我国的质量治理体系日益完善，尤其是 2018 年建立了国家市场监督管理总局，进一步提升了质量治理效率。但产业集群的质量治理仍存在许多问题，产业集群内的第三方治理机制有待完善，政府、市场、企业、消费者在产业集群质量治理中的地位和作用需要进一步明确，质量的相关法律法规需要进一步健全。

产业集群质量升级的计量、标准、认证认可、检验检测等质量技术基础在运行中相对独立，没有形成协作效应，相关部门没有建立有效的沟通和合作机制，限制了产业集群质量升级的效率和进程。许多高端的检验检测、认证认可、计量等生产性服务，还是由外资企业控制。高端装备制造业的产品标准仍有空白，基本由美国、日本、欧元区制定标准。高端的检验检测和计量设备，主要以引进为主。因而，我国在高质量发展中面临的挑战仍然存在，产业集群的质量升级仍然需要克服很多困难。

2.4.5 质量意识和质量文化仍然需要加强

质量意识薄弱和质量文化建设滞后是产业集群质量升级的主要制约因素。我国的质量文化建设整体滞后于产业集群的发展。优秀质量文化的精髓是工匠精神，工匠精神的核心是责任和信用至上，追求精益求精；工匠精神缺失导致假冒伪劣盛行。在一定时期，一些地区的产业集群成为假冒伪劣的代名词。在产业集群初期，以模仿、抄袭为主的质量文化比较流行，产品质量整体水平不高。虽然随着国际和国内市场竞争加剧，注重创新和品牌的质量文化逐渐加强，但是和德国、日本的质量文化相比还有很大差距。

3

基于全球价值链的国家质量基础与产业集群质量升级研究

      当前我国经济正处于高质量发展的起步阶段，作为经济发展中重要的产业组织形式，产业集群的质量升级是实现我国经济高质量发展的必然要求。然而，当前我国的产业集群大多处于全球价值链中低端，即处于附加值比较低的生产、加工、组装等环节，产业集群质量亟待提质增效。所谓质量就是通过一组量化的属性特征、性能参数，表征客体内在本质和外在的表象，实现主体满足程度的可量化、可比较、可评价，进而实现可控制、可改进。"标准、计量、检验检测、认证认可"作为国际公认的国家质量基础设施（NQI），已经成为产业质量技术发展和质量治理利用的新的工具。产业集群可通过强化国家质量基础支撑实现质量升级进而融入全球价值链中高端，其机理为：国家质量基础能有效提升集群技术研发效率、增强产品生产制造质量、塑造集群品牌和拓展产品市场，引导产业集群向价值链高附加值环节攀升，同时提升生产环节价值创造力。基于熵权法测算的国家质量基础与产业质量均表现出明显的区域差异，两者在演变趋势上具有较强一致性。基于拉亚尼和津加莱斯（Rajan & Zingales，1998）交互项模型检验进一步得出：控制其他影响产业集群质量的变量后，国家质量基础对产业集群质量具有显著正向影响，并且其效应随产业集聚度提升而增强。未来，应进一步强化国家质量基础技术支撑在产业集群质量升级中的效能，促进产业集群在更高层次融入全球价值链分工体系。

3.1   机 理 研 究

3.1.1   引言与文献综述

随着经济全球化趋势的深入，我国产业集群已融入全球价值链。但目前我国产业集群发展存在的创新能力不足、标准化建设滞后、认证认可的实效不高、计量和检验检测服务不到位、品牌价值不明显等质量问题依然较为突出，导致产业集群锁定在全球价值链的中低端。因此，探索如何实现产业集群质量升级成为当前业界的现实需求和学界研究的重点。质量管理理论认为，质量即顾客对产品满意度的评价，产业发展质量的本质即是对产业发展的合意性进行的价值判断，产业发展质量决定产业产出的效益和价值，是产业固有投入满足市场需求的程度，是诸多决定产业发展的综合性要素的反映。"标准、计量、检验检测、认证认可"作为一个具有战略性、系统性、复杂性、技术性、服务性等多重属性的体系，是国际公认的国家质量基础设施（NQI），国家质量基础贯穿产业发展全过程，是支撑产业提质增效升级的重要技术基础，已经成为质量技术发展和质量治理利用的新的工具。通过发挥计量的准确性、标准的规范性、检验检测的符合性、认证认可的公允性等质量基础要素的协同功能，能够有效提高产品质量总体水平，是提升产业发展层次，实现产业集群质量升级的有效途径。

通过对现有文献的梳理可以发现，当前已有较多的文献对产业集群升级问题进行了有价值的研究。进一步归纳得出，与本书相近的研究主要集中于以下三个方面：第一，全球价值链治理角度的产业集群升级。格雷菲尔（Gereffi，1999）将全球商品链划分为购买者驱动型和生产者驱动型；

卡普林斯基和莫里斯（Kaplinsky & Morris，2002）则通过案例比较研究发现，随机存取存储器（RAM）和美国英特尔公司（Intel）分别采用生产者驱动模式、购买者驱动模式实现了产业集群的升级；汉弗莱和施米茨（Humphrey & Schmitz，2002）把全球价值链治理分为四个模式：距离型市场关系、网络型关系、准层级关系、层级关系。第二，全球价值链下产业集群升级路径。朱利亚尼（Giyliani，2005）根据不同类型产业发展所需的要素禀赋不同，系统分析了不同类型产业集群的升级方式；弗雷德里克和格雷菲尔（Frederic & Gereffi，2011）将产业集群升级的路径总结为产品升级、工艺流程升级、功能升级、供应链的整合升级。国内学者刘维林（2012）认为本土企业要寻找主价值链外与之存在产品架构关联的子价值链，以迂回的形式实现价值链的攀升。第三，产业集群质量升级。阮建青等（2010）、王启万等（2012）、万雨龙（2013）分别从政府与企业行为、品牌化角度分析了提高产业集群竞争力的路径。邹小勇（2015）针对产业集群普遍存在的产品低档化、同质化现象，提出应实施质量提升战略、品牌带动战略、技术标准战略促进企业质量提升。毫无疑问，已有研究对促进产业集群升级提供了强有力的支撑，也为本书的研究奠定了基础。然而，通过对现有文献的梳理总结可以发现，在理论研究方面，目前尚未有关于国家质量基础促进产业集群质量升级作用机理的系统分析；在实证分析方面，多以案例研究为主，但案例研究由于地区或产业特殊性，应用的普适性不强①；在政策设计方面，多以一般性政策为主，产业集群质量升级的路径与对策的操作性和针对性较弱。

国家质量基础是质量发展的基石，高精确度、高稳定性和高符合性的计量、标准、认证认可、检验检测对产业集群质量升级具有重要意义。本书基于全球价值链视角分析国家质量基础与产业集群质量升级问题。并在以下三个方面对已有研究进行了拓展：第一，基于全球价值链视角，系统

---

① 阮建青，石琦，张晓波．产业集群动态演化规律与地方政府政策［J］．管理世界，2014（12）：79－91．

阐释了国家质量基础不同维度促进产业集群质量升级的理论机制；第二，基于拉詹和辛格莱斯（Rajan & Zingales，1998）交互项模型实证检验国家质量基础对产业集群质量升级的影响效应；第三，基于国家质量基础微观视角，提出了具有较强操作性和针对性的产业集群质量升级建议。

3.1.2 全球价值链下国家质量基础促进产业集群质量升级的机理

国家质量基础即标准、计量、检验检测、认证认可等要素相互协同作用构成的产业质量支撑系统贯穿于全球价值链的各个环节，具有技术性、专业性、系统性和国际性的鲜明特征，是提升国家质量竞争能力的基石，已成为国家间竞争的核心要素。国家质量基础具有公共产品属性，融合了多元要素、多类组织共同参与产业质量的形成与管控，强化了产业集群在研发设计、加工制造、营销品牌等关键环节的质量支撑，推进了价值链不同节点上的价值创造能够更好地去匹配市场需求，促进了产业全价值链的质量升级，引导了产业集群向增加值、利润率更高的价值链两端攀升，提高了产业集群在生产制造环节的价值创造能力，增强了产业集群参与全球价值链的能力。

1. 国家质量基础提升集群技术研发能力，推动企业向价值链高端跃升

标准是产业质量技术基础的核心要素，标准和技术创新是相互密切联系的。标准是实现技术创新产业化、市场化的关键环节，两者具有双向的互动效应。首先，标准制定和实施有利于加快技术创新和新技术扩散效率。当前世界各国技术创新的速度加快，技术更新周期缩短，产品研发和更新换代周期缩短。标准实施所倡导的模块化生产为产业集群内产业链上下游企业提供了一种共同的"语言"，能够提高产业集群内企业相互交换技术的可能性，减少研发过程中的重复性劳动，节省再次试验验证零部件的各项性能指标的时间，可以大大缩短开展产品设计、试制和生产的周期，提高技术创新效率。其次，当产业集群内或产业的某一环节技术标准

较高时，对处于该产业的上下游产业及相关产业会产生巨大的波及效应、外溢效应和共享效应，与其相衔接的上下游配套产品为增强产品兼容性必须加快技术创新的速度，推进产业集群内处于价值链不同环节企业的技术升级，进而带动整个产业集群技术水平的提升，突破产业集群企业进入全球价值链高端环节的技术壁垒。再者，标准化的过程是多个企业联合开发的过程，标准化实施有利于技术创新联盟合作的形成，进而增强企业进行再次创新的能量集聚，开展多种形式的协同创新，通过其形成的网络效应促进技术创新规模效应的实现。

技术创新是产业集群质量升级的主要驱动力量，国家质量基础技术作为典型的重大关键共性通用技术，具有创新性高、通用性强、应用面广的显著特点，是产业链、创新链不可或缺的重要因素，是提升产业集群技术研发能力的重要保障，所有的科技创新活动均依托于测量技术的支持。比如计量技术的发展支撑了我国高铁无砟轨道建设关键技术的发展，计量作为量值精准、稳定的保证，是开展技术研发的基础支撑，具有明显的先导性和基础性。尤其是当前正处于新一代信息技术与产业变革的重要窗口期，数据已作为重要的新型生产要素，成为类似于黄金的重要资产，产业数字化已成为重要的发展方向，而数字化中大量数据的重要来源就是计量检测手段所提供的数据信息。大量的技术创新实践表明，每个新型技术尤其是重大的技术创新的出现都是与更高精准性的计量测试技术的突破密切相关的，并且由于产业集群内的企业多是由围绕同一产业或相似产业进行专业化分工合作的高关联度的链式企业构成，针对产业集群内特定产业需求开展具有产业特点的极端量测量、计量传感技术、动态测试和在线测量技术等高精准度、高稳定性的相关量传溯源技术和方法研究，可以有效地提高专用测量设备和装置的计量检定和校准能力，通过发挥产业集群的需求规模效应优势和共享优势，减少了技术创新的不确定性，有助于降低技术研发的市场风险，这种正向的累积循环效应的存在能够进一步激发产业集群内企业的技术创新，而且精准的计量数据在集群内企业的传递，在降低交易成本的同时，也为产业集群内企业更加便捷地进行技术交流和学习提供了重要的载体。同时，由于产业集群内的企业技术需求水平存在层次差异，因此实现计量技术在集群内不同层次企业间的传递，这就延长了技术创新的生命周期，最大限度地获取技术创新的收益。

检验检测是依据技术标准和规范，使用仪器设备或者依靠人的经验和知识确定合格评定对象是否符合相关规定的判定活动。检验检测服务通过对企业产品研发过程提供相关质量信息标准，使得产品的研发及生产依据标准来修订完成，从而保证产品质量及其性能的稳定和优化。同时，检验检测作为生产性以及高技术服务业，检验检测服务的平台共性技术、基础设施和大型检测仪器对需求方的规模具有较高的要求。产业集群是由大量中小企业形成精细分工的生产体系，产业集群内的企业可以依托检验检测公共服务机构提供的具有"准公共品"性质的生产性服务和集体行动，满足产业集群的共性技术需求和公共服务需要，克服单个企业的产品功能或技术升级面临的成本和规模抑制等种种困难，提升产业集群内企业技术自给能力，为深化产业集群内企业的产品升级和工艺升级提供技术供给保障。检验检测机构在为企业提供配套公共服务的同时，能为企业提供国际和国内的相关产业信息，协同企业科研开发，建立合作研发制度，为产业提供开放实验室服务，促进装备、人才、技术、信息和知识产权的聚集和共享，通过创新来强化产业共性关键技术突破能力和核心技术控制能力。

认证认可作为现代服务业的重要门类，起源于市场、服务于市场、发展于市场，是市场经济条件下加强质量治理，完善质量信号传导反馈机制的基础性制度安排。作为产品进入市场的门槛要求，认证认可的技术评价功能既可以实现淘汰不适应市场需求的落后技术，同时也为市场消费主体的产品选择提供了一种信息传递机制，增强了对新技术、新产品的需求，减少了产业集群内的企业开展技术创新或新产品研发的市场不确定性，降低了市场风险，有助于满足新兴技术应用的最低市场规模需求，降低开展技术创新的成本。同时，认证认可作为一种政府政策引导信息的传递机制，通过认证目录动态调整机制，作为政府对新兴技术或产业进行政策扶持的重要举措，引导着产业结构提质升级。

2. 国家质量基础提升产品制造质量，提高生产环节价值增值能力

生产制造阶段是决定产品质量的重要环节，国家质量基础效能的发挥能有效提升产品生产制造环节质量。

首先，标准作为对科学、技术和实践经验的总结，是质量的引领，是集约化生产得以实现的技术基础。标准化在产品的原材料、生产加工、包装运输等各环节都有明确规定，减少了生产过程中的"不确定性"，在生产经营的全过程增强了产品质量的稳定性，提高了企业生产过程中产品的合格率，降低了风险成本。同时，有利于规范企业生产经营行为，维护集群内部市场竞争秩序。在产业集群的发展过程中，如果相关产业标准或行业标准"门槛"过低，就会造成行业内企业过多涌入，导致低端同质竞争，抑制产业集群转型升级的速度。当前产业集群所普遍存在的依靠资源禀赋和劳动力优势在低端嵌入全球价值链的路径锁定效应在很大程度上就是由于相关行业标准的缺失导致的。如果制定并实施标准，那么在标准及标准化的"硬约束"下，企业需要按照一定的技术标准为社会提供产品或服务，使同业之间的竞争处于公平、有序状态，推动产品质量从低档逐渐向中高档发展，促进产品结构调整和升级换代，引导产业集群由数量型向质量效益型的转型与跨越。从市场监管角度看，只有完善的相关市场标准的存在，执行部门才能够做到有法可依，有效打击市场假冒伪劣等投机行为，保护消费者合法权益。

其次，计量能力建设是保证企业产品质量、提高企业生产效率、实现企业精细化管理的重要技术手段。实践证明，计量不仅可以评定产品质量，而且还可以对工序状态进行连续监控，为质量管理提供可靠的数据。在产品生产过程中，原材料进厂检测、生产工艺流程管控、成品合格检测都必须有计量测试监督，只有将计量测试嵌入到全过程工艺控制中，实现关键量准确测量与实时校准，才能做到精细化生产。只有可量化才可实现可控制、可改进，没有准确的计量检测，就没有可靠的数据，就无法实现对生产工艺流程的控制。尤其是大数据时代的到来，对数据信息进行实时采集、分析、运用更为普遍，数据的准确性、可靠性至关重要，更便捷、

更智能、更准确地计量在产品质量升级中的重要性愈加凸显。目前，测量仪器仪表工业虽然产量大，却始终处在全球产业链的末端，至今仍以低端制造为主，虽然中端测量仪器仪表市场占有率不高，但是发展潜力巨大。

最后，从绿色产业集群发展来看，通过建立健全能源计量监测体系，利用能源计量检测数据在生产经营、成本核算、能源平衡和能源利用状况统计分析等方面的反馈控制作用，用科学、准确的计量数据指导生产以及节能技术的改造和相应的产品推广应用。建立健全节能减排和循环经济检验检测、节能产品认证和标识体系等制度，可以对集群内的企业形成一种强约束，可使生产过程中污染物的产生和排放得到有效控制、资源消耗大幅降低，从而实现产业集群的绿色低碳循环发展。在内部质量管控方面，认证认可是质量管理的基础手段，通过对企业的生产经营活动是否合乎标准、法规要求进行诊断和改进的管理体系认证制度的建立，可以显著提高参加管理体系认证企业的管理水平，规范企业管理行为，提升企业产品质量水平，进而通过集群内先进企业的示范效应、学习效应引导产业集群内的其他企业向更高的质量管理水平迈进。

3. 国家质量基础促进产业集群品牌塑造和产品市场拓展，增强产品盈利能力

质量是产品品牌竞争的核心。目前我国制造业面临出口产品附加值较低、拥有自主品牌较少、产品质量不高等问题。计量是提升产品质量的重要技术手段，没有计量就没有质量保证。同时，在市场交易中，计量作为国际的通用技术语言，是区域经济、科技和贸易合作与交流的共同准则，保障世界主要国家量值等效，可以为产品开拓全球化市场提供支撑。在经济交往中，超过80%的贸易必须经过计量才能实现①。可以说，计量作为促使贸易达成的前提和基础，已成为技术交流乃至技术贸易的重要组成部分，为产业集群向国际销售环节攀升开辟了潜在市场，有助于企业从全球价值链低端逐步跃进高端环节。

---

① 支树平. 计量是重要的国家质量基础设施之一［J］. 中国计量，2015（08）：5-6.

标准通过确保所提供的产品和服务符合政府及市场的要求来提高产业集群市场竞争力。标准化实施能克服经济主体的有限理性、改善信息的不完全性与不对称性，规范产品市场竞争秩序，淘汰低端劣质产品，促进市场公平竞争，引导资源向优质企业集聚，提升资源使用效率，增加有效供给。在信息不对称的情况下进行市场交易，买卖双方由于信息不对称，消费者难以确定产品的质量。而标准化所产生的以标准为媒介的技术信息披露、传递机制和外溢效应，提高了产品的兼容性，使产品品种简化，减少产品甚至技术的种类，从而形成规模经济。由于产业集群内企业具有空间上的集聚性和产业链条的关联性，因而更易形成集体行动，如果产业集群制定实施团体标准或联盟标准，在提高产品质量的同时，可以联合创建并形成该集群的一种品牌，通过发挥产业集群"集体商标""区域品牌"的作用，实现集群品牌的共建共享，提高产业集群的知名度和美誉度。标准作为建立最佳贸易秩序的基本准则，共同而一致的标准和技术规则能提高产品在国际市场的兼容性，可以有效克服经济主体的有限理性，改善信息的不完全性与不对称性，通过打破贸易双方之间的锁定等一系列途径，消除国际交易中的技术性壁垒，降低国际贸易过程中的准备成本、合同成本、控制成本，进而降低综合交易成本，促进国际贸易发展，提升产品在国际市场的竞争力。比如德国为发挥国家质量基础在产业提质增效中的功能，制定实施的"以质量推动品牌建设、以品牌助推产品出口"的国策和"工业4.0"计划中，将标准作为其核心战略。

市场性和服务性是检验检测的重要特征，检验检测服务借助检验检测设备进行合规性和复合性测试服务，获得被测对象的技术参数、指标、特性等测量数据，通过与标准、规范等技术依据的比较，判断产品与标准、规范的符合性，这是产品能否准入市场的基本门槛。只有与标准、规范相符合的产品才可进入市场，因此区域公共服务机构高标准的现代化检验检测能力及严格的检验检测服务体系是产品高质量的象征，可向市场有效传递产品质量信号，增强消费者对产品质量的信任。当前我国检验检测市场条块分割明显，导致绝大多数机构尚未形成网络优势，整体品牌影响力较小，服务业品牌化建设滞后。虽有少数检验检测机构已建成区域性品牌，但在全球范围内仍缺乏品牌影响力，这是制约我国产业集群在全球价值链分工中处于弱势地位的重要因素之一。

认证认可作为一种"信用授受"行为，是产业发展"诊断与改进"的过程，具有显著的品牌效应。信任是市场经济产生和发展的基础，是市场经济良性运行的必要条件。认证认可与其他形式的合格评定活动（第一方声明和第二方合格评定）的最大区别，在于它是由独立、权威和具有较强专业背景的机构所进行的合格评定，并通过书面形式对评定结果加以公示性证明，这成为认证认可传递市场信任、服务市场监管的先决条件。通过符合性评定和公示性证明等活动向市场传递客观公正、专业权威的质量、能力、信用等信息，能够在供需两端建立并传递信任促进产品销售市场的拓展。一方面通过对产品、服务、过程、管理体系、人员与相关标准、法规要求的符合性进行评价，建立健全质量认证全过程追溯机制，能够向消费者传递评价对象相关质量、信用等信息，解决因信息不对称导致的资源错配、效率低下等问题，破解产业集群内常见的"劣币驱逐良币"难题，引导消费者理性消费，这种消费者选择决策的正向反馈机制对集群内的产品供给主体形成一种激励约束效应，倒逼产品质量提升；另一方面认证认可可以向企业传递质量评价、消费偏好等市场信号，引导优质要素资源在集群内优质产品供给主体之间的配置优化，进而扩大有效供给、高端供给。认证认可还可以为市场监管部门建立产品质量安全准入制度和后市场监管机制提供手段，规范市场秩序，在"供方"与"买方"间扮演着重要的"桥梁"作用，有效地调整了"政府失灵"和"市场失灵"的问题。同时，认证认可作为国际公认的质量技术基础，是国际通行的贸易便利化工具，是符合世界贸易组织规则的技术性贸易措施，是促进国际合作和经贸往来的通用"世界语言"和"技术语言"，构建"一个标准、一次检测、全球通行"的检测认证体系，可以简化进入市场的程序，减少重复检验和市场监管等成本，降低制度性交易成本，提升参与全球经济治理的能力。

综上所述，国家质量基础设施具有专业化、市场化、国际化特征，作为国家质量基础的四大要素，标准为认证认可和检验检测提供规则依据；检验检测判定产品和服务与标准的符合性；计量是控制质量的基础，是标准、认证认可和检验检测的基准；认证认可关注检验检测结论的可靠性。四大基础要素作为完整的技术链条，相互之间协调发挥作用推动产业集群从成本优势、规模优势向以质量为核心的技术优势、品牌优势转变，促进产业集群向全球价值链高端攀升，提升产业集群产品价值创造能力和获利水平（如图3-1所示）。

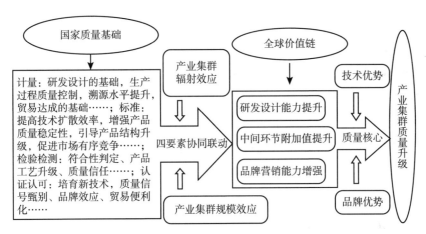

图3-1　国家质量基础促进产业集群质量升级的运行逻辑

3.2　实　证　分　析

3.2.1　实证模型设计与变量选择

1. 模型设计

本书要验证的核心命题为国家质量基础在产业集群质量升级中的作

用。由于国家或地方关于产业集群数据的统计和数据库的建设相对较为滞后，目前还未发布专门针对一个地区产业集群的详细而全面的相关数据，因此直接考察国家质量基础对产业集群质量的影响效应较为困难。本书借鉴拉詹和辛格莱斯（Rajan & Zingales，1998）、纳恩（Nunn，2007）的交互项模型进行考察。产业集群是指相关产业和部门由于共同的技术、知识或投入产出需求等联系而表现出的地理上的集中①。已有大量的理论研究表明，由于集聚效应、规模效应和外部效应的存在，产业集群化已成为当今世界产业发展的总体趋势和内在要求，而且通过对大量的经济事实的历史考察，产业发展集群化是地区工业化过程中的普遍特征，产业集群是产业发展的主要立足点②。由于集聚化是产业发展的一个普遍现象，并且产业集群的本质即产业集聚，因此能够证明国家质量基础对产业质量有正向的影响，则说明国家质量基础对产业集群质量也可能会有正的影响，如果考虑产业集聚度与国际质量基础的交乘项后，并且能够得出产业集聚度的提升有助于强化国家质量基础对产业质量的这一影响，我们就可以推断国家质量基础对产业集群质量具有正向的影响效应。基于上述分析逻辑，本书参考拉詹和辛格莱斯（Rajan & Zingales，1998）、纳恩（Nunn，2007）的模型，设定如下回归模型（如式3－1所示）：

$$Y_{i,t} = \alpha + \beta NQI_{i,t}C_{i,t} + \gamma Z_{i,t} + \eta_i + \delta_t + \varepsilon_{i,t} \qquad (3-1)$$

其中，$Y_{i,t}$ 表示产业质量，α 为常数项，$NQI_{i,t}$ 表示国家质量基础，$C_{i,t}$ 表示产业集聚度，$Z_{i,t}$ 表示控制变量，η_i 和 δ_t 分别表示个体固定效应和时间固定效应，$\varepsilon_{i,t}$ 为残差项。式3－1的回归方程的核心是考察国家质量基础 $NQI_{i,t}$ 与产业集聚度 $C_{i,t}$ 的交互项 $NQI_{i,t}C_{i,t}$ 对被解释变量的影响。由于 $C_{i,t}$ 为正，如果估计系数 β 为正，则表明国家质量基础对产业质量有正向的影响。同时，如果 β 为正，那么意味着随着该产业集聚度的上升，国家

① Delgado, M., M. Porter and S. Stern. Defining clusters of related industries [J]. Journal of Economic Geography, 2016, 16 (01): 1 – 38.
② 阮建青，张晓波，卫宝龙. 危机与制造业产业集群的质量升级 [J]. 管理世界，2010 (02): 69 – 79.

质量基础对产业质量的影响也会随之增强。

2. 变量数据选择

在被解释变量方面，产业质量是一个包含诸多要素的综合性的概念，本部分关于产业质量的衡量，利用 2013～2017 年中国省际制造业数据，基于全球价值链的视角分别从研发设计、生产制造、品牌营销三个维度进行指标的选取（如表 3－1 所示），并采用熵权法测算出反映产业质量的综合性指数。计算时首先对逆向指标进行正向化，同时为消除指标单位量纲的影响，对指标数据进行了标准化处理。

表 3－1　　　　　基于价值链维度的产业质量评价指标体系

一级指标	二级指标	指标类别	数据来源
研发设计	规模以上工业企业 R&D 经费占总产值比重	正向	中国统计年鉴
	规模以上工业企业 R&D 研发项目数	正向	中国统计年鉴
	规模以上工业企业 R&D 人员全时当量（人年）	正向	中国统计年鉴
	技术市场成交额	正向	中国统计年鉴
	引进技术经费支出	正向	中国科技统计年鉴
	每亿元产值专利数	正向	中国统计年鉴
生产制造	质量损失率	逆向	中国统计年鉴
	产品质量优等品率	正向	中国统计年鉴
	省级监督抽查不合格产品批次（批）	逆向	中国统计年鉴
	出入境货物检验检疫不合格货值占比	逆向	中国统计年鉴
	关键污染物排放强度	逆向	中国统计年鉴
	劳动生产率	正向	中国工业统计年鉴
品牌营销	获得国家级质量奖的企业数量	正向	国家市场监管局
	省长质量奖和省政府质量奖设立年限	正向	省市场监管局
	新产品销售收入占比	正向	中国统计年鉴
	出口额占总额比重	正向	中国统计年鉴
	区域行业销售额占总额比重	正向	中国统计年鉴

关于核心解释变量的衡量，考虑数据的可得性及数据的质量，选取了地区标准研制贡献指数、规模以上检验检测机构数、出入境货物检验检疫货值、出入境货物检验检疫批次、质量管理体系认证率作为国家质量基础的代理变量。由于计量、标准、检验检测、认证认可这一国家质量基础的各要素是一个完整的技术链条，各要素之间相互作用、相互促进，通过各要素的协同发挥作用共同支撑质量的发展。因此，为体现国家质量基础的这一特性，本书根据熵权法将计量、标准、检验检测、认证认可的各分项指标进行加权为反映国家质量基础的综合性指标。已有文献中关于产业集聚的测度方法有多种，主要包括集中度、区位熵、基尼系数、赫芬达尔指数等（如陈国亮，2012；杨仁发等，2013；刘华军等，2019）。相比于其他指标，区位熵能够更好地从区域的角度来分析产业集聚程度①，因此本书选取制造业产值区位熵这一指标来衡量地区制造业的空间集聚度。

此外，在回归时加入了控制变量以验证分析结论的稳健性。参考已有文献的研究，选取以下对产业质量有重要影响的变量作为控制变量：选取人均 GDP 作为地区经济发展水平（GE）的代理变量；选取地方财政支出占当地 GDP 比重代表政府干预度（GI）；选取高技术产业产值占 GDP 比重作为产业结构高级化水平（IS）；选取大专以上人口占地区人口的比重作为人力资本（HC）代理变量；选取各省份实际使用外商直接投资额度表示地区对外开放水平（OP）。本书所用指标数据来源于《中国统计年鉴》《中国科技统计年鉴》《中国工业统计年鉴》，以及国家和各省份市场监督管理局网站。

基于计算得出的制造业质量和国家质量基础数据，我们可以得出，从具体省份来看，由于资源禀赋、地理位置和产业基础等自然、社会因素的差异，各地区间制造业质量发展水平存在一定的差距。其中，2013～2017年制造业质量平均发展水平排名最高为广东省，制造业质量指数为

---

① 纪玉俊，张鹏. FDI、地区市场化进程与制造业集聚——基于门槛回归模型的实证检验[J]. 中南财经政法大学学报，2014（02）：63－70.

0.756，其次为江苏省、上海市、浙江省。从三大经济区域来看，东部沿海地区凭借区位优势及良好的经济发展基础条件，东部经济区的制造业发展质量明显高于其他区域。从全国平均发展水平来看，2013~2017年制造业质量与国家质量基础均呈现递增趋势，并且两者在演进趋势上表现出较高的相关性（如图3-2所示）。

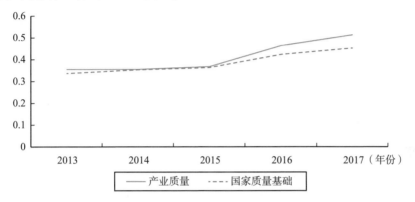

图3-2　基于2013~2017年制造业数据测算的产业质量与国家质量基础演变趋势

3.2.2　实证结果分析

1. 基本回归结果分析

首先，利用拉詹和辛格莱斯（Rajan & Zingales，1998）、纳恩（Nunn，2007）的交互项模型，采用2013~2017年的中国30个省（区、市）（由于指标数据缺失，未考虑西藏自治区以及港澳台地区）面板数据进行基准回归。在实证回归分析中，本书采用最小二乘法并控制地区固定效应和时间固定效应检验国家质量基础对产业集群质量升级的作用效果。具体回归结果如表3-2所示。表3-2第（1）列显示了国家质量基础与产业集聚度交互项对制造业质量的影响。其系数显著为正，这表明国家质量基础设施的改善确实能显著促进产业质量升级，并且国家质量基础对产业质量的影响程度会随着产业集聚度的提升而显著增强。因此，我们可以推出，国家质量基础建设能够显著提升产业集群质量，即本书的核心命题得以验证。

其次，为进一步验证上述实证结论的稳健性，在表3-2的第（2）列~第（6）列，依次加入了前述分析的各个控制变量。如表3-2回归结果所示，所有控制变量即地区经济发展水平、政府干预度、产业结构高级化水平、人力资本、对外开放水平变量与现实预期也是相符的，估计系数均为正，并且通过了统计学意义上的显著性检验，这意味着本书的核心结论具有较强的稳健性。由此本书的核心结论得到验证，即加强国家质量基础建设有助于促进产业集群质量升级，是引领产业集群迈入全球价值链中高端的重要支撑。

表3-2　　　　　　　　国家质量基础对制造业质量的影响

变量	（1）	（2）	（3）	（4）	（5）	（6）
$NQI \times C$	0.196 **	0.177 ***	0.134 ***	0.126 **	0.115 **	0.104 ***
	（0.064）	（0.047）	（0.058）	（0.061）	（0.042）	（0.033）
GE		0.035 ***	0.031 ***	0.026 ***	0.020 ***	0.019 ***
		（0.007）	（0.008）	（0.012）	（0.004）	（0.004）
GI			0.056 **	0.039 ***	0.041 ***	0.032 ***
			（0.022）	（0.011）	（0.010）	（0.013）
IS				0.391 **	0.213 **	0.152 **
				（0.109）	（0.108）	（0.088）
HC					0.0167 ***	0.0175 ***
					（0.0046）	（0.005）
OP						0.012 **
						（0.001）
常数项	0.525 *	0.617 **	0.736 **	0.771 ***	0.845 ***	0.771 ***
地区固定效应	是	是	是	是	是	是
年份固定效应	是	是	是	是	是	是
调整后的 R^2	0.765	0.893	0.861	0.915	0.865	0.857

注：括号内为稳健标准误。*、**、*** 分别表示在10%、5%和1%的显著性水平上通过检验。

2. 稳健性检验

为进一步验证本书核心结论的稳健性，采用两种方法进行稳健性检验：一是将考察的 30 个省份划分为东部、中部、西部三大区域分别进行回归（如表 3 - 3 所示）。① 根据表 3 - 3 第（2）列~（4）列回归结果可以得出：东部、中部、西部三大经济区国家质量基础与产业集聚度交互项的估计系数依然显著为正，表明本书结论在不同区域内依然成立，这也说明本书的研究结论不会随区域变化而改变。

二是采用全要素生产率与计算出的制造业质量的拟合值作为制造业质量的代理变量进行回归。全要素生产率是综合各种投入品所形成的一个指标，全要素生产率越高，说明该行业的同等投入可获得更高产出，既说明那些可以量化的投入要素的利用效率较高，同时意味着那些无法被定量衡量的要素的贡献也相对较大，因此全要素生产率可以反映出一个行业综合发展质量的高低。为验证研究结论的稳健性，本书以制造业全要素生产率作为反映制造业质量的替代指标。考虑到全要素生产率与制造业质量虽然存在相关性，但是两者之间可能并不完全吻合，为了消除这一影响，本书借鉴莱斯曼和塞德尔（Lessmann & Seidel，2017）的研究方法，计算根据上述指标体系所测算的制造业质量与全要素生产率的拟合值，并将该拟合值代入模型重新进行回归，由于该拟合值同时包含了两个变量的信息，这样可获得更为稳健的结论。根据表 3 - 3 第（5）列回归结果得出，交互项估计系数依然显著为正。基于以上检验结果可以发现，两种情况下的稳健性检验结论与上述的基本回归结果总体是一致的，说明本书的研究结论不会随着变量的改变而发生根本性变化，这也说明本书的核心研究结论是可靠的。

---

① 东部地区包括北京、天津、河北、辽宁、上海、江苏、浙江、福建、山东、广东、海南（港澳台地区除外），共 11 个省市；中部地区包括山西、内蒙古、黑龙江、吉林、安徽、江西、河南、湖南、湖北，共 9 个省区市；西部地区包括广西、四川、重庆、贵州、云南、陕西、甘肃、青海、宁夏、新疆，共 10 个省区市。基于数据获得性和数据质量考虑，未考虑西藏自治区。

表 3 – 3   国家质量基础对制造业质量影响的稳健性检验

变量	东部	中部	西部	拟合值
$NQI \times C$	0.163 *** (0.083)	0.126 *** (0.062)	0.116 *** (0.045)	0.152 *** (0.075)
GE	0.049 *** (0.014)	0.013 *** (0.007)	0.022 *** (0.003)	0.041 *** (0.013)
GI	0.022 *** (0.003)	0.025 *** (0.012)	0.027 *** (0.011)	0.036 *** (0.007)
IS	0.102 ** (0.043)	0.173 ** (0.076)	0.143 ** (0.068)	0.149 ** (0.057)
HC	0.0131 *** (0.005)	0.0155 *** (0.003)	0.0161 *** (0.007)	0.0156 *** (0.001)
OP	0.012 ** (0.005)	0.007 ** (0.003)	0.010 ** (0.003)	0.014 ** (0.001)
常数项	0.531 ***	0.621 ***	0.575 ***	0.476 ***
地区固定效应	是	是	是	是
年份固定效应	是	是	是	是
调整后的 R^2	0.914	0.873	0.865	0.901

注：括号内为稳健标准误。＊、＊＊、＊＊＊分别表示在10%、5%和1%的显著性水平上通过检验。

3.3　研究结论与启示

强化以质量核心的国家质量基础技术支撑是实现产业集群质量升级进而融入全球价值链中高端的有效途径。国家质量基础可有效提升产业集群技术创新能力、增强产品生产制造质量、塑造集群品牌和拓展产品市场，引导产业集群在全球价值链分工体系中向"微笑曲线"两端的高附加值环节攀升，同时提升生产制造环节价值创造能力。基于熵权法测算的国家质量基础与产业发展质量均表现出明显区域差异，两者在演变趋势上具有较强的一致性。并通过拉詹和辛格莱斯（Rajan & Zingales，1998）交互项模型检验进一步得出，国家质量基础对产业质量具有显著的正向影响，并且其效应随产业集聚度的提升而增强。采用两种不同方法进行的稳健性检验同样支持了上述研究结论。

毋庸置疑，产业集群质量升级是一个非常缓慢的过程，甚至可能长时间处于低质量的均衡状态。基于本书的理论和实证研究结论，为实现产业集群的质量升级，应将国家质量基础设施作为国家治理体系中的基础性制度安排，强化国家质量治理基础，加强国家质量基础对产业集群质量升级的技术支撑能力和创新引领作用，为产业集群质量发展和效益提高注入新的动力。根据当前国家质量基础建设现状及产业集群发展趋势，未来应进一步深化标准、计量、检验检测、认证认可改革，以企业需求为导向增强计量量值溯源能力，完善国家量值传递溯源体系，提高计量测试技术的高端化、专业化及其精准性、适应性、灵活性。建立政府主导制定的标准与市场自主制定的标准协同发展、协调配套的新型标准体系；加强集群产业共性标准的研制，充分发挥产业集群行业协会、商会、产业技术联盟等社会团体在团体标准制定中的作用，以团体标准引领产业集群质量升级；加强对国际先进标准跟踪研究，提升标准国际认可度。建设面向产业集群的高水平检验检测公共服务平台，探索检验检测认证资源共享机制，实现跨区域、跨行业的资源整合，提升检验检测供给能力，满足产业集群国际化的需求。完善认证认可法律法规，提高认证认可市场化水平，促进国家认证证书与国际认证证书的互认。积极营造国家质量基础设施建设良好发展的体制机制环境，按照市场化、法治化、国际化方向，建立政府主导、市场驱动和社会推动相协调的国家质量基础设施布局，形成泛在协同、准确统一、可靠高效的国家质量基础设施体系。深度参与质量基础设施国际治理，积极参加国际规则制定和国际组织活动，推动标准、计量、合格评定等国际互认和境外推广应用，加快我国质量基础设施国际化步伐。同时，应充分发挥人力资本、政府调控、对外开放等要素对产业集群质量升级的积极作用。

4

全球价值链下制造业集群
质量升级的国际经验借鉴

随着经济全球化发展，国家质量基础设施逐渐成为国家之间竞争的核心要素和战略资源，各个国家为了争夺新一轮国际竞争中的制高点，都在提高国家质量基础设施的战略地位，大力完善质量治理体系和支持国家质量基础设施建设。质量基础设施是产业集群质量升级的基础，而质量治理体系又是质量基础设施的顶层设计，质量治理绩效是质量基础设施和质量治理体系的结果，而从根本上看，质量治理绩效又是由质量文化决定。因此，本书通过比较中国、美国、德国、日本的质量基础设施建设、质量治理体系、质量治理绩效、质量文化，从而为中国制造业集群质量升级提供国际经验借鉴。从国家四大质量基础设施方面分析中、美、德、日的制造业质量基础设施建设情况，从质量治理主体、治理方式和治理依据方面分析中、美、德、日的质量治理体系，了解各国质量治理的顶层设计理念，从品牌、专利、标准国际化程度、研发投入强度和出口产值比重等方面分析中、美、德、日的制造业质量治理绩效，从物质层面、行为层面、制度层面、精神层面进行比较中、美、德、日产业集群质量文化。综合分析各国国家质量基础设施建设的典型做法，探究国家质量治理和质量基础设施建设的国际发展趋势，对不断夯实中国质量基础设施，推动融入质量基础设施国际治理具有重要的借鉴意义。

4.1 中美德日制造业集群质量基础设施比较

目前，世界上的制造业强国都在出台各种政策，加大对国家质量基础设施的投入，如美国通过颁布质量促进方案，将计量、标准列入国家全球战略；德国通过实施"以质量推动品牌建设、以品牌促进产品出口的国策"和"工业4.0"计划，将标准作为核心战略资源；日本通过实施"质量救国"政策，首相牵头研究制定日本国际标准综合战略和"知的基盘"政策体系①。

质量基础设施（quality infrastructure，QI）概念于2002年最早由德国联邦物理研究院（PTB）提出，后由联合国贸易发展组织和世界贸易组织于2005年共同提出，并认为QI是一个国家建立和执行标准、检验检测、计量、认证认可等所需的质量体制框架。国际标准化组织于2006年也高度评价了质量基础设施，认为标准化、计量、合格评定已成为未来世界经济可持续发展的三大支柱。随后，其他国际性组织和研究机构，如联合国工业发展组织（UNIDO）、世界银行（WBG），以及德国联邦物理技术研究院（PTB）、柏林工业大学等研究机构对质量基础设施的概念、内涵及其核心要素展开了研究。随着质量基础设施向各个区域和行业层面的延伸，相继提出了区域质量基础设施、行业质量基础设施、企业质量基础设施②。至今，质量基础设施的概念已被国际社会广泛接受。2017年国际标准化组织、世界贸易组织等10个负责质量管理、工业发展、贸易发展和

---

① 徐建华. 国家质量基础是制造强国的重要支撑——专家建议我国必须夯实标准计量检验检测和认证认可四大国家质量基础设施 [N]. 中国质量报，2014 - 09 - 15（06）.

② 蒋家东等. 国家质量基础设施研究综述 [J]. 工业工程与管理，2019，24（02）：198 - 205.

监管合作的国际组织共同研究，提出了新的质量基础设施定义，认为质量基础设施是由支持与提升产品、服务和过程的质量、安全和环保性所需的组织（公、私）与政策、相关法律法规框架和实践构成的体系。同时指出，质量基础设施体系涉及消费者、企业、质量基础设施服务、质量基础设施公共机构、政府治理五个方面；还特别强调，质量基础设施体系依赖于计量、标准、认可、合格评定和市场监督。面对新一轮科技革命和产业变革，工业发达国家为了在新一轮国际竞争中抢占制高点，各国将 QI 建设作为国家战略予以推动。随着经济由高速增长阶段转向高质量发展阶段，中国正从制造业大国向制造业强国转变，提质增效升级将成为高质量发展阶段的主攻方向，这对质量基础设施建设提出了更高要求[①]。国务院参事、清华大学质量与可靠性研究院联合院长张纲表示，质量基础设施将贯穿于制造业的各个领域及发展全过程，是实现制造业提质增效升级的重要技术基础[②]。

4.1.1　中美德日标准化建设比较

随着国际经济活动规则变化，技术专利化、专利标准化、标准全球化成为国际上标准发展的新动向。国际的竞争逐渐呈现为标准竞争。国际标准成为竞争规则的一部分和产品质量判断的重要准则。因此，很多国家特别是发达国家都在争取国际标准化活动的领导权，竭力将自己国家的标准化转化为国际标准。中、美、德、日标准化体系建设有着显著差异，本节主要从标准化管理体制比较分析中、美、德、日的标准化组织方式、管理方式和运行方式。其中，标准化管理体制主要涉及标准化工作的管理体

---

① 蒋家东、张豪. 质量基础设施效能评估的初步研究［J］. 航空标准化与管理，2019（3）：23 - 28.

② 徐建华. 国家质量基础是制造强国的重要支撑——专家建议我国必须夯实标准计量检验检测和认证认可四大国家质量基础设施［N］. 中国质量报，2014 - 09 - 15（6）.

制、制定标准的组织形式、标准化体系①②。

1. 中国标准化建设

中国标准化管理体制属于政府主导型，标准化建设工作实行统一领导建设，按国家、部门、地方和企业四级分工管理标准化工作。国家市场监督管理总局主管全国标准化工作，下属中国国家标准化管理委员会、中国标准化研究院、中国标准化协会（CAS）分别属于全国标准化工作的主管机构、国家级社会公益类科研机构、全国性法人社会团体，共同协助国家市场监督管理总局管理全国标准化工作。中国的标准化业务主要由国家主导和实施，并将国家标准制定与实施作为政府的重要管理职能，企业处于从属地位③。2017 年我国颁布实施了新的《中华人民共和国标准化法》，正式确定了"政府 + 市场"两类标准的新格局。新型的标准体系框架，将标准分为五级，即国家标准、行业标准、团体标准、企业标准和强制性标准。国家标准、行业标准等政府标准强调了公益性和基础性，团体标准和企业标准这种市场标准倡导竞争性和创新性，满足市场竞争的需要。

2. 美国标准化建设

1918 年，为了有效保护美国市场，最大限度地占领国际市场，美国开始标准化业务，目标在于将本国标准逐渐升级为国际标准。美国标准分为自愿性标准、政府标准、技术法规三个种类。其中自愿性标准主要由国家标准、协会行业标准、企业标准组成。国家标准依托美国国家标准学会（ANSI）组织协调，由其认可的标准化组织、标准化协会和标准化委员会制定④。国家标准技术研究院（NIST）是美国国家标准化体系的唯一政府机构，主要从事标准化研究工作，通过提供计量、标准、先进技术规划等

① 黄灿艺. 日本标准化管理体制对我国的启示 [J]. 山东纺织经济，2009（04）：96 – 97.
② 单宝. 欧洲、美国、日本实施标准化战略的新动向及启示 [J]. 中国科技论坛，2007（06）：140 – 143.
③ 孙捷、姚云、刘文霞. 中外专利标准化知识产权战略的分析与研究——以中、美、欧、日的知识产权战略为例 [J]. 中国标准化，2017（03）：30 – 34.
④ 标准化体系建设的国际比较及启示. https：//wenku. baidu. com/view/7a7de46048d7c1c708a1451a. html.

方面服务，为美国国家标准化提供技术支持。美国国家标准学会（ANSI）是自愿性标准体系中的协调中心，审核批准美国国家标准，并代表美国参加国际标准化活动，但 ANSI 很少自己制定标准。美国标准化实行的是事实标准，以市场为主导，通过市场竞争形成标准。与其他国家不同，美国拥有 700 多个标准化组织，包括政府机构和非政府机构，共同致力于标准的构建。美国政府在标准的制定中不是主导者，而是主要充当了标准的使用者和守夜人的角色。作为使用者，美国《国家技术转让与推动法案》（NTTAA）规定，除非不适用或者没有自愿性标准，美国政府和机构应尽量使用标准化机构制定的自愿性标准；作为守夜人，美国政府主要维护公共利益，保障标准质量，对标准的使用进行监督。美国标准的主导者和制定者，主要是各种协会、学会及联盟，其中最核心的主导者是美家国家标准学会（ANSI），负责自愿性标准的制定和合格评定。

3. 德国标准化建设

德国的标准化体系主要包括国家标准、团体标准和企业标准三级。其中，国家标准主要由德国标准化协会（DIN）制定发布。DIN 是一个非政府组织，下辖 78 个标准委员会，管理着 28 000 多项产品标准并负责德国与地区及国际标准化组织间的协调事务。但 DIN 并非传统意义上的非营利性组织，它主要负责国家标准的制定及修订，以及代表德国参加国际和区域标准化组织的活动。在产品标准化建设方面，DIN 是德国唯一的国家权威标准制定机构，可以代表德国在地区或国际领域的权益。团体标准主要是协会标准和联盟标准，团体标准主要由各行业协会或者企业联盟制定发布，不需要向政府登记或者备案，使用范围也限定在行业协会和联盟内，完全是一种市场行为。企业标准主要是企业内部自己制定，并只适用于企业内部，不对外公布①。德国标准化管理体制的特征主要体现在协调性和连续性。协调性主要体现在德国除了 DIN 外还有近 140 个其他组织涉及标准的制定，这些组织机构之间呈现出高度协调性；连续性主要体现在德国

---

① 商晤. 德国标准化有板有眼 [J]. 世界机电经贸信息，2005（10）：42 - 44.

标准化体系不允许相互之间存在矛盾的标准，只要 DIN 出台一项新的产品标准或者引入欧洲或者其他国际性产品标准，本国国内的其他相关标准一律废除。

4. 日本标准化建设

日本的标准化体系包括工业标准（JIS）和农林标准（JAS），其中 JIS 是最重要、最具权威的标准，由全国性的标准化管理机构——日本工业标准调查会（JISC）负责起草、修改、批准和发布。日本标准化管理体系与大多数国家一致，以政府主导为主，但又强调发挥民间力量。日本的标准化管理制度随着世界经济形势和国际贸易发展变化而不断调整，主要以确立产业主流技术和产业发展方向的国际标准为国家发展基本战略。在日本，负责全面产业标准化法规制定、修改和颁布工作的是经济产业省，标准化具体工作由日本工业标准调查会执行，其他各个行政管理省厅负责本行业技术标准的制定①。

日本的标准化机构大体可以分为官方机构（日本工业标准调查会，JISC；农林省的农村产品标准调查会，JASC）、民间团体和企业标准化机构三类。官方机构在日本的标准化活动中发挥着主导作用，而标准化的民间团体也扮演着重要角色。这种标准化管理体制在发挥政府主导作用的同时，又能发挥民间团体的"专家制定"原则，确保了日本发布的各种标准符合产业发展的要求②。

从中美德日四国的标准化建设体系看，四国标准化建设各有特色，但也有相同点，从表 4 - 1 中我们可以看出，中国、德国、日本是政府主导型，美国是市场主导型，而四国的共同点都在于争夺国际标准主导权。

---

① 李文峰，刘雪涛，贾月芹. 国内外标准化体系比较［J］. 信息技术与标准化，2007（03）：44 - 47.

② 黄灿艺. 日本标准化管理体制对我国的启示［J］. 山东纺织经济，2009（04）：96 - 97.

表 4 - 1　　　　　中国、美国、德国、日本标准化建设特色与相同点

国家	特色	相同点
中国	政府主导型；追赶争夺战略 强制性技术法规的数量远远超过自愿性标准数量 国际化程度不高；企业参与较少 信息化程度和普及程度不高	参与国际标准制定 争夺国际标准主导权 标准的市场适应性 标准与研发一体化 培养国际化标准人才 政府的财力支持
美国	市场主导型；自愿性和分散性 市场为主导，以企业为主体，以利益为最终目标 控制、争夺战略；积极参与国际化标准组织 应对欧盟在 ISO/IEC 的强势地位 强调标准制定机构的协调一致 国家标准优先于国际标准	
德国	政府主导型；强化现有优势（ISO/IEC） 实施控制战略；突出标准文化氛围建设	
日本	政府主导，民间和社会团体合作型 应对欧盟、美国的优势地位 实施争夺战略；标准化与研发一体化	

4.1.2　中美德日计量建设比较

计量作为国家质量基础设施的重要组成部分，是控制质量、提升质量和创造更高质量的基础，涉及衣食住行、经济建设和国防外交等若干方面，主要在于确保量的准确性和一致性。在全球化竞争环境下，计量已成为国家主权的象征，其中美国、德国等 44 个国家已把计量写入宪法，事关国家统一管理和国家秩序的维持。在中国制造不断向高质量迈进的过程中，计量负有先行的责任，需要将计量推向全方位中高端水平，以保证制造业强国战略的实施[1]。

---

[1]　王英军. 计量——质量监管的基石 [J]. 中国市场监管研究，2018（08）：28 - 29，58.

1. 中国计量建设

中国计量体系主要从行政管理体系、法律、法规体系和技术体系上来看，在行政管理体系方面，构成了国家市场监管总局—省区市市场监管局—地区级市场监管总局—县级市场监管局的多层次体系。在法律、法规体系方面，中国计量检测政策法律环境以《中华人民共和国计量法》为母法，构成完整的政策法规体系。截至目前，主要包括8件国务院计量行政法规，26件国务院计量行政主管部门规章，以及21件省、区、市地方性计量法规，3件省、市地方性计量规章，批准和备案的计量技术法规2 558个（国家计量检定系统表93个，国家计量检定规程894个，国家计量技术规范213个，部门和地方计量检定规程1 358个）。另外，还包括一些重点行业政策。技术体系以中国计量科学研究院为最高技术研究机构，下设各地区级计量技术机构和县级计量技术机构（如图4-1所示）。

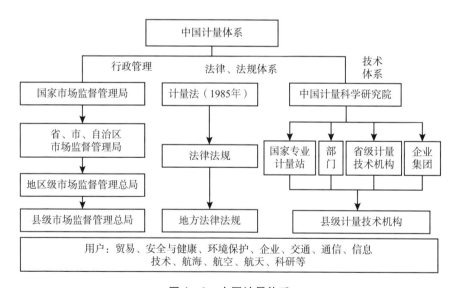

图4-1　中国计量体系

2. 美国计量建设

美国计量组织机构主要由国家标准技术研究院下属的计量处（WMD）

和地方计量机构组成，计量处还承担全国计量大会（NCWM）的秘书处工作。美国全国计量会议是美国法制计量工作进行组织协调的全国性计量管理机构，其主要工作是负责商业系统的计量管理。此外，美国有 55 个法制计量实验室，分别设在 50 个州和 5 个特区，主要从事涉及贸易结算的质量、长度和温度等的检测，代表政府部门为工业企业提供计量校准服务，为制药、冶炼、生化、医疗、环境等领域企业提供技术服务。非官方计量管理机构有美国国家计量大会、实验室鉴定协会、全国计量标准所会议（NCSL），这些机构大多由企业、州和联邦政府的代表组成，属于非官方的非营利性组织，致力于研制协商一致的计量标准，以满足全国的消费者、商业界、管理部门和制造商的需求。美国的计量管理建设主要具有四大特点：一是重点在零售商业，实行强制管理，美国强制管理的计量器具共 45 种，且主要是度量衡器；二是工业计量不受政府部门的监督，由工业企业自行管理，但工业企业往往主动找计量权威机构美国标准技术研究院进行送检、比对、咨询、溯源，并通过实验室认可、授权，以提高计量管理水平和在市场上的竞争能力；三是美国工业计量管理采取规范化的管理模式，以标准形式推出工业企业计量管理方式，地方计量机构经常突击抽查零售商，定期改变结果，对违法者予以处罚；四是美国重视现场计量监督管理，赋予计量管理人员以特别警察权，计量人员持证可到管理区域内的任何商店、市场检查，可以对严重违反计量法的任何人进行拘留。

3. 德国计量建设

德国的计量管理为三级管理体制，国家级部门为德国联邦物理技术研究院（PTB），是一个集行政管理和技术管理的机构，隶属于德国经济部；地方各州（相当于中国的省）设有州一级的计量部门，一般归属于州经济部门；在市一级设置市一级检定局，隶属于州计量部门①。在德国，检定工作主要由政府计量部门实施，检定的计量器具共有 23 大类，除水表、

---

① 宗世敏. 基于国外法制计量管理体系看我国法制计量 [J]. 中国计量，2014（08）：49 - 51.

煤气表、电表和热量表由国家授权站实施检定，并由州计量部门进行监督管理外，其他计量器具均由政府计量部门进行检定。德国的校准工作主要由社会上的各类技术机构进行，设有校准服务局（DKD），负责校准实验室的认可。目前，德国共设有 370 余个国家授权的四表站（即电表、水表、煤气表、热能表)①。德国计量建设主要有三个特征：一是部分强检业务社会化；二是跨部门信息资源共享；三是整合资源实现最佳配置②。

4. 日本计量建设

日本产业技术综合研究所的计量标准综合中心（NMIJ）是日本的官方计量基准、标准科研和管理机构，主要负责物理量、电学、标准物质的计量标准。日本产品评价技术中心（NITE）负责计量法规定的校准实验室认可工作。日本的计量管理建设主要在国际化方面做得比较好，为了消除阻碍世界经济贸易发展的技术贸易壁垒，于 1999 年签订了计量标准相互承认协定（Mutual Recognition Arrangement，MRA），由国际计量委员会（CIPM）负责实现计量标准的国际等效性。2000 年日本成为国际计量委员会（CIPM）亚洲区域机构 APMP（亚洲太平洋区域计量规划组织）的议长国和干事国，同年，日本、美国签订了计量标准领域合作的谅解备忘录（MOU），确立了日本、美国两国国家计量标准的等效性。因此，美国政府根据美国法规免除了对日本飞机制造企业的计量器具要溯源到美国标准技术研究院（NIST）的要求③。

4.1.3　中美德日检验检测比较

检验检测是指通过对各个领域产业进行技术验证，并告知使用者是否符合法律、法规的要求，或是符合一定的标准。美国、欧洲国家和日本等国大部分形成了较为规范的检验检测市场，并且有一批在国际上有权威的

---

① 杨蕾. 高效的德国计量管理［N］. 中国质量报，2008 – 04 – 23.
② 霍哲珺. 德国计量管理体系概述［J］. 管理观察，2018（33）：58 – 59.
③ 王英军. 计量——质量监管的基石［J］. 中国市场监管研究，2018（08）：28 – 29.

民间检测机构，而中国作为发展中国家，检验检测起步较晚，落后于美国、欧洲和日本①。其中，美国在全球质量检验检测行业位于第一集团，发展早，体系健全。由美国发起建立的 UL 认证，UL 所制定标准的 70% 被美国国家标准协会（ANSI）认可，升级作为美国国家标准使用。德国在汽车和汽车配件工业、机械设备制造、化工制药业、电子电气工业、可再生能源产业在全球领先，其在质量检验检测行业功不可没。2017 年，美国质量检测规模占据首位，占市场规模的 35%；德国位居第二，占市场规模的 25%；中国位居第三，略低于德国，为 24%。

1. 中国检验检测建设

截至 2021 年 10 月 31 日，CNAS 认可各类认证机构、实验室及检验机构三大门类共计十五个领域的 13 607 家机构。另外，散布在全国各地各种性质、类型的机构约有三万余家，数量庞大。从整体来看，中国检验检测市场仍处于起步阶段，检验检测机构规模普遍较小，且布局结构分散，重复建设较多，高端检验检测设备缺少，检验检测市场的管理条块分割明显。当前，中国检验检测机构在国内市场上除了行政垄断部分外，市场化部分无法与外资机构抗衡，也难以"走出去"参与国际市场竞争，尚未形成国际公认的第三方检验检测认证品牌。中国检验检测建设存在以下四个特点：一是科技资源整合度不高，与其他科技机构融合服务不多；二是市场化程度不高，面向客户时往往充当技术专家角色而不是服务行家角色；三是国内检测机构技术服务能力有待提升，大多只能开展出具检测报告服务，不能为客户找出问题并提供全方位解决方案；四是全能型检测行家少和精良检测设备缺乏，信誉、品牌和网络支撑相对薄弱②。

2. 美国检验检测建设

美国检验检测主要包括标准化监管、计量监管、出入境动植物检疫、

---

① 庞增华. 检验检测行业现状［EB/OL］. https：//wenku. baidu. com/view/37cfa575b8f3f90f76c66137ee06eff9aff8493e. html.

② 吴闫，刘非. 论我国检验检测认证国际话语权的提升［J］. 开放导报，2019（03）：99－103.

进出口食品安全监管、出入境商品检疫五个部分，每一个部分都有相应的监管机构和法律制度，并构成一个完整的监管体系①。美国检验检测特征主要有以下三个方面：一是没有统一产品质量管理法，制定了众多专门的产品责任法，如《食品、药品和化妆品法》《电冰箱安全法》《儿童安全保护法》等，并且将产品责任的性质确定为侵权的民事责任，强调严格责任和惩罚性损害赔偿②。二是"专业化"的监管部门。无论是美国的联邦政府还是各州政府都没有独立、统一的产品质量监督管理机构，对于一般性质的工农业产品和日用消费品的质量问题，消费者可以根据有关法律进行诉讼；对于食品、药品等涉及人体健康、安全的产品，则制定相关法律，并在联邦政府、各州政府设立专门管理机构③。三是"民间化"的检测认证机构。民间检验检测认证机构是美国产品质量检验和监督系统的重要组成部分，主要是根据客户合同提供各类专业性的质量检验检测认证服务，且相比政府机构，检验检测认证要求更加严格。在美国检验检测市场，以质量责任为基础，政府专业化监管和民间机构共同参与的检验检测体系，为美国产品质量和消费安全提供了良好保障④。

3. 德国检验检测建设

德国检验检测建设的特点是政府干预少，市场化程度高。德国政府主要根据欧盟有关条约制定本国法律法规、规范市场秩序、处罚违规行为，并对检验检测机构进行认可约束、行业自律社会监督⑤。在全球11大检测机构中，德国有4家，这与德国检验检测的市场化建设有着密切关系。德国检验检测市场的建设特点是在不断强化政府监管机构的职能与角色下，大力引进第三方检测认证机构，以提高监管效率并加强检测机构的服务意识。德国检验检测机构主要特征是独立性、多元化一站式服务。

---

① 郭继．美国质量检验检疫机构和监管方式解析（上）［N］.中国市场监管报，2019 - 03 - 19.

② 何可．严格责任—分门别类—依托民间［N］.中国质量报，2011 - 09 - 22.

③ 概述美国产品质量检验检测体系的特点．https：//www.docin.com/p - 263636980.html.

④ 何可．美国产品质量检验检测体系面面观［J］.质量探索，2012（05）：45.

⑤ 杨蕾．欧洲三国检验检测认证行业发展扫描［N］.中国质量报，2015 - 04 - 03.

4. 日本检验检测建设

日本检验检测是根据各个部门分工权限进行划分的，其中通产省负责进出口工业品的检验管理；农林水产省负责全国进出口农林水产品和食品的检验和检疫管理；厚生劳动省负责进出口食品、医药品等卫生方面的检验和管理；运输省负责进出口商品运载计量和安全方面的检验管理。日本对商品检验检测主要通过国家立法管理、对重点进出口商品实行强制性检验、对民间检验机构实行监督管理[①]。

日本检验检测体系具有如下特征：第一，日本政府通过立法形式建立检验检测管理依据，通过法律成为企业生产、加工、经营、销售单位，以及商品检验、海关等执法部门的法律义务和责任，对违法者进行法律制裁；第二，日本政府有关部门根据需要，规定了若干必须由政府或政府指定的民间检验机构检验的商品种类，亦称法定检验商品种类，凡被列为法定检验范围的商品，有关生产经营企业必须向政府或政府指定的检验机构申报检验，经这些检验机构检验合格后，发给检验合格证书；第三，日本政府十分重视组织和利用社会检验力量，为了保证检验工作的公正准确，这些民间机构都在政府的严格控制下进行工作，日本政府对有关民间检验机构的检验技术水平、检验设备手段、检验范围和能力及组织结构进行考核认证。

4.1.4 中美德日认证认可建设比较

认证认可也称为合格评定，最早由国际标准化组织（ISO）所使用，即 1985 年 ISO 理事会将其所设立的认证委员会改为合格评定委员会。合格评定如今已是各国对企业产品和服务进入市场的普遍要求。最早对产品进行认证的国家是英国，1903 年英国对检验合格的铁轨产品实施认证并贴上"风筝"标识，成为世界上最早的产品认证制度。20 世纪 30 年代，

---

① 日本的官方检验机构。http://www.cnjpetr.org/html/zhurizhongguoguanfangjigou/zonghezix-un/2010/0704/21110.html.

欧洲地区、美国、日本等工业国家也纷纷建立强制性认可制度，尤其是对质量安全风险较高的产品[1]。

从全球范围来看，大部分国家都对涉及人身健康安全、社会公共安全的产品实行认证准入管理，如欧盟的 CE 认证、美国 FCC 认证、日本 PSE 认证和中国 CCC 认证。

1. 中国认证认可建设

中国的认证认可工作始于 1978 年 9 月加入国际标准化组织（ISO），而开始借鉴国外认证制度始于 1981 年加入国际电子元器件认证组织，并建立了中国电子元器件认证委员会。1991 年《中华人民共和国产品质量认证管理条例》的颁布，标志着中国认证认可工作进入全面规范推行阶段。在建立和实施产品认证外，中国在管理体系认证方面相继建立了 ISO 9001 质量管理体系、ISO 14001 环境管理体系、OHSAS 18001 职业健康安全管理体系等认证制度[2]。

在加入 WTO 后，中国开始建立集中统一的认证认可制度。2006 年 3 月中国成立了中国合格评定国家认可委员会（CNAS），并作为唯一的国家认可机构。2018 年 3 月，组建国家市场监督管理总局，国家认证认可监督管理委员会职责划入国家市场监督管理总局，对外保留牌子[3]。国家市场监督管理总局建立后，中国认证认可市场遵循"统一管理，共同实施"的原则，形成了以国家市场监督管理总局为主管部门、相关部委和单位组成的部际联席会议作为议事协调机构、全国各地认证监管部门作为执法监督主体、认证认可检验检测机构作为实施主体的组织机构体系。在法律制度建设方面，形成以《中华人民共和国认证认可条例》为核心的法律法规体系，建立了强制性与自愿性相结合的认证制度、国家认可制度、检验

---

① 国家认证认可监督管理委员会秘书处. 认证认可检验检测是市场经济的基础性制度 [N]. 中国市场监管报，2019 – 03 – 26.

② 国家认证认可监督管理委员会秘书处. 我国认证认可检验检测基本情况（下）[N]. 中国市场监管报，2019 – 04 – 02.

③ 我国认证认可检验检测发展历程权威梳理. http：//www. cqn. com. cn/zj/content/2019 – 04/02/content_6965263. htm.

检测机构资质认定制度、认证人员注册制度等。经过 30 多年的发展，形成了"法律规范、行政监管、认可约束、行业自律、社会监督"五位一体的监管体系，对认证机构、认可机构、检验检测机构实行准入管理和事中、事后监管。截至 2019 年 12 月 31 日，CNAS 认可各类认证机构、实验室及检验机构三大门类共计十五个领域的 11 409 家机构，其中，累计认可各类认证机构 188 家①。

2. 美国认证认可建设

美国的认证认可体系是一种动态、复杂、多层次和市场推动的体系，政府、产业界和私人机构共同参与认证认可体系建设，具有自愿性和强制性。美国的认证认可体系由政府和民间两个部分组成。政府认证又分为联邦认证和各州认证。民间认证主要类型有独立检验或者试验组织、专业协会或技术团体、经济贸易组织。美国的认证认可制度主要有产品认证机构认可、实验室认可。美国两个最重要的产品认证机构是由美国职业健康安全（OSHA）和美国国家标准（ANS）运作的，OSHA 认证认可涉及工作场所使用的电气设备和材料，ANS 的认证认可涉及许多领域，包括建筑材料、饮用水添加剂、燃气和电器用品及其部件等。美国国家标准与技术研究院（NIST）的国家资源型实验室认可体系和美国实验室认可协会是两个最大的联邦实验室认可体系，另外还有许多联邦、州和地方政府，以及私人机构的实验室认可体系。总体来说，美国的认证认可体系是一种分散式发展形式，政府机构将重点放在利用和协调私人机构上，是一个有效、开放、透明的体系。

3. 德国认证认可建设

德意志标准化学会（DIN）和德意志电器工程师协会（VDE）是德国两个主要的产品认证机构，分别从事电工、电子产品符合 DIN 标志的认证。这两个机构有着密切的合作关系，联合组成德国电工委员会

---

① 我国认证认可检验检测发展历程权威梳理 . http：//www.cqn.com.cn/zj/content/2019 - 04/02/content_6965263.htm.

（DKE），参加国际电工委员会（IEC）。DIN 代表德国参加国际标准化组织（ISO），于 1971 年 12 月成立的联邦德国商品标志协会有限公司（DG-WK）是专门负责符合 DIN 标准的产品认证工作的机构，它隶属于德意志标准化学会。该公司本身没有检验机构，而是利用全国 40 多个检验机构为其承担产品认证的产品检验工作。

DIN 的认证制度有其发展过程，目前 DIN 发展为两种产品认证标志，即"DIN 标志"和"DIN 检验和监督标志"，此外还有一种质量体系认证制度——德国 GS 认证。GS 认证以德国产品安全法为依据，按照欧盟统一标准 EN 或德国工业标准 DIN 进行检测的一种自愿性认证，是欧洲市场公认的德国安全认证标志。GS 标志，虽然不是法律强制要求，但是得到了消费者和企业的广泛认可。在德国市场上，如果出售的商品不符合 GS 要求，将很难在德国销售。所以 GS 标志是强有力的市场工具，能增强顾客购买的信心欲望。虽然 GS 是德国标准，但是欧洲绝大多数国家都认同，而且产品满足 GS 认证的同时，也会满足欧盟 CE 认证的要求。

4. 日本认证认可建设

日本的认证认可体系主要由政府管理，经济产业省（简称通产省）具体负责质量检验、认证和实验室认可。通产省由标准与综合评定政策处、标准处、综合评定处、计量和技术基础处组成，分别对其管辖的产品实行质量检验和认证，并使用认证标志，其管理的认证产品占据全国认证产品的 90% 左右。日本的产品检验认证制度可分为强制性和自愿性两种类型①。日本的强制性认证由政府部门负责，其中通产省负责了大部分的产品认证。日本的自愿性认证制度由通产省发布施行 JIS 认证的产品目录，由相关政府部门、私人部门及行业协会共同开发各部门的标准。仪器的校准服务由国家计量研究所（NRLM）、电子技术综合研究所（ETL）、日本电气计量检定所（JEMIC）和地方检定机构进行，对认可的校准实验室颁

---

① 袁俊. 美、日、韩及欧盟的合格评定透视 [J]. 世界制造技术与装备市场，2007（03）：64-67.

发带"JCSS"标志的认可证书。日本质量体系的认可工作则由日本质量体系认可机构负责，通常是一种自愿行为①。

日本对各类产品都有对应的法律法规，比如《药品管理法》《电气设备和材料安全法》和《食品卫生法》《工业标准化法》等，这些法律机构规定了不同类型的产品目录，其中对很多商品要求进行强制性认证。对于强制性认证的产品，在质量、形状、尺寸和检验方法等方面都必须满足特定的标准，否则不能生产和销售②。而凡生产属于强制性认证产品的企业，必须向通产省提交认证申请书，经产品抽样检验和制造商质量保证能力检查合格后，才能由通产省大臣签发认证证书，允许在出厂产品上使用规定的认证标志，并接受事后监督检验和检查。同时，日本对进口产品实行严格的认证认可制度，进口产品必须符合日本认证认可制度③。

4.2　中美德日制造业集群政府质量治理体系比较

质量治理是一个社会质量安全得到有效控制的重要因素。不同的治理体制设计与运行，又是政府质量管理有效性的基础。实质上，政府的质量治理是对企业微观质量行为的一种具体规制，除了专门的政府监管机构和人员外，还包括法律、技术法规、合格评定、认证认可、产品监督与技术检测等诸多具体职能。不同国家的质量基础设施都是在政府质量治理体系中运行的，在比较分析中国、美国、德国、日本的质量基础设施前，要明

---

① 郭朝先，王虹，李辉. 发达国家对检验认证行业的监管及其借鉴［J］. 中国市场，2012（20）：90 - 96.

② 金碚，王燕梅，陈晓东. 检验认证的经济学性质及其行业监管——基于对中国检验认证机构的考察［J］. 经济管理，2012，34（01）：1 - 10.

③ 曾洪鑫. 认证认可对出口消费品质量影响［J］. 华南理工大学学报（社会科学版），2018（02）:64 - 70.

确各国的政府质量治理体系。根据设置质量监管机构类型，将各国质量治理体系划分为三种类型，即从属型的质量治理体系、隶属型的质量治理体系、独立型的质量治理体系。

从表4-2可以看出，从属型的质量治理体系的质量监管机构属于混合型，既是某一领域产业政策制定者，还对某一领域具有质量监管权，甚至还参与某一领域的经营活动，集多种职权于一身，质量监管职能较弱，如日本农林水产省不仅可以制定粮食生产政策还对粮食质量进行监管。隶属型的质量治理体系的质量监管机构隶属于某一行政部门，虽然这种质量监管机构还是归某一行政部门管理，但是已经可以单独制定政策、设置机构，独立进行质量监管①，如中国的市场监督管理局，虽然隶属于上级政府机构，但是已经可以独立开展各个领域的市场质量监管。美国部分质量监管机构也是隶属型质量监管机构，如美国食品药品监督管理局（FDA）是美国政府在健康与人类服务部（DHHS）下属的公共卫生部（PHS）中设立的执行机构之一，但FDA经美国国会即联邦政府授权，是专门从事食品与药品管理的最高执法机关，独立性较强②。独立型的质量治理体系的质量监管机构独立性很强，不仅相对于其他政府部门独立，而且面对政府首脑，也有很大的独立性③，其职权的行使不受政府首脑的具体领导和管理，如美国标准化机构、欧盟CE认证组织。

表4-2   质量治理体系类型

类型	含义	特征	代表国家
从属型的质量治理体系	行政管理职能部门兼任履行质量监管职能	独立性较弱	日本
隶属型的质量治理体系	隶属于某一行政部门的质量监管机构	有一定独立性	中国
独立型的质量治理体系	质量监管部门相对其他部门独立	独立	美国、欧盟

---

① 徐梅. 日本的规制改革［M］. 北京：中国经济出版社，2003.

② 王名扬. 美国行政法［M］. 北京：中国法制出版社，1995.

③ 程虹等. 美国政府质量管理体制及借鉴［J］. 中国软科学，2012（12）：1-16.

4.2.1　中国制造业质量治理体系

中国制造业质量治理体系主要是以政府部门监管、法律法规体系规制为主要特征。从质量治理主体来看，制造业质量治理部门逐渐从多部门监管向单一监管部门过渡。原有质量监管体系是依据四大质量基础设施而设立部门，1988 年国务院决定在国家标准局、国家计量局和国家经委质量局的基础上，组建国家技术监督局，2001 年为适应建立和完善市场经济体制及加入 WTO 的需要，国务院决定将质量技术监督、出入境检验检疫两个分管国内和进出口质量工作的部门整体合并，组建国家质检总局，形成了中国产品质量监督管理的最高行政管理部门。2018 年，为进一步深化机构改革，国务院决定将国家工商行政管理总局、国家质量监督检验检疫总局、国家食品药品监督管理总局、国家发展和改革委员会的价格监督检查与反垄断执法部门、商务部的经营者集中反垄断执法部门及国务院反垄断委员会办公室等整合，组建国家市场监督管理总局。国家市场监督管理总局实际上已成为制造业多部合一的政府质量治理主体。在质量治理依据方面，中国已初步形成以《中华人民共和国产品质量法》《中华人民共和国标准化法》《中华人民共和国计量法》《中华人民共和国食品安全法》等法律为基础，以《中华人民共和国认证认可条例》《缺陷汽车产品召回管理规定》等行政法规为补充，以一大批部门规章和地方性法规为配套的质量法律体系，产品质量法规正在逐步完善。在治理方式方面，制造业质量治理主要靠抽查监督制度。中国政府质量治理主体属于从属型质量监管机构，独立性较弱。中国政府在质量治理中，承担着规则制定、制度安排和模式建构的主导作用，处于主体地位，质量管理范围比较宽泛，专业性和技术性不高，却承担了跨越公共边界的责任，抑制了企业质量管理主体责任的发挥，市场主体和其他社会组织参与质量治理的主体较少，质量共同治理度不高。

4.2.2　美国制造业质量治理体系

美国制造业质量治理体系于 1906 年开始建立，至今已经历了四个阶段，即初创阶段、基础阶段、完善阶段和强化阶段。美国制造业质量治理呈现出以风险驱动为核心，独立监管和共同治理并行的特征①。美国是一个对制造业质量监督比较严的国家，拥有全国性的监管机构 55 个，监管人员 13 万余人，尤其是在社会性监管机构中，有很多产品质量监管机构，各质量监管机构的职能如表 4 – 3 所示。

表 4 – 3　　　　　　　美国主要政府质量管理部门的核心职能

监控机构名称	核心职能
食品安全检验局（FSIS）	通过确保食用肉类、禽类和蛋类产品的安全、卫生与正确标签来保护消费者
美国联邦贸易委员会（FTC）	执行多种反托拉斯和保护消费者法律的联邦机构
美国农业部（USDA）	监督农产品贸易、保证生产者与消费者的公平价格和稳定市场
食品药品监督管理局（FDA）	确保监管范围内产品的安全、功效和可靠性来保护公众的健康
美国高速公路安全管理局（NHTSA）	通过教育、研究、设立安全标准和执法行为来解救生命，避免因公路交通事故产生的伤亡与经济损失
管道和危险材料安全管理局（PHMSA）	通过确保危险物质以任何形式安全地流动与运输到工业与消费者手中来保护美国公众和环境
消费品安全协会（CPSC）	保护大众免受消费品不合理风险带来的伤害或死亡
美国国家环境保护局（EPA）	保护人类健康和环境

① 主要发达国家质量政策比较研究课题组. 美国质量政策：独立监管和共同治理并行 [N]. 中国质量报，2020 – 04 – 21.

在治理主体方面，美国属于独立性质量治理和隶属型质量治理，表4-3中的质量监管机构大部分都独立于政府其他部门，不仅拥有法律所赋予的行政权力，甚至还拥有监管规则制定的"准立法权"，以及行政裁判的"准司法权"，可以说拥有比一般的政府部门更大的权力。同时，这些机构独立于立法、行政、司法三个部门之外，不受政府各内阁部门的直接控制和干预，在其职权和监管范围内，即使是国会和最高法院也不得任意干涉。因此，美国政府的质量监管部门，并不等同于通常意义上所理解的政府机构，而是一类具有极大独立性的特殊政府部门，大多数专业性和技术性比较强的机构，且大多是针对某种产品设置机构，这是为了适应质量安全风险管理和技术的专业需要，使其可以不受干预地履行自己的职责。

在治理方式方面，美国属于全社会共同治理。政府与市场和社会的关系问题，始终伴随着美国政府质量管理体制的变迁。美国并没有因为质量安全的公共性就固守于政府的单一管理，而是与其他市场主体、社会组织共同对质量安全进行治理，这是美国政府质量管理体制的又一重要特征。在政府的质量安全监管中进行市场化的改革，与市场、社会等多元主体协同地开展质量共同治理，也是美国自20世纪80年代以后，政府质量管理体制发展的重要路径。实际上，美国政府在整个国家的标准体系中，并不处于主导地位。相反，社会组织是美国标准体系的主要领导力量，其角色定位是标准化的领导者、制定者和沟通的桥梁，主导美国标准的，特别是自愿性标准的制定。美国的自愿性标准主要由社会性标准组织制定，最大的20个标准组织，制定了全美90%的标准①。

在治理依据方面，美国与质量有关的法律或技术性法规，也都是以对质量安全风险的强制性约束为前提的，这些法律和技术性法规，都包含着非常具体的对某一个产品风险管理的详细技术标准或参数，这是国家强制

---

① ANSI. Domestic Programs（American National Stand - ards）Overview. http：//www. ansi. org/stan - dards_activities/domestic_pro - grams/overview. aspx? menuid = 3.

规定的最底线的质量安全边界。还对一些直接关系消费者安全的产品专门制定了法律，如《美国统一商法典》《消费者产品安全法》《美国统一产品责任示范法》等。这些法律法规几乎涵盖了所有的产品。

4.2.3　德国制造业质量治理体系

德国制造业产品质量享誉全世界与其制造业质量治理体系有着密切关系。在质量治理主体方面，德国质量治理主体比较多元化，其中主要监管部门是联邦经济主管部门、消费者权益保护部门和质检部门，除了这些官方行政监管部门，德国标准化组织、检验检测机构、质量认证机构等中介组织在质量治理中都起着重要作用。在质量治理依据方面，德国严格的法律法规给"德国质量"提供了制度保障，为保证产品质量，德国有一整套法律法规、行业标准及质量认证等制度体系，并形成了产品质量事前管理、事中监控和事后处理的一整套程序，例如为保证产品安全，德国就制定有《设备安全法》《产品安全法》《食品法》等。另外，德国产品召回制度和企业层面的质量管理制度也是德国质量治理的主要依据。质量治理方式方面，形成了覆盖全社会的质量管理体系和价值体系，独特的职业教育与培训制度、精益求精的社会氛围，形成了全方位多中心的质量治理体系①。

4.2.4　日本制造业质量治理体系

日本在吸收全面质量管理理论基础上建立了一套制造业质量治理体系。在政府质量治理主体方面，日本实行政府行政部门与民间团体共同治

---

① 王岳平．德国提升制造业产品质量的做法及对我国的启示与借鉴［J］．经济研究参考，2012（51）：33－36．

理的方式，其中经济产业省负责产品质量监督工作，由标准与综合评定政策处、标准处、综合评定处、计量和技术基础处组成，分别对其管辖的产品实行质量检验和认证，并使用认证标志。日本经济产业省实行的检验、认证、认可制度，下设日本工业标准调查会（JISC），其在日本工业标准的制定过程中发挥着非常关键的作用。除了经济产业省外，厚生劳动省和农林水产省负责日本食品安全监管。制造业质量治理的民间团体主要是消费者保护会议，主要调查消费者问题、处理投诉和制定消费者保护政策。在治理依据方面，主要依据的法律文件是《工业标准化法》《消费者基本法》《制造物责任法》，除了这些法律依据外，还有一些规章制度也在制造业质量治理体系中起着重要作用，如进出口商品强制性检验、监督管理民间检验机构、完备的产品表示制度等。在治理方式方面，按照产品分类进行全过程监督管理①②。

4.3 中美德日产业集群的
质量治理绩效比较

制造业在全球市场份额、国际品牌数是一个国家制造业质量治理绩效的重要表现，而技术研发、标准、专利是一个国家制造业质量提升的重要推动力。因此，本书在衡量中美德日制造业质量治理绩效时，利用中美德日的制造业增加值占全球市场份额的比重、标准国际化程度、世界500强品牌数、研发投入强度、PTC专利申请量衡量质量治理绩效。

---

① 丁毅. 日本产品质量监控组织体系及相关制度研究［J］. 当代经济，2016（12）：121 – 123.

② 袁俊. 美国、日本、韩国及欧盟的合格评定［J］. 铁道技术监督，2008（03）：11 – 14，17.

4.3.1 中美德日制造业增加值占全球市场份额的比重

国家制造业质量重要体现在国内和全球市场份额。在制造业增加值总量方面，中国制造业在世界中的份额持续扩大。1990年中国制造业占全球的比重为2.7%，居世界第九位；2000年上升到6.0%，居世界第四位；2007年达到13.2%，居世界第二位；2010年占比又进一步提高到19.8%，跃居世界第一位。自此连续多年稳居世界第一。在国内份额方面连续稳定在30%左右，出口额占全球比重在11%，自2008年后，连续多年世界第一。2018年，在美国，制造业占美国总产出的27%，占全球制造业产出的20%，出口额占全球制造业出口额的12%。在德国，它占全国产量的23%，占世界产能的7%，出口额占全球制造业出口额的7%。在日本，制造业占该国国家产出的19%，占世界总产量的10%，出口额占全球制造业出口额的3%。总体而言，中国、美国、德国和日本占世界制造业产出的50%左右。在总量方面，中国制造业已经稳居世界第一，这也表明中国制造业质量正在稳步提升（如图4-2、图4-3所示）。

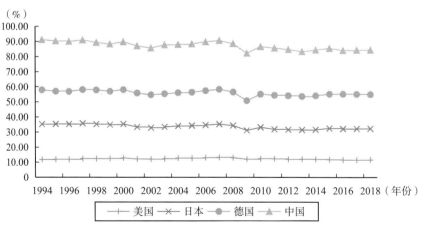

图4-2 1994~2018年中美德日制造业占全国GDP比重

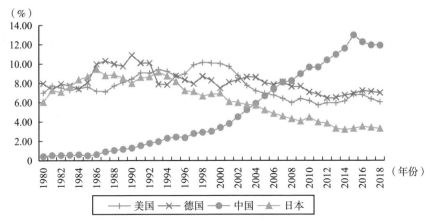

图 4 - 3　1980 ~ 2018 年中美德日制造业出口占全球出口比重

资料来源：万德数据库。

4.3.2　中美德日标准国际化治理绩效

西方发达国家已经意识到当前的标准化课题已不是技术问题和战术性问题，而是战略问题。标准化战略失误有可能影响国家的经济利益。在知识经济时代，一项具有战略技术标准被国际性的标准化组织承认或采纳，往往可带来极大的经济利益，甚至能决定一个行业的兴衰，影响国家的经济利益。因此，美国、德国、日本都在积极争夺国际标准的控制权，积极寻求在 ISO 和 IEC 中的领导地位，使得国际标准更多地反映本国的技术和国家利益。如各国积极争取承担更多的 ISO/IEC 各委员会（TC/SC/WG）主席、召集人和秘书的职务。培养一批熟悉 ISO/IEC 国际标准审议规则并具有专业知识的人才和国际标准化专家。在企业内外创造良好的环境，建立起企业和跨行业国际标准推进体制，提高行业参与国际标准化活动的参与度。对于中长期的国际标准化活动，必须保证同一专家能够长期持续参与。一揽子推进国际标准和国内标准的对策，实现 ISO/IEC 国内审议团体和 JIS 标准草案制定团体的一体化。相关领域的日本国内审议委员会之间要建立密切的合作关系，形成确保国家利益的体制。

　　日本标准化战略的核心内容是抢夺国际标准组织席位，通过国际标准推广自身的技术；跨国企业大量参与事实标准的设定；国际化的同时，倡导区域化，而且是通过走国际标准组织和区域标准组织的路线实现国际化和标准化战略。

　　从中美德日四个国家的发展战略中，可以发现争夺国际标准化组织的领导权是这些国家的共同战略之一。拥有国际标准化组织的领导权，才能主导制定各领域的国际标准，才能反映本国的国家利益。图 4 - 4 给出了中美德日四国在 ISO 和 IEC 技术委员会秘书处数量。图中显示，德国在 ISO、IEC 技术委员会秘书处数量均处于第一位，美国、日本国家秘书处数量略低于德国，中国在技术委员会秘书处数量最少。这充分体现出中国在国家标准化组织中的控制权明显不足，今后争夺国际标准化组织的控制权将是我国国际标准化战略的重中之重。

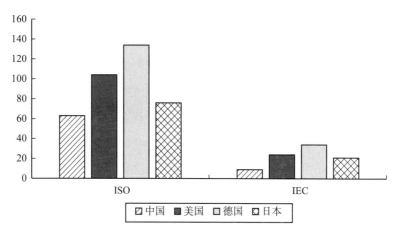

图 4 - 4　ISO、IEC 技术委员会（TC）秘书处数量（个）

资料来源：根据 ISO、IEC 官网统计，数据截至 2020 年 5 月。

　　无论是专利的国际化，还是专利的国家标准化，最终的目的都是形成国际化标准。谋求国际化标准中体现本国的技术要求，以实现某些领域的绝对控制权，最终在国际贸易中获取利益。

表 4 - 4 给出中美德日四国 ISO 标准的分布情况。从四国的 ISO 标准总量来看，截至 2020 年，德国的 ISO 标准数量最多为 2 117 条，日本、美国次之，中国的 ISO 标准数量最少，只有德国标准数量的 1/3，美日标准数量的 1/2。虽然中国的 PCT 专利申请目前位居全球第一，但是中国的国际化标准数量与发达国家相比却相距甚远。这也说明，中国在国际标准化方面尚有欠缺，并没有将专利很好地融入国际标准。下一步，中国应该加强国际标准的争夺，尤其是抢夺 ISO/IEC 国际标准化组织席位。从 ISO 标准所属领域来看，中国的 ISO 标准主要分布在信息技术和交通运输方面；美国的 ISO 标准主要分布在信息技术和机械工程方面；德国的 ISO 标准主要分布在机械工程和化工方面；日本的 ISO 标准主要分布在信息技术、机械工程和交通运输。对比四国的 ISO 标准分布领域，会发现这些标准的主要分布领域与各国 PCT 申请的比较优势领域高度吻合。这也就说明，未来中国应该发挥自己的优势领域，加强 PCT 申请比较优势领域创新，加强优势领域的标准国际化。

表 4 - 4　　　　　　　中美德日 ISO 标准分布数据　　　　　　单位：条

领域	中国	美国	德国	日本
Information technology、graphics、photography	119	329	203	308
Transport	97	89	214	210
Mechanical engineering	74	170	354	239
Ores and metals（矿石和金属）	59	35	143	147
Non - metallic materials（非金属材料）	51	70	146	160
Chemicals	50	24	223	89
Food and agriculture	46	57	125	16
Health，medicine and laboratory equipment	42	161	96	72
Sustainability and environment	34	100	178	64
Energy	20	53	59	35

领域	中国	美国	德国	日本
Building and construction	13	59	108	74
Special technologies	13	46	41	34
Horizontal subjects	11	35	81	42
Services	5	13	3	3
Freight，packaging and distribution	2	6	54	33
Security，safety and risk	2	—	3	1
ISO 标准总计	671	1 303	2 117	1 598

资料来源：经作者整理所得。

4.3.3　中美德日专利治理绩效

国际上通用的衡量一个国家国际专利申请实力和水平的指标主要有PCT申请量和三方专利数。PCT申请主要反映一国的技术发明人向国外申请发明专利的意向，它的规模和水平能够间接表征该国以专利为竞争手段开拓国际市场的实力。三方专利侧重测度一国对外专利申请的质量，在很大程度上能够反映该国的技术在国际上的竞争力。下面我们分别就中美德日四国的PCT申请量和三方专利数进行比较分析。

PCT国际专利申请可以分为国际阶段和国家阶段两个阶段。国际阶段是国际专利申请的准备阶段。PCT申请的专利如果停留在这个阶段，还不能算作国际专利，只能表明申请人有申请国际专利的意愿。PCT专利申请进入国家阶段才能算作真正的国际专利。只有一件专利的PCT申请进入国家阶段，才能作为该国的国际专利申请量统计。

表4-5给出了2005～2019年中美德日四国PCT申请量及进入国家阶段的申请量。单就PCT申请量来看，中国与其他三国相比增长最快。2005年中美德日四国的申请量分别是2 500件、46 019件、15 995件和

24 815 件。中国 PCT 申请量分别占美国、德国、日本申请量的 5.43%、15.62%、10.07%。到 2019 年中国的 PCT 申请量跃居全球第一,超过美国、日本、德国三国。就进入国家阶段 PCT 申请量来看,2005 年中国、美国、德国和日本的 PCT 申请量分别为 2 063 件、121 764 件、53 793 件和 54 554 件,中国分别占美国、德国、日本申请量的 1.69%、3.84%、3.78%。2018 年中国、美国、德国和日本的 PCT 申请量分别为 36 789 件、189 054 件、73 318 件和 133 414 件,中国分别占美国、德国、日本申请量的 19.45%、50.18%、27.57%。对比 2005 年和 2018 年可以发现,中国的 PCT 申请在经过十几年的发展已经有了很大提高,不仅 PCT 申请量有了很大提高,而且进入国家阶段的 PCT 申请量也有了较大增长,缩小了与美国等发达国家的差距。

表 4 - 5 PCT 申请量

年份	PCT 申请量（国际阶段）				年份	PCT 申请量（国家阶段）			
	中国	美国	德国	日本		中国	美国	德国	日本
2005	2 500	46 019	15 995	24 815	2005	2 063	121 764	53 793	54 554
2006	3 492	51 280	16 736	27 025	2006	2 564	132 243	58 349	64 732
2007	5 455	54 043	17 821	27 743	2007	3 894	145 701	60 835	70 117
2008	6 120	51 638	18 855	28 760	2008	4 617	151 008	67 541	76 015
2009	7 900	45 617	16 797	29 802	2009	5 275	135 977	63 815	79 805
2010	12 295	44 890	17 558	32 180	2010	7 998	148 538	70 609	92 381
2011	16 398	49 210	18 846	38 864	2011	13 241	149 924	72 493	97 392
2012	18 620	51 860	18 750	43 523	2012	17 272	152 166	75 132	113 933
2013	21 515	57 455	17 920	43 771	2013	18 813	164 755	78 566	121 821
2014	25 548	61 477	17 983	42 381	2014	22 893	176 261	74 429	124 555
2015	29 838	57 131	18 004	44 053	2015	28 396	200 873	72 055	122 049
2016	43 091	56 594	18 307	45 209	2016	35 018	180 754	71 603	122 049

续表

年份	PCT 申请量（国际阶段）				年份	PCT 申请量（国家阶段）			
	中国	美国	德国	日本		中国	美国	德国	日本
2017	48 882	56 624	18 982	48 208	2017	36 350	191 627	70 646	130 111
2018	53 345	56 142	19 883	49 702	2018	36 789	189 054	73 318	133 414
2019	58 990	57 840	19 353	52 660	2019	—	—	—	—

资料来源：经作者整理所得。

　　图 4 – 5 通过图形直观展示了进入国家阶段的 PCT 申请量，以捕捉各国的 PCT 申请量的变动趋势。总体来说，四国进入国家阶段的 PCT 申请量自 2005 年以来都呈现出递增趋势。中国、美国、德国和日本的 PCT 申请量分别增长 1 683%、55.26%、36.29% 和 145%，中国的增长速度最快，日本次之。但是，我们也会发现中国与其他三国的差距仍然很大，还需要加大国际专利的申请力度。

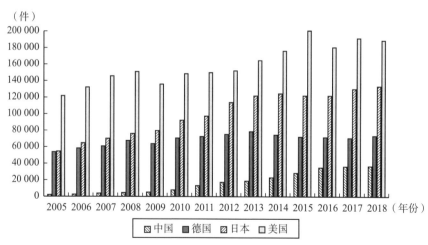

图 4 – 5　PCT 申请进入国家阶段数量

资料来源：经作者整理所得。

对比表4-6中中国的PCT申请量和进入国家阶段的申请量，虽然中国的PCT申请量跃居世界第一，但是进入国家阶段的申请量相对来说仍然较低。接下来，我们通过PCT申请质量这一指标来说明这种差异性。PCT申请质量衡量的是每件PCT申请进入国家的数量，该指标的计算是用表4-6中进入国家阶段的PCT申请量与PCT申请量的比值得到的。表4-7给出了中美德日四国2005~2018年历年来平均每件PCT申请进入国家的数量。从表4-6中的均值可以发现，美国、德国和日本每提交一项PCT申请，就会进入大约3个国家。而我国每提交一项申请，却不足一个国家。这说明，中国的PCT申请数量很大，但是大部分并没有进入国家阶段，并没有形成有质量的PCT申请。

表4-6　　　　　　　　平均每件PCT申请进入国家的数量　　　　　单位：件

国家	2005年	2006年	2007年	2008年	2009年	2010年	2011年	2012年	2013年	2014年	2015年	2016年	2017年	2018年	均值
中国	0.82	0.73	0.71	0.75	0.67	0.65	0.81	0.93	0.87	0.90	0.95	0.81	0.74	0.69	0.8
美国	2.65	2.58	2.70	2.92	2.98	3.31	3.05	2.93	2.87	2.87	3.52	3.19	3.38	3.37	3.0
德国	3.36	3.49	3.41	3.58	3.80	4.02	3.85	4.00	4.38	4.14	4.00	3.91	3.72	3.69	3.8
日本	2.20	2.40	2.53	2.64	2.68	2.87	2.51	2.62	2.78	2.94	2.77	2.70	2.70	2.68	2.6

资料来源：经作者整理所得。

三方专利指标是由组织合作与发展组织（OECD）提出的用于测度国家间专利质量的指标。三方专利是指在欧洲专利局（EPO）、日本专利局（JPO）和美国专利商标局（USPTO）三个国家专利局申请的保护同一项发明的专利。三方专利在地理上囊括了美国、日本、欧洲三个世界上科技实力最强和创新水平最高的国家或地区，所以能申请进入三方专利一般都代表专利的技术含量很高，具有强大的市场竞争力。

表4-7给出了中美德日四国在2005~2017年的三方专利数量。以初

始年份 2005 年和最近年份 2017 年为例进行对比分析。2005 年美日德三国的三方专利拥有量分别为 17 371 件、18 933 件、7 144 件，中国三方专利拥有数量为 524 件。中国分别占美日德拥有量的 3%、2.77%、7.3%。中国与其他三国相比，差距巨大，也从侧面反映出当时中国的科技水平较低，技术水平在国际上几乎不存在竞争力。2017 年美日德的三方专利数量分别是 12 545 件、18 219 件、4 663 件，中国拥有量为 4 152 件。中国的三方专利数量相当于美国拥有量的 33.09%，相当于日本拥有量的 22.79%，相当于德国拥有量的 89%。与其他三国相比，中国与美日等国仍有较大差距，与德国基本持平。虽然中国的三方专利拥有量与其他三国相比较仍有差距，但是从 2005 年以来经过十几年的发展，中国的三方专利拥有量已经有了较大增长。2005 年中国三方专利拥有量只占全球的 0.84%，到 2017 年已经上升到 7.62%，中国正在快速追赶其他发达国家，缩小之间的差距。中国三方专利拥有量的快速增长主要归结于我国政府的重视及中国经济实力和科研实力的不断增强。

表 4 - 7 　　　　　　　　　　2005～2017 年四国三方专利数 　　　　单位：件

年份	三方专利				
	中国	美国	德国	日本	全球
2017	4 152	12 454	4 663	18 219	54 504
2016	3 761	12 338	4 680	17 658	53 676
2015	3 182	13 410	4 615	17 500	53 773
2014	2 834	13 641	4 650	17 613	54 144
2013	2 191	14 806	4 912	17 650	54 759
2012	1 952	13 740	4 592	18 651	53 992
2011	1 505	13 219	4 825	19 007	53 435
2010	1 425	12 761	5 061	19 303	53 023
2009	1 301	13 509	5 554	17 429	52 608
2008	828	13 837	5 481	16 820	51 693

续表

年份	三方专利				
	中国	美国	德国	日本	全球
2007	691	13 882	5 808	18 593	53 803
2006	564	15 465	6 537	19 003	57 816
2005	524	17 371	7 144	18 933	61 987

资料来源：ISO，经作者整理所得。

图 4-6 给出了四国从 2005～2017 年三方专利拥有量的变化趋势。从图 4-6 中可以看出，日本的拥有量基本保持不变，美国和德国的拥有量呈现下降趋势，两国分别下降 28.3% 和 34.73%，中国的拥有量呈现上升趋势，2005～2017 年三方专利拥有量上升了 6.9 倍。我国的国际排名，从 2005 年的第 13 位跃居到第 4 位。这突出表明中国正在追赶式缩小与其他国家的差距，中国的科技水平正在不断增强。中国三方专利拥有量的快速增长，必将为中国的标准国际化奠定坚实基础，从而提高我国的话语权，提高产品的全球竞争力。

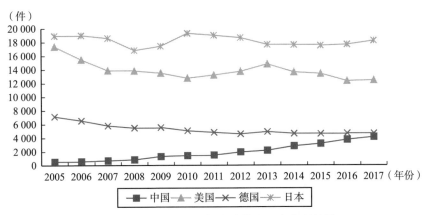

图 4-6　2005～2017 年中美德日三方专利数量

资料来源：经作者整理所得。

4.3.4 中美德日研发投入强度

技术研发和创新是制造业发展的重要动力，也是质量提升的重要推动力。从图4-7中研发投入占GDP比重可以看出，中美德日研发投入强度均呈上升趋势，美国和德国研发投入强度均在3%以上，美国为2.8%，中国最低，为2.13%。从全球研发投入看，主要集中在航天航空与国防、汽车和其他交通工具、化学制品、医药行业、ICT制造、信息和通信技术六大领域，中美德日在这些领域中均有建树，只是侧重点有所不同。美国在计算机、医药方面的优势明显，德国在汽车、仪器仪表、电机、能源等多个领域处于全球领先地位，日本专利主要集中在电工电器、能源领域，中国在计算机、数据通信方面优势突出。

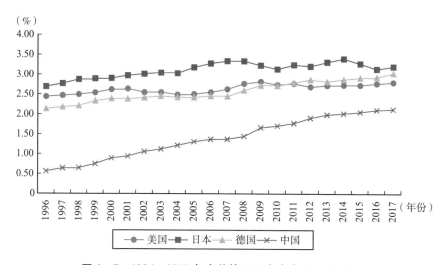

图4-7 1996~2017年中美德日研发支出占GDP比重

资料来源：万德（wind）数据库。

4.3.5 中美德日世界500强品牌数

质量是企业的生命线，产品的质量是保证企业能够持续发展的基础，产品的质量影响着企业在市场上的口碑，决定着企业品牌效应。品牌作为反映质量的重要表现，制造业升级也要走品牌化发展路线。尤其是随着人民收入和生活水平的提高，人们的消费理念已经发生变化，制造业质量提升一般伴随着品牌知名度的提升。因此，本书利用世界品牌实验室（World Brand Lab）编制《世界品牌500强》的中美德日的品牌数目作为质量治理绩效的一种表现。

图4-8显示了2006~2019年中美德日世界500强品牌数目，从图中可以看出，中国的品牌数目一直处于上升趋势，从2006年，上升到2019年的40个，虽然中国制造业质量一直在提升，但是与美国差距仍然较大。美国的品牌数目处于下降趋势，但是几乎占据了500强品牌的50%。德国的品牌数目稳定在27个左右，日本品牌数目稳定在40个左右，与两国的市场容量、制造业产值相比，500强数目所占比重较高。

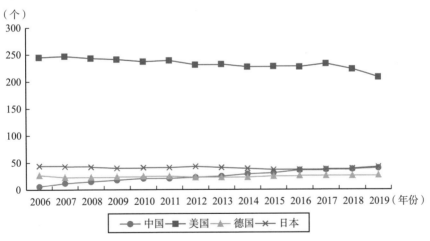

图4-8　2006~2019年中美德日世界500强品牌数目

资料来源：世界品牌实验室。

4.3.6　中美德日 PCT 申请在科技创新领域的比较

从世界知识产权组织（WIPO）PTC专利申请来看（如图4-9所示），

2016 年以前，美国、日本居前两位，中国居第三位，2016 年以后，美国、中国居前两位，日本排在第三。从专利质量来看，中国核心专利相对较少，发明专利申请数量同其他国家还存在较大差距。中美德日专利的侧重点不同，美国主要集中在计算机、医药方面，德国主要集中在汽车、仪器仪表、电机、能源方面，且处于全球领先地位，日本专利主要集中在电工电器、能源领域，中国主要集中在计算机、数据通信方面。

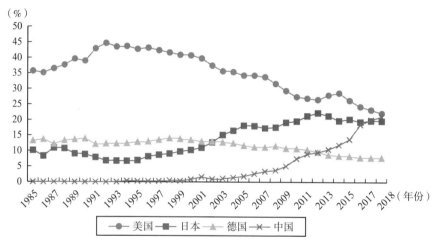

图 4 – 9   1985 ~ 2018 年中美德日 PTC 专利申请量占全球比重

资料来源：万德（wind）数据库。

虽然中国在 2019 年的 PCT 申请量超过美国，位居全球第一。但是，中国相比于其他三个国家在哪些科技创新领域具有比较优势？接下来我们以最近两年数据为样本，构造专利申请显性比较优势指数，进而分析中美德日四国的比较优势领域。专利申请显性比较优势指数计算公式如式（4 – 1）所示：

$$RTCA_{ij} = \frac{(P_{ij}/\sum_i p_{ij})}{(\sum_j p_{ij}/\sum_{ij} p_{ij})} \qquad (4-1)$$

式中 P_{ij} 表示国家 i 在某一领域 j 的专利申请数量；$\sum_i P_{ij}$ 表示全球在

某一领域 j 的总申请数量；$\sum_j P_{ij}$ 表示某一国家的所有专利申请数量；$\sum_{ij} P_{ij}$ 表示全球在所有领域的专利申请数量。该指数大于 1，表明该国在该领域的技术研发水平较其他领域具有比较优势；小于 1，则表明缺乏比较优势。

表 4 - 8 给出了 2018 年和 2019 年两年中美德日在科技创新领域的比较优势指数。表中显示，中国在电气工程（Electrical engineering）方面具有比较优势；美国在电气工程（Electrical engineering）、仪器设备（Instruments）、化学（Chemistry）领域具有比较优势；德国在化学（Chemistry）、机械工程（Mechanical engineering）领域具有比较优势；日本在电气工程（Electrical engineering）、仪器设备（Instruments）、化学（Chemistry）、机械工程（Mechanical engineering）领域具有比较优势。相较于其他三个国家，中国仅在电气工程方面具有比较优势，其他科技领域并没有比较优势，而且还相当弱。这表明中国的科技创新活动领域过于集中在某一领域，缺乏多领域的开拓创新。

表 4 - 8　　　　　　　　中美德日 PCT 申请在科技创新领域的比较

技术领域	2019 年				2018 年			
	中国	美国	德国	日本	中国	美国	德国	日本
电气工程	1.39	1.02	0.66	1.01	1.39	1.08	0.61	1.00
仪器设备	0.73	1.21	0.98	1.10	0.75	1.22	0.94	1.10
化学	0.56	1.25	1.03	0.94	0.66	1.78	1.24	1.22
机械工程	0.64	0.72	1.98	1.23	0.60	0.75	1.87	1.24

注：电气工程包括视听技术、电子通信、数字通信、计算机等；仪器设备包括光学测量、生物分析、控制、医学技术等；化学包括有机精细化学、高分子化学、食品化学、基础材料化学、冶金材料表面技术、纳米技术、化学工程、环境技术等；机械工程包括机械工具、发动机、涡轮机、纺织和造纸机、运输等。

资料来源：万德数据库。

4.4 中美德日产业集群的质量文化比较

质量文化是维系各国产业集群在全球价值链上分工地位的纽带。优秀的质量文化会进一步巩固产业集群在全球价值链中的地位，有利于产业集群沿着全球价值链不断升级；反之，落后的质量文化会弱化产业集群在全球价值链的地位，有可能脱离全球价值链，甚至走向衰落。

质量文化对制造业产业集群的影响主要通过三条途径实现，一是通过提升质量价值观，强化质量意识，激发制造业集群从业人员的质量提升行为；二是通过推动国家质量基础建设，强化全球价值链深度融合，促进制造业产业集群的质量能力提升；三是通过推动国家质量治理体系建设，提升全球价值链治理水平，促进制造业产业集群的质量创新。因此，理解不同国家产业集群质量升级的历程，有必要了解不同国家产业集群的质量文化特点，以及质量文化如何影响一国的质量实践，从而更好地学习、借鉴和吸收全球价值链下产业集群质量升级的国际经验。

4.4.1 国内外关于质量文化的研究评述

长久以来，国内外学者研究了自然、人文、科技、经济、历史、人口、民族特征等诸多因素对文化的发展和演化的影响，形成了地理环境决定论、经济决定论、技术决定论、文化独立论等具有深远影响的理论观点。随着科学技术进步和社会经济的发展，人类学家对文化的研究和认识不断深入，从环境、经济、技术等单一视角分析已经不足以解释复杂的文化现象。

20世纪中期，以斯图尔德为代表的文化生态学主张从人、自然、社会、文化等各种变量的交互作用中研究文化产生、发展的规律，以寻求不同民族文化发展的特殊形貌和模式。霍夫斯泰德（Hofstede，1980）提出基于不同维度的国家文化模型，特龙佩纳尔（Trompenaars，1993）、施瓦茨（Schwarz，1995）等学者继承并发展了国家文化维度研究的思路，维度分析成为被广泛接受的跨文化研究理论框架①。

国内学者对质量文化的研究起步比较晚，进入 21 世纪出现部分学者介绍国外的质量管理理论，并逐渐聚焦于质量文化研究。对质量文化的研究，很多学者是从企业质量文化的角度进行阐释（采峰，2008；陈永清、韦焕贤，2011；程虹、陈文津，2017）。也有很多学者是从宏观层面研究质量文化的含义，认为质量文化是一个国家和民族的文化组成部分，是全社会参与的一种文化（蒋家东、2000；万君宝、2011；李唐、2015）。

蒋家东（2000a，2000b）依据质量文化的结构特征，构建了质量文化金字塔，并分析了质量文化强度的评价和质量文化的演化过程；同时依据维度特征，从主维度和次维度进行了质量文化模式比较，成为国内较早和较为权威的分析②③。

郑立伟和徐仁（2007）④、孙佳林和刘治宏（2014）⑤ 和荣秀英（2015）⑥ 等学者倾向于从结构层次分析质量文化，从质量文化的行为、制度和道德层面分析美国和日本等发达国家质量文化在各结构层次的特点和发展趋势。李唐（2015）从传统文化宏观层面出发，对中国传统质量文化特质进行结构层次概括⑦；潘天波（2017）以中国工匠文化为切入点，以整体视野构建中国传统工匠文化体系分析框架，讨论工匠文化的继

---

① 龚艳萍，赵志刚. 国家文化及其应用研究综述 [J]. 管理现代化，2006（05）：15 - 17.

② 蒋家东. 质量文化研究（上）——概念及结构化分析 [J]. 航空标准化与质量，2000（03）：25 - 29.

③ 蒋家东，徐哲. 质量文化研究（下）——维度及模式分析 [J]. 航空标准化与质量，2000（04）：22 - 26.

④ 郑立伟，徐仁冬. 质量文化发展趋势研究 [J]. 质量与可靠性，2007（04）：52 - 55.

⑤ 孙佳林，刘治宏. 日美质量文化及其推进过程的对比研究 [J]. 中国质量，2014（04）：28 - 29.

⑥ 容秀英. 我国企业质量文化构建研究——日本的启示与借鉴 [J]. 科技管理研究，2015（12）：237 - 241.

⑦ 李唐. 中国传统质量文化的主要特质 [J]. 宏观质量研究，2015（03）：1 - 15.

承和创新发展的社会化路径①；蔡秀玲和余熙（2016）分析了德国和日本等先进制造大国在制造业转型过程中工匠精神形成的制度基础②。

也有部分学者对质量文化形成和发展影响因素进行了研究。龚晓明（2015）提出质量精神需要先进质量方法的承载，质量精神和方法通过质量实践才能落地，独特的发展环境和质量实践造就了多样的质量文化③，申虹（2014）研究了民族文化对中美日质量管理特征的影响，发现民族文化通过作用于企业文化，进而影响质量管理实践的特点④，张星久和闫帅（2013）研究发现日本质量奇迹是文化传统和制度创新合力的结果⑤。

现有质量文化研究文献具有如下特点：第一，侧重于从结构层次分析质量文化。这虽然有助于了解一国（或地区）质量文化的特征，但是由于质量文化影响因素的交互作用和质量文化在不同结构层次发展的不均衡性，通过结构层次分析难以发现质量文化模式特征和演化机制。第二，工匠精神是研究热点。工匠精神因为适应时代发展的需要，已成为各国质量文化的代表，引发了从传统文化中提炼、挖掘质量文化，促进工匠精神继承和发展的研究热潮。第三，国家质量文化形成、发展及其影响因素研究文献较分散。学者们大多研究某一个或两个因素对质量文化形成和发展的影响，尚未形成统一的国家质量文化研究框架。在全球价值链分工背景下，产业集群质量文化是国家质量文化的重要组成部分，是国家质量文化的集中体现，各国产业集群质量文化特征、影响因素及其逻辑关系的研究文献较为缺乏，还未形成系统的分析框架。本书借鉴质量文化研究的结构层次理论分析，提炼出产业集群质量文化模式研究框架，以期系统分析中

---

① 潘天波. 工匠文化的周边及其核心展开：一种分析框架 [J]. 民族艺术，2017（01）：26－33.

② 蔡秀玲，余熙. 德日工匠精神形成的制度基础及其启示 [J]. 亚太经济，2016（05）：99－105.

③ 龚晓明. 从质量精神、质量方法到质量实践 [J]. 中国质量，2015（04）：19－22.

④ 申虹. 民族文化对质量管理影响分析——中美日质量管理特征的比较研究 [J]. 现代商贸业，2014（02）：81－83.

⑤ 张星久，闫帅. 文化传统、制度创新与日本的"质量奇迹" [J]. 宏观质量研究，2013，1（02）：10－18.

美德日四国的质量文化差异，为产业集群质量升级提供参考借鉴，进一步推动制造业质量提升。

4.4.2　产业集群质量文化概念界定

质量文化是伴随着科技进步、社会发展和质量管理实践的深入，逐渐从文化中衍生出的一个分支。质量文化是人类从事质量实践活动的自然结晶。质量实践活动是人类经济社会发展的基本活动，进入 20 世纪，随着美国、日本等国工业化进程的迅速推进，质量实践活动得到繁荣发展，质量管理经验不断丰富，质量管理技术不断积累，由此，质量文化概念应运而生。

蒋家东（2000）从结构角度，把质量文化分为四个层面，物质层面、行为层面、制度层面和道德层面；从公共性和私人性维度上，提出了国家质量文化、区域质量文化、行业质量文化、企业质量文化四个级别的子范畴。结合这些分析，我们提出了产业集群质量文化的概念内涵。

本书认为，产业集群质量文化是国家质量文化的重要组成部分，是区域质量文化和行业质量文化的交叉融合的体现（如图 4 - 11 所示），主要指制造业产业集群在各国的区域文化基础上形成的质量文化，比如关于财富生产、技术创新、人力资源的认知及行为模式，并以此形成相应的制度设计、治理机制和价值取向。

图 4 - 10 显示了国家质量文化、区域质量文化、行业质量文化、企业质量文化与产业集群质量文化的关系。

产业集群质量文化是国家质量文化的一部分，质量是各国产业集群相互沟通交流的共同语言，质量文化是维系各国产业集群在全球价值链上分工地位的纽带，是各国产业集群软实力的体现。

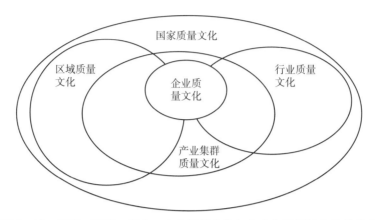

图 4-10　国家、区域、行业、企业质量文化与产业集群质量文化的关系

4.4.3　中美德日产业集群质量文化比较

采峰（2008 年）把质量文化含义分为四个层次：物质层、行为层、制度层、精神层。中美德日产业集群质量文化比较，在一定程度上也是中美德日的国家质量文化比较，尤其是各国区域制造业集群的质量文化比较。依据结构分析基础，本书从物质层面、行为层面、制度层面、精神层面进行比较，提炼出四种不同的产业集群质量文化模式。

1. 在物质层面的比较

产业集群质量文化的物质层面，是指产业集群的生产基础聚集优势，生产能力具有规模效益和范围经济优势，人力资源的专业化水平高的优势，技术创新优势与技术外溢和共享优势，产品销售的区域品牌优势等。具体到质量方面，就是质量基础设施的建设情况，在标准引领性、认证的公允性、计量的精准性、检验检测的符合性等方面的成绩。这些优势在各国的表现有所不同，因而也形成了各国产业集群在全球价值链中的位置不同，各自最终的绩效也有所不同，可以用产业集群质量绩效指标来衡量各国质量文化物质层面的区别。

质量绩效评价指标主要有质量溢价、质量溢价率、国家知名品牌数量等，其中"质量溢价"和"质量溢价率"是研究产品质量对出口贸易贡献的指标，"质量溢价"表示一国商品因质量水平差异而获得的市场价值增量，"质量溢价率"表示一国商品由于质量差异所获得的相对于同类商品市场价格的平均溢价程度。

2003年至2013年间，中国质量溢价率较低；美国和日本质量溢价率较高，具有同向变化趋势，但从2012年开始，日本和美国的质量溢价率差距拉大，日本质量溢价率高居60%以上，美国则低于40%。由于德国质量溢价率数据缺失，故未作统计。中国质量溢价对GDP贡献一直为负，美国和日本的质量溢价对GDP贡献均为正，其中日本的质量溢价对GDP贡献略高于美国。根据英国著名品牌评估机构Brand Finance发布的全球最具价值品牌排行榜数据可知，2014年至2017年间，美国具有高质量和价值的品牌数量远超其他国家，中国全球最具价值品牌数量近几年稳步上升，德国和日本全球最具价值品牌数量变化不大。

总体来说，美国和日本的质量绩效较高，在国际贸易中其产品质量具有较高的质量竞争力，其中日本近几年的质量溢价率和质量溢价对GDP的贡献依然保持增长态势，质量对日本经济发展贡献依然显著；美国最具价值品牌数量远超其他国家，表现出强大的品牌影响力；德国最具价值品牌数量虽然不多，但德国企业"隐形冠军"众多，很多中小企业质量绩效显著；中国的质量溢价率远远低于美国、德国、日本三个国家，质量对经济的促进作用尚未发挥。近年来，中国质量溢价率、质量溢价对GDP贡献及其最具价值品牌数量均呈现递增态势，表明中国的质量强国建设取得成效，质量文化对质量强国的推动作用日益显现，质量提升是我国未来经济增长的重要动力。

2. 在行为层面的比较

质量行为是质量主体在基本价值观念作用下的行为模式、实践活动。产业集群质量文化的行为层面主要指各参与主体利用集群文化物质层的优势创造财富的行为模式。比如集群内企业推行质量控制工具和质量改进工艺的情况，通过集群的技术外溢效应和共享效应，推动企业技术创新和管理创新，最终提升产品质量水平等。

由于中国尚未建立完善的市场经济制度，中国政府在质量监管和质量方面依然扮演着"全能型政府"角色（程虹、沈珺和宁璐，2017）①，社会组织在质量检验、检测、认证、团体标准制定等领域还未发挥应有的作用。质量安全风险客观存在，政府不应该承担全部质量管理职责。美国和德国都十分重视社会组织在质量监管和保障方面的作用。美国的社会组织在质量标准领域、质量合格评定、认证、认可等多个领域，都是主要组成部分。德国在完善的法律法规基础上，行业、协会制定了严密细化的行业标准，社会质量认证机构对企业生产流程、产品规格和产品质量进行严格审核，保障了产品质量。参照美国、德国社会组织构建方式，日本也形成了一批具有公信力的质量社会组织，对企业的质量行为形成了强有力的倒逼机制和外部约束（程虹、沈珺和宁璐，2017）。

中国企业 20 世纪 70 年代末开始向日本和西方国家学习全面质量管理的理论和实践，开启了中国现代化质量管理阶段。中国企业普遍重视生产过程质量管理，运用质量统计工具监控和减少生产过程质量变异。但是，在产品研发、设计和售后阶段质量意识整体不高，缺乏全过程的质量规划。

美国企业重视组织和标准的作用，强调通过组织和标准对人员进行分工和职责权限的准确划分，并建立了完善而细致的质量管理制度，以保证质量、提高效率；美国企业注重质量管理理念创新和工具开发，质量管理偏好采用比较复杂精密的工具手段（如 SPC、DOE、FMEA、QFD、回归分析、可靠性分析等），并大量应用计算机及各种软件来辅助完成工作；美国企业重视质量行为的结果和价值创造，即质量行为在结果上的有效性和经济上的有益性，从波多里奇质量奖评价要素中经营结果占比（高达45%）可见一斑。

德国企业对标准与细节的关注，令人敬畏，他们不以追求利润为目

---

① 程虹，沈珺，宁璐.日本持续性质量管理政策及其借鉴［J］.国家行政学院学报，2017（01）：56–59＋127.

标，真切地为用户利益考虑，注重内在质量，力求产品的高质量和实用性，在细节追求上极为苛刻。

日本企业大多实行终生雇佣制，质量管理注重发挥员工的集体意识，强调和重视部门间的合作，各个部门共同参与质量的开发、维持和改进，纵向部门管理与横向质量、成本、生产量等职能管理相结合。重视生产或服务过程中的质量控制，通过质量控制（QC）小组发现和改进生产全过程中出现的质量问题。质量管理大师朱兰认为 QC 小组高度参与全过程的质量管理是日本质量管理领先世界的最根本的力量。

3. 在制度层面的比较

产业集群质量文化的制度层面主要指规范和塑造质量行为的体制和机制。比如国家制定的各种提升质量的法律法规，政府和中介组织设立的不同层次的质量奖等。

中国四十多年的质量实践历程中，政府部门重要质量决策为中国质量发展奠定了基础。1988 年采用了 ISO 9000 系列国际标准，标志着中国质量走上了标准化的道路；1993 年通过了《中华人民共和国产品质量法》，标志着中国质量工作进一步走上了法制化的道路；国务院印发的《质量振兴纲要（1996～2010 年）》《质量发展纲要（2011～2020 年）》，标志着中国质量发展走上战略化道路；设置中国质量奖作为中国质量领域的最高荣誉，推动了企业质量实践，提高了全民质量意识。值得一提的是，食品、产品等方面的重大质量安全事故不断推动了中国政府强化质量监管、加大了质量治理的投入。

在高度发达的市场经济环境下，美国政府质量管理制度在重大质量安全事故或风险的推动下不断调整和完善，形成了以应对质量安全风险驱动、独立监管、共同治理为特征的质量治理体系（程虹、范寒冰和罗英，2012）①。1987 年美国国会立法通过建立国家质量奖（即波多里奇国家质

---

① 程虹，范寒冰，罗英. 美国政府质量管理体制及借鉴［J］. 中国软科学，2012（12）：1－16.

量奖），旨在提高美国产品制造业服务质量水平，波多里奇国家质量奖在提高美国国家竞争力和生活质量等方面起到了重要作用。

德国质量管理法律体系完善，涵盖从设备、产品、食品、安全等各个领域的法规体系，能够做到产品生产过程各个环节的有法可依。质量管理组织体系包括政府质检部门、消费者权益保护部门，以及德国工商总会、中小企业联合会等组织，形成了质量共治的整体管理体系。

二战后，日本政府开始主导实施"质量救国"战略，学习发达国家质量管理经验，在国家战略层面将产品质量升级放在产业结构调整、贸易立国、贸易振兴等政策同等重要的地位（程虹、沈珺和宁璐，2017）。设立戴明奖，面向广大企业积极倡导全面质量意识，推动企业实施质量管理。日本建立了以《消费者基本法》《工业标准化法》《制造物责任法》为代表的完备的质量安全监控法律体系，对假冒伪劣产品的产品生产者、销售者设定严厉的法律责任，采用基于产品分类的全过程监管模式，政府监管职能部门职责划分也以产品分类为基础，实行独立垂直管理（丁毅，葛健和郭慧馨，2016）[①]。

各国的质量治理体制机制有所不同，中国产业集群质量治理主要依靠政府产业集群的行业协会及企业从属于政府的主导，和政府处于合作博弈状态；美国产业集群的质量治理推崇市场主导，政府的作用比较有限；德国和日本主张政府与市场共同参与，共同治理质量问题。

4. 在精神层面的比较

产业集群质量文化的精神层面，指产业集群的质量价值观、质量意识、质量理念。推行质量战略方面，是以人为本，还是以利润最大化为本？是推行全球战略，还是国内区域战略？从事生产经营，是推崇工匠精神，还是流行粗制滥造？产业集群内企业家的重视程度，是质量管理取得成功的关键，只有企业家普遍重视，才有可能培育出优秀的产业集

---

① 丁毅，葛健，郭慧馨. 日本产品质量监控组织体系及相关制度研究 [J]. 当代经济，2016（08）：121 - 123.

群质量文化。

质量战略的禅意取决于思维模式的不同。中国人的思维模式具有明显的"中庸"特点，儒家中庸思想本意强调恪守中正之道不偏不倚，但长期以来对中庸思想理解偏离本意，对中国人的探索和创新精神会产生不利影响。美国人的思维模式具有明显的个人主义倾向，美国民族文化受欧洲清教文化影响，清教主义中的理性原则、独立自主、开拓创新精神对美国人的思维方式产生了深远影响。德国人的思维模式具有明显的思辨性，德国在哲学和数学等逻辑性和抽象性较强的领域涌现出很多杰出人物，哲学的抽象性、数学的严谨性和德语的逻辑性孕育了德国人的严谨思维。日本人在思维模式方面具有集体主义倾向，主要是由于地理位置和资源储备等环境条件使整个日本民族具有很强的危机感，集体主义和团队精神深深刻印在日本文化观念中。

民族精神是国家质量发展的基础和动力，是质量文化形成和发展的内因。中美德日四国具有不同的民族文化特质，中国讲求和谐统一、美国以科学价值观为导向、德国崇尚技术、日本以学习吸收创新为特点。中国是统一的多民族国家，在社会发展、生产实践中以人伦关系为中心的人和主义价值观和行为追求占据着重要位置。美国在社会发展和生产实践中文化约束较少，人际关系以利益为纽带，故在生产实践中能够快速将先进的技术和科学的管理付诸实施，并及时协调、移除阻碍生产力发展的相关因素。德国受地理环境、思辨思维模式影响，在社会生产中产生了崇尚技术的物质性价值取向，物质性价值取向为以精密仪器和汽车为代表的德国制造业提供了强有力的文化支撑。日本是典型的学习能力较强的国家，日本通过学习借鉴先进技术和管理经验，以一种相对缓慢、却非常坚韧的方式实现了技术进步和国家强盛，在社会生产中表现出学习创新的典型文化特征。

4.4.4　中美德日产业集群质量文化模式比较

基于本书提出的产业集群质量文化比较分析框架，从物质、行为、制

度、精神四个层面对中美德日四国的产业集群质量文化进行了分析。发现
四国分别具有不同的质量行为和质量绩效特点，且对各国产业集群质量文
化发展影响不同，造就了各国不同的产业集群质量文化模式，如中国以融
合为主要特点的融合型质量文化、美国以创新为主要特点的创新型质量文
化、德国以内生自控为主要特点的内生型质量文化，以及日本以学习为主
要特点的学习型质量文化（如表4-9所示）。

表4-9　　　　　　　　中美德日产业集群质量文化比较

	中国融合型	美国创新型	德国内生型	日本学习型
物质层面	质量绩效低	质量绩效较高	中小企业质量绩效 显著、隐形冠军最多	质量绩效较高 职工素质高
行为层面	一把手管理 行为	全面质量管理	智能制造 工业4.0	即时生产（JIT） 精益生产（LP） 质量管理小组（QCC）
制度层面	国家质量奖 政府主导	波多里奇奖 市场主导	欧洲质量奖 行业组织管理	戴明质量奖 国家与政府参与 终生雇佣制 产业体制和财阀体制
精神层面	集体主义	个人主义	民族主义	危机意识、团体主义

1. 中国融合型产业集群质量文化模式

宏观环境为中国质量发展提供了重要机遇，如经济转型发展对质量要
求较高，社会质量需求空间较大，科技发展稳步提升。中国民族文化特质
对以专注、创新、竞争为特点的生产制造行业的支持不足；民族文化支持
不足导致企业和社会团体的质量实践效果不佳，企业和社会团体质量影响
力有待进一步提高。虽然中国质量溢价率和质量溢价对GDP的贡献还处
在较低水平，但是最具影响力品牌数量处于持续增长态势，长期来看，中
国质量绩效将会持续提升。

四十多年的现代质量发展历程中，为适应经济社会发展的需要，中国

一直积极学习借鉴发达国家先进的质量管理思想和方法，参考和仿效质量强国制定了先进的质量管理体系、设立国家质量奖荣誉鼓励质量管理和绩效优秀企业。然而学习、引进、吸收先进质量管理理念、工具和方法并没有让中国形成强大质量文化影响力，其内在原因是先进的质量理念与中国本土文化融合艰难。中国质量文化是在发展环境驱动下，传统文化与现代质量管理实践相融合的产物，深受传统文化影响。质量文化具有明显的融合型特点。

当前，中国质量正处于快速发展期，宏观环境是中国质量发展的重要推动力，需要人们从文化传统中汲取智慧，促进国外先进质量理念与中国本土文化的深度融合，充分挖掘和发扬支持中国制造业发展的文化特质，需要政府、企业和社会团体更深入的质量实践来提高中国质量绩效，从而使中国质量文化形成和发展的复杂系统有序运行，形成强大的质量文化。

2. 美国创新型产业集群质量文化模式

美国近代以来免于战争纷扰，稳定的政治环境促进了经济、科技、社会发展，为质量文化发展提供了优渥的宏观环境；美国的民族文化特质对思维模式、社会生产和个体行为的影响都对制造业和服务业质量发展起到支撑和推动作用；企业和社会组织在质量实践方面走在市场前沿，美国是先进质量管理思想和方法的诞生地，不断创新质量管理方法，采取精准的质量管理措施，实行实用高效的质量管理制度。美国全球最具价值品牌数量遥遥领先于日本、德国和中国，且国际贸易中质量溢价率保持了较高水平。

尽管美国质量发展史上也曾出现忽视质量的短暂阶段，但很快得到纠正。总的来看，美国质量发展以问题为导向，追求实用、注重创新、强调绩效，质量文化具有典型的创新型特点。美国的质量发展环境、文化基础、质量行为和质量绩效四个方面在质量文化形成和发展的复杂系统中作用均衡，较高的质量绩效也表明美国的质量文化系统运行良好，能够不断推动美国质量发展。

3. 德国内生型产业集群质量文化模式

近百年来，德国经历了多次国家分裂和统一，制造业在动荡不安的环境中稳步发展，在机械、电子电气、化工方面的科技水平处于世界前列；德国思辨思维、崇尚技术和严谨专注的民族文化特质为德国以精密仪器和汽车为代表的制造业提供了强有力的文化支撑；德国拥有严密的质量管理体系和完善的国家质量基础设施，许多企业不以追求规模和数量为目标，始终保持较高的质量绩效，企业严谨自觉的质量精神让人敬畏，社会成员普遍具有严谨细致、追求完美的质量意识。

得益于民族文化强大的影响力，德国质量文化发展过程中较少依赖外部力量，以具体问题为切入点，对自身质量行为进行反思与监控、修正与改进，其质量文化具有明显的内生型特点。德国质量文化形成和发展的复杂系统中文化基础和质量行为作用显著，德国企业隐形冠军众多，质量绩效显著，表明其内生型质量文化系统运行较好，具有强大的生命力。

4. 日本学习型产业集群质量文化模式

宏观环境为日本质量崛起提供了重要机遇。在政治环境方面，与美国相似，日本国内政治环境较为稳定，紧紧抓住二战后经济发展的机遇期，从发达国家引进、学习、吸收先进的质量管理思想、方法，产品质量得到快速提升，经济高速增长。民族文化在思维模式、社会生产和个体行为方面的独特影响使日本民族能够快速学习、吸收、利用先进质量管理理念、工具和方法，并在此基础上进行创新。在质量行为方面，日本政府、企业和社会组织也积极学习西方先进经验和实践，建立了与美国相类似的质量管理、监督、保障体系。在美国没有取得成功的全面质量管理体系却在日本很好运行并取得了较好效果，日本产品在国际贸易中质量溢价率与美国不相上下，质量溢价对GDP贡献较大，日本是鲜有的将一种质量管理方法应用到极致并取得巨大成功的国家，可见日本强大的学习创新能力。日本质量文化比较重视人的作用，具有明显的学习型特点，日本质量文化形成和发展的复杂系统中宏观环境优势明显，民族文化作用较为突出，质量实践主体自律性高，较高的质量绩效表明学习型质量文化系统能够推动日本质量发展。

4.5 结 论 与 启 示

中美德日四国的制造业基本上以产业集群的组织形式构筑了全球主要的价值链，形成了相互合作的世界分工格局，质量基础设施建设水平成为推动各国产业集群在全球价值链中地位变动的主要因素。通过分析四国的质量基础设施、质量治理、质量文化的比较，对于我国产业集群的质量升级具有很多启示。

质量基础设施是推动产业集群提升全球价值链地位的技术支撑。因而要从技术创新角度，大力发展标准化建设，提升计量和检验检测的技术，加大认证认可的范围和有效性。

质量治理和质量文化是产业集群提升全球价值链地位的制度支撑。必须强化制度创新，建立有效的质量治理体制机制，培养浓厚的质量意识和质量文化。

各国的质量治理水平都在不断提升的过程中，治理模式和治理机制不尽相同，但是治理效果在不断改善。我国的质量治理水平也在不断提升，虽然面临不少问题和挑战，但总体发展态势是好的。质量治理机构不断增加，治理手段不断丰富，治理模式由政府主导型，逐渐向政府和市场共同发挥作用的模式转化。

美国、德国、日本都有完善的质量治理体制和机制，设有专门的标准化协会、计量研究院，认证中心等，运行有效。但在利益驱动下，也有很多企业在产品质量上弄虚作假的情况发生，比如大众汽车的尾气检测造假事件等。

因此，强加质量基础设施建设，尤其是不断完善质量治理体系，提升质量治理绩效，建设深厚的质量文化，是一项长期的系统工程。

5

全球价值链下中国汽车产业集群质量升级分析

伴随着市场换技术战略的实施，中国汽车产业集群虽然逐渐融入全球价值链，但是仍然处于低附加值环节，通过强化质量基础设施建设，推动中国汽车产业集群攀升到高附加值环节，成为必然选择。本章在分析中国汽车产业集群产生历程的基础上，测度各区域质量基础、汽车产业集群综合指数考察其时空演进特征，进一步探析其影响机理，并实证检验区域质量基础对汽车产业质量的影响，得出以下研究结论：第一，全球价值链下中国汽车产业集群质量升级的历程总体经历了四个阶段，分别为汽车产业基础形成阶段、汽车产业集聚形成阶段、迅猛发展阶段和产业集群平稳调整阶段；第二，中国汽车产业集群质量尚存在较大的提升空间，质量基础处于较低的发展水平上，考察期内，质量基础建设水平增长幅度较小，汽车产业集群质量经历了先小幅增长后大幅提升的持续向好发展特征；第三，质量基础水平对汽车产业集群质量水平的提高具有积极的促进作用，其中，对汽车整车集群企业质量发展水平间的影响不显著，对汽车配件集群企业质量发展水平具有显著的正相关关系，且质量基础对六大汽车产业集群的影响区域异质性显著。本书对质量基础的汽车产业集群质量驱动效应给予了一定的现实回答，以期为相关政府进一步制定和实施汽车产业集群质量升级政策提供决策参考。

5.1 全球价值链下中国汽车产业
集群升级研究的文献综述

汽车产业集群是指在特定的地理空间内，由汽车整车企业、零部件配套企业、销售服务网络，以及大学、技能培训机构、技术研发中心、行业协会等相互关联和支持的组织机构集聚形成的区域产业组织形式。国际汽车产业发展基本是以产业集群参与全球价值链分工的模式推进的。比如美国底特律汽车城，德国汽车集群、日本丰田产业集群等。

改革开放以来，随着国内汽车产业的迅速增长，汽车产业发展模式由集聚逐渐演化为集群，国内对汽车产业集群的研究也逐渐丰富。国内学者对汽车产业集群的研究是在加入 WTO 以后开始的，刘世锦（2002）结合世界汽车产业发展形势，提出中国汽车产业的发展路径，指出中国应该发挥自身大国市场优势、廉价劳动力优势，中期发展以中低端家用轿车为主，然后再分阶段向全球价值链高端发展。

产业集群是国内汽车产业发展的内在要求和必然趋势（张旭明等，2005；申明浩等，2008）。一方面，汽车产业具有明显的规模经济效益、产业链长、关联产业多、配套环节多等特征，且前后向联系明显，属于技术密集型和资金密集型产业，适宜集群式发展模式。建立区域产业集群不仅通过推动汽车产业链上各类企业的地理空间集聚，降低交易成本、充分利用区域资源和增强汽车产业的规模经济效应，还通过生产制造企业之间及生产厂商与研发机构之间的交流合作，促进了技术和信息要素在集群内部的外溢、扩散和共享。另一方面，从发达国家汽车产业的发展经验来看，欧洲地区、美国、日本等国的汽车产业大多以产业集群的形式存在，并且在集群效应的充分发挥下创建了若干世界著名汽车品牌。加入 WTO以来，国内汽车产业发展迅速，基本上形成了六大区域汽车产业集群：珠三角地区、长三角地区、长江中部地区、京津冀地区、东北地区、西南地区汽车产业集群。汽车产业在带动上游零部件等关联性产业和下游生产服务型产业的发展、推动区域产业结构的转型调整上发挥了重要作用，并逐渐成为当地经济的支柱产业，有力地促进了区域经济的发展和增长（关峻等，2017）。

与发达国家的汽车产业相比，国内汽车产业竞争力还存在一定的差距，无论是汽车发动机等核心零部件，还是整车的设计与品牌营销，汽车产业集群处于全球价值链的中低端，集群升级面临着诸多问题和挑战。

5.1.1 国内汽车产业集群空间布局问题与发展模式问题的研究

由于一些历史原因和地方政府的不合理干预等，国内汽车产业地域布局较为分散，产业链上各个厂商之间专业化分工和协作关系不强，并形成了"大而全"的生产方式，导致汽车厂商不能集中精力进行产品设计、整车研发等活动，不合理的发展模式制约了汽车产业升级（申明浩等，2008）。苏瑜和万宇艳（2010）进一步解释了轴轮式产业集群是一种由主导企业引领、其他相关企业围绕主导企业进行分工协作的非对称模式，中部地区汽车产业集群需要不断提高主导核心企业对集群价值链、技术链和产业链的领导和整合能力。祖国等（2012）、刘殿兰（2013）、陈肖飞等（2019）分别以长春、广州两地汽车产业集群和奇瑞汽车集群为例进行分析，指出为充分发挥集群优势，汽车产业应该采取轴轮式发展模式。

5.1.2 汽车产业集群自主创新能力与"市场换技术"战略的研究

合资经营是"以市场换技术"战略的实现方式，赵增耀（2007）认为外资汽车进入中国，对国内汽车产业有一定的技术外溢效应，尤其是对民营汽车企业进行自主研发有很大的促进作用。王雪梅和雷家骕（2008）指出，"以市场换技术"提高了国内汽车产业生产力、提供了技术学习和经验积累的机会、培养了大量专业技术人员、提高了企业管理水平。钱炳（2015）认为虽然"以市场换技术"战略为推动汽车产业技术进步和效率提升发挥了一定的作用，但是从国内汽车产业自主创新能力和国际竞争力的提高方面来看，合资经营战略是失败的（佟岩，2007）。首先，跨国公司在中国设厂建厂看重的是中国巨大的消费市场和廉价的劳动力要素资源，它们对外转移的往往是一些已经处于成熟期或衰退期的非核心技术，因此国内汽车产业长期处于技术链和价值链的低端环节。张云逸和曾刚（2010）提出，在中外合资产业集群中，技术差异和技术依赖使产业集群内部存在技术创新主导的金字塔权力结构网，跨国公司通过掌握关键核心技术控制和影响价值链上其他厂商的市场进入和技术获取，进而影响产业集群的发展和演化。其次，在引进国外资金和技术的过程中，国内汽车产业忽视了技术的消化吸收再创新，并且逐渐放弃了自主研发和创新能力，形成了"引进—落后—再引进""能力弱—越依赖—能力越弱"的恶性循环（申明浩等，2008；夏梁等，2012；赵晓庆，2013）。

为什么"以市场换技术"未能促进中国汽车产业自主创新能力的提高和核心技术的掌握？申明浩等（2008）以日韩汽车产业为例提出，日韩汽车产业都在合资中实现了创新升级，证明该模式是有效的，中国汽车产业未能实现创新升级的根本原因在于生产厂商缺乏学习能力。赵晓庆（2013）还比较了中国通信设备产业的合资创新之路，并从体制机制角度分析了汽车产业合资战略不成功的原因，主要表现在政府既没有建立引导汽车产业追求长期目标的绩效考核和激励机制，也没有建设支持自主开发的科研体系和创新平台，此外，当国内企业具备了一定的资金和技术积累之后，政府没有及时调整政策让渡市场竞争，即没有发挥"政府—市场—企业"各主体在不同阶段的主导作用。

5.1.3 汽车产业集群自主品牌打造和市场占有率问题的研究

汽车产业集群自主品牌打造和市场占有率问题主要表现在两个方面：第一，自主品牌整体竞争力和影响力不高，尚未打造出巨头国产品牌，合资品牌占据了国内外主要市场份额；第二，自主品牌生产产品主要集中在中低端，很难挤进由合资品牌主导的中高端市场，同时中低端市场的竞争压力也在不断增加①。这些问题的本质与合资经营和创新能力相关，白让让（2018）认为，"双重合资模式会导致本土企业自主品牌开发惰性，从而使产业发展的主导权长期掌握在跨国公司手中"，而当前本土汽车产业已由"以市场换技术"过渡到激励自主创新阶段。邓恢华和杨建梅（2005a，2005b）提出了以企业品牌发展促产业集群品牌建立的解决思路，即率先培育汽车企业品牌，发挥大企业的主导作用和品牌影响力逐渐形成区域汽车产业集群，进而打造汽车产业集群品牌，并利用集群效应和集群品牌效应壮大汽车企业品牌，最终形成汽车企业品牌与集群品牌良性动态、互相促进的循环机制。

5.1.4 汽车产业集群质量与品牌建设研究

赵福全和刘宗巍（2016）提出"质量要素是支撑产品品质和企业品牌的基础力量，是提升自主品牌车企竞争力的关键要素"，必须运用质量管理的思想解决自主品牌竞争力问题，林忠钦等（2018）认识到质量基础设施是推动汽车产业质量提升的重要手段。

综上所述，现有文献对中国汽车产业集群发展现状、升级面临的问题已有较多研究，并且对提高中国汽车产业集群自主创新能力和打造自主品

---

① 宁南山. 中国产业升级的正面战场：2018 国产品牌汽车发展现状［EB/OL］. 2018（04）. https：//www.sohu.com/a/227409033_313170.

牌、提高汽车产业集群竞争力给出了建议。但是，现有研究较少论述质量问题及质量基础设施建设在中国汽车产业集群升级中的重要性，本书认为，中国汽车产业集群升级从根本来说是质量升级问题，需要通过提高技术、标准、计量和检验检测建设四大基础设施建设来推动提升产业集群竞争力，需要对接汽车国际标准，融入汽车全球价值链中高端，逐步掌握汽车全球价值链治理的主动权。

5.2　全球价值链下中国汽车产业集群形成与质量升级历程分析

汽车制造是我国制造业的龙头产业，其分布广、产业链长、技术含量高，是我国制造业升级的核心和关键。自 2010 年以来，我国连续多年成为世界第一汽车生产和销售大国，这一成绩的取得得益于国内形成的多个汽车产业集群。我国的汽车产业集群从产业链角度可以划分为整车制造的产业集群及汽车零部件产业集群，从全球价值链角度可以划分为合资品牌汽车集群和自主品牌汽车集群。

中国汽车产业集群面临两大锁定：一是合资品牌汽车企业生产的全球价值链低端环节锁定，合资品牌汽车集群的价值链高附加值环节被外资控制，因此我国从汽车产业中获取的价值增值低于国外企业从合资品牌汽车产业中获得的价值增值；二是国产自主品牌汽车产业的低端全球价值链锁定，由于我国在自主品牌汽车集群处于成长阶段，质量水平较低，品牌价值不高，因而整体价值链较低。因此，我国汽车产业集群需要质量升级，即通过汽车产业的技术创新，依靠技术专利化、专利标准化、标准国际化的路径，提升汽车集群整体质量水平，获取汽车全球价值链高附加值环节，进而实现合资品牌汽车生产环节的价值提升，培育国际化的高端汽车自主品牌。

5.2.1 中国汽车产业集群形成与质量升级的四个阶段

中国汽车产业集群质量升级可以分为四个阶段：游离于全球价值链之外的汽车产业基础形成阶段：1956～1985 年；初步融入全球价值链，依据国际标准引领合资品牌汽车产业集聚形成阶段：1986～2001 年；深度融入全球价值链，合资品牌与国内自主品牌多元标准共同推动汽车产业集群的迅猛发展阶段：2002～2011 年；全球价值链下汽车产业集群持续质量升级，新能源技术和自动驾驶技术引领世界阶段：2012～2019 年。

1. 游离于全球价值链之外的汽车产业基础形成阶段：1956～1985 年

产业集聚是产业集群的预备阶段。我国汽车产业发展从解放初期到改革开放初期，经历了近三十年的缓慢发展，1956～1985 年我国汽车产量从 0 到 44 万辆，其中轿车产量达到 5 000～6 000 辆，基本是依靠自力更生、自我积累取得的这一成果。汽车产业发展模式主要是由国有大型企业为核心的产业集聚，还没有形成提供汽车配件的众多企业组成的产业集群。这一阶段又可以具体分为萌芽阶段和起步阶段。

（1）萌芽阶段。从 1955 年中国第一辆汽车诞生，到 1970 年汽车产量达到 8.7 万辆，其中轿车近 200 辆（如图 5-1、图 5-2 所示）。中国的

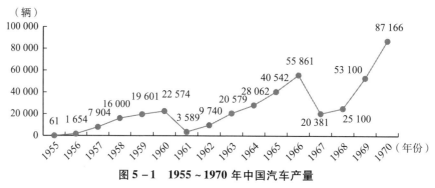

图 5-1　1955～1970 年中国汽车产量

资料来源：中国统计年鉴。

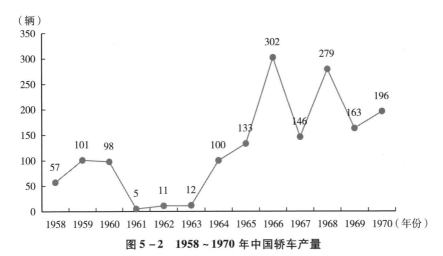

图 5 - 2　1958 ~ 1970 年中国轿车产量

资料来源：中国统计年鉴。

汽车产业从无到有，在苏联援建的第一汽车厂的基础上，建立了自己的汽车产业，依靠自己的探索，自力更生，并由一汽主导可以小批量地生产载重汽车的同时，尝试着生产轿车。

（2）起步阶段。1971 ~ 1985 年我国汽车产量由 11 万辆达到 44 万辆，其中轿车 5 200 辆（如图 5 - 3、图 5 - 4 所示）。仍然依靠自力更生，发展

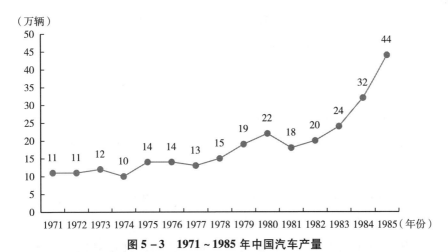

图 5 - 3　1971 ~ 1985 年中国汽车产量

资料来源：中国统计年鉴。

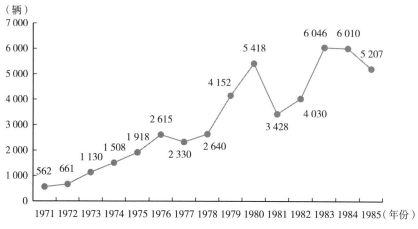

图 5 – 4 1971～1985 年中国轿车产量

资料来源：中国统计年鉴。

"解放""东风"等自主品牌。1971 年第二汽车厂在湖北建成后，全国汽车产量突破 10 万辆，推动全国汽车产能到达新水平。此后，又相继建设了上海、北京和南京汽车厂，成为全国五个主要的汽车厂。其中一汽的红旗轿车是自主品牌的代表，经过二十多年的自主研发，质量和技术水平有了很大提高。

这一时期，我国汽车工业技术落后、结构不合理，质量差。几乎没有汽车配件厂，每个工厂都是全产业链生产，很多环节都是手工制造。技术水平还停留在 20 世纪 50 年代前苏联援助时期，缺乏技术创新，没有专利意识和标准意识，主要依靠经验进行生产，整个汽车产业链与国外处于隔离状态。而这一时期世界汽车产业突飞猛进，形成了非常完整的全球价值链，日本、韩国汽车产业迅速崛起，成为汽车制造大国，甚至威胁到美国和德国的世界汽车强国地位。

进入 20 世纪 80 年代，我国改革开放的重点由农村逐渐转移到城市。落后的汽车制造产业成为关注的核心，如何借鉴西方汽车产业发展经验，提升我国的汽车制造水平，中央政府经过出国考察和反复论证，提出了"市场换技术"汽车发展战略。

1983 年国务院正式颁发《关于加强和利用外资工作的指示》，明确提出通过出让一部分国内市场，允许外国汽车品牌和国内合资经营，引进国外先进的汽车技术，提升国内汽车技术水平。同年，首台合资轿车桑塔纳在上海下线、北京吉普有限公司成立，开启中国合资经营生产汽车之路。1985 年 10 月，广州与法国合作成立标致汽车公司。这一时期，国内对进口轿车的需求迅速增长，1985 年进口轿车 10.6 万辆，支出 29.5 亿美元。

2. 初步融入全球价值链，依据国际标准引领合资品牌汽车产业集群形成阶段：1986 ~ 2001 年

1986 ~ 2001 年我国汽车产量由 36 万辆达到 234 万辆，其中轿车由 1.2 万辆达到 70.4 万辆（如图 5 - 5、图 5 - 6 所示），主要得益于合资品牌汽车产量迅速增长。汽车产业得到快速发展，无论规模还是技术水平，都上了一个台阶。轿车生产实现了规模化生产，较好地弥补了国内市场的汽车需求缺口。

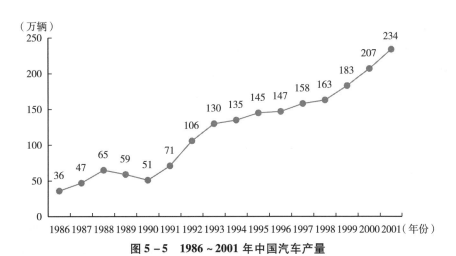

图 5 - 5　1986 ~ 2001 年中国汽车产量

资料来源：中国统计年鉴。

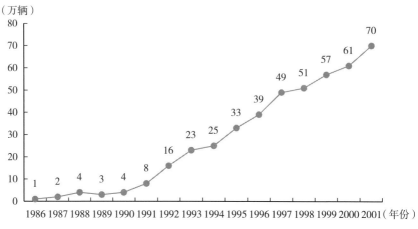

图 5 – 6 1986～2001 年中国轿车产量

资料来源：中国统计年鉴。

1986 年 4 月，国家出台《中华人民共和国国民经济和社会发展第七个五年计划纲要》，提出"把汽车制造业作为重要的支柱产业"，汽车产业对于国民经济的重要引领作用得到确认。1994 年国家发布指导汽车产业发展的主要文件——《汽车工业产业政策》，对于推动中国汽车产业集聚产生和快速发展起到重要作用。文件鼓励汽车企业利用外资发展，取消了汽车行业利用外资的限制，促进汽车产业对接国际标准。文件规定，国家支持建设国家级汽车和重点零部件的研究、试验、检测组织，积极承担制定各类标准、产品认证及进出口商品检验等任务。

这一时期出现了第一轮合资项目热潮，1988 年 5 月一汽奥迪成立。此后，一汽大众（1991 年 2 月）、上海通用（1997 年 6 月）、广汽本田（1998 年 7 月）、一汽丰田（2000 年 6 月）、长安福特（2001 年 1 月）等合资品牌在加入 WTO 前相继成立，推动了"市场换技术"战略的实施。我国的汽车产业初步融入了全球价值链。合资经营生产就是按照合资品牌的生产标准来进行，计量、标准、检验检测、认证认可等这些质量服务行业，较快地融入汽车生产，并对合资品牌的汽车质量保证起到了决定性作用。

　　同时，国产品牌汽车公司也相继成立。1986年吉利公司成立，此后，力帆汽车（1992）、比亚迪汽车（1995年）、长安汽车（1996年）、奇瑞汽车（1997年）、东风汽车（1999年）、江淮汽车（1999年）、长城汽车（2001年）等相继成立。国产品牌汽车企业主要依靠引进技术和模仿技术来提升汽车质量，但总体技术水平较低，汽车质量与合资品牌相比有较大差距，因此定位于低价位的低端产品。但同时，许多自主品牌汽车企业在不断加大研发投入进行技术改造和技术创新，汽车质量不断提升。

　　这一阶段初期，汽车生产最初区域分散，企业数量多、规模小，年产5万辆以上的汽车企业只有7家，市场集中度不高。进入20世纪90年代后半期，汽车生产逐步实现了集群化，无论是汽车零部件、还是整车生产，专业化分工细化，区域分工明显，产业区聚集逐渐形成产业集群。

　　3. 深度融入全球价值链，合资品牌与国内自主品牌多元标准共同推动汽车产业集群的迅猛发展阶段：2002～2011年

　　2002～2011年我国汽车产量由325万辆上升到1 841万辆，其中轿车由突破100万辆到突破1 000万辆大关（如图5-7所示）。

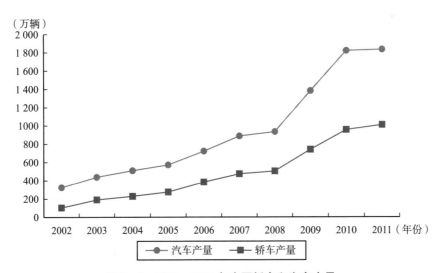

图5-7　2002～2011年中国轿车和汽车产量

资料来源：中国统计年鉴。

2001 年 11 月我国加入 WTO，2002 年 1 月进口汽车关税下调为 25%（最初为 120%）。2004 年国家颁布《汽车产业发展政策》，汽车产业集群进入快速发展阶段。

这一时期出现了第二轮合资热潮，北京现代（2002 年 10 月）、华晨宝马（2003 年 5 月）、东风日产（2001 年 3 月）、东风本田（2003 年 7 月）、广汽丰田（2004 年 9 月）、一汽马自达（2005 年 3 月）、长安马自达（2005 年 4 月）、北京奔驰（2005 年 8 月）相继成立。

同时国资和民营的国产品牌得到进一步发展。众泰（2003 年）、荣威（2006 年）、海马（2007 年）等自主品牌汽车企业先后成立。国内外品牌质量差距在不断缩小，但是市场中的高端价值环节仍然被外资品牌控制，国内自主品牌被锁定在价值链低端环节。许多自主品牌汽车企业开始尝试研发中高端品牌车，比如众泰、一汽红旗轿车、广汽传祺等。

进入 21 世纪，我国能源短缺与环境污染问题日益严重，政府开始关注节能环保，汽车产业开始向节能环保的发展方向。2005 年 10 月，中华人民共和国国民经济和社会发展第十一个五年规划纲要（简称"十一五规划"）提出"鼓励生产和使用节能经济型汽车"；2007 年 11 月发布的《新能源汽车生产准入管理规则》首次对新能源汽车进行了界定，同年 12 月，将新能源汽车正式纳入"产业鼓励目录"。比亚迪新能源汽车起步较早，技术研发投入大，处于行业领先水平，2010 年比亚迪纯电动汽车在深圳批量上路。这一时期我国已经形成了长三角、珠三角、东北、京津、华中和西南六大汽车产业集群。

4. 全球价值链下汽车产业集群持续质量升级，新能源技术和自动驾驶技术引领世界阶段：2012~2019 年

在这一阶段，汽车产量徘徊在 2 000 万辆到 2 900 万辆之间，最高年份是 2017 年达到 2 901 万辆，其中轿车在 1 000 万辆到 1 200 万辆左右徘徊，最高年份是 2014 年达到 1 248 万辆（如图 5 - 8 所示）。

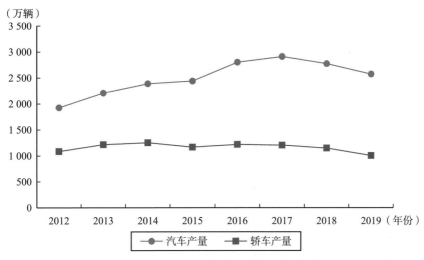

图 5 – 8　2012～2019 年中国汽车和轿车产量

资料来源：中国统计年鉴。

我国汽车产量连续多年居于世界第一，汽车总产量达到了稳定规模，随着经济形势的变化，产量也有所调整，2018 年以来有下降的趋势。企业质量和产业结构的变化，推动着汽车产业集群不断升级和优化。

首先，汽车质量提升明显。尤其是 2017 年《汽车产业中长期发展规划》颁布以来，汽车质量提升明显，该规划明确规定了质量提升的措施，提出汽车质量品牌建设工程，指出"到 2020 年，骨干汽车企业研发经费占营业收入 4% 左右，新车平均故障率比 2015 年下降 30%，形成若干世界知名汽车品牌"，该规划有效对接汽车国际标准，汽车质量得到明显提升。同时，国产自主品牌不断升级，比如哈弗（2013 年）成立以来，迅速占领城市越野汽车市场，吉利的领克、一汽红旗等也在中高端市场上有所发展。但是，市场分化也比较明显，比如夏利、力帆、华晨、众泰等自主品牌先后遇到发展问题，面临破产重组或是退出市场的境地。

其次，新能源汽车和智能网联汽车发展迅速。2012 年、2017 年、2020 年国家先后出台发展新能源汽车的重要文件，出台许多财政、税收优惠政策，各地上马很多新能源汽车项目，有些项目脱颖而出，走在全球新能源汽车行业的前列，新能源汽车产量得到大幅增加，如图 5 - 9 所示。蔚来（2014 年）、理想（2015 年）、小鹏（2014 年）等新能源企业品牌形成量产并逐渐成熟，恒大、华为、格力、百度等造车新势力不断涌现。国家产业政策非常重视标准引领作用，提出了新能源汽车和智能网联汽车的标准体系建设问题，自主品牌在新能源汽车领域弯道超车，实现从跟跑到并跑。外资品牌新能源汽车也在不断抢占市场，以特斯拉为代表的外资汽车品牌采取新建分厂、降价等方式不断扩大市场份额，对国内新能源汽车形成了压力和挑战。

图 5 - 9　2016～2020 年中国新能源汽车产量

资料来源：中国统计年鉴。

5.2.2　我国汽车产业集群形成与质量升级的经验与面临问题分析

1. 经验分析

嵌入全球价值链，是我国汽车产业集群形成和质量升级的主要原因。通过"市场换技术"战略，合资品牌汽车企业成为中国汽车产业的主体，汽车零部件由进口为主逐渐转换到国内生产为主，国内整车生产规模和水平不断提升，汽车出口和汽车零部件出口逐渐增加，形成了汽车产业集群，并深度融入全球价值链。同时，合资品牌汽车引致的技术外溢效应达到了提升国内汽车产业整体技术水平的目标。

　　政府制定的汽车产业政策是指导我国汽车产业集群演化与质量升级的主要推动力。1983 年国务院颁发的《关于加强和利用外资工作的指示》开启了"市场换技术"战略，以桑塔纳为代表的合资品牌汽车企业逐渐涌现，形成了上汽、一汽、二汽等汽车企业聚集区，但没有形成汽车产业集群。1994 年国家出台《汽车工业产业政策》，取消对外资的限制，出现了第一轮合资热潮，轿车产业得到快速发展，汽车零部件生产企业围绕整车企业不断聚集，汽车产业集群基本形成；2004 年国家颁发《汽车产业发展政策》，把汽车产业作为支柱产业，出现了第二轮合资热潮，自主品牌也快速发展，汽车产业集群快速壮大；2017 年出台《汽车产业中长期发展规划》，促使汽车产业集群在稳定发展的基础上质量水平得到显著提升。国家制定的一系列产业政策目录如表 5 - 1 所示。

表 5 - 1　　　　国家颁布的关于汽车产业集群质量升级的政策目录

时间	政策名称	颁发单位	主要意义
1994 年	《汽车工业产业政策》	国家出台	第一个系统规划汽车产业发展的国家政策体系
1996 年	《关于取消地方限制经济型轿车使用的意见》	国家计委（国务院办公厅）	提出经济型轿车是汽车工业发展重点，维护全国汽车市场统一
2004 年	《汽车产业发展政策》	国家发改委	激励汽车企业提高研发能力和技术创新能力
2004 年	《缺陷汽车产品召回管理规定》	国家质检总局	首次实施的召回制度，标志着中国召回制度的开端
2005 年	《汽车贸易政策》	商务部	系统地提出了我国汽车贸易的发展方向、目标、经营规范和管理体制框架
2006 年	《机动车交通事故责任强制保险条例》	国务院	增强了对于交通事故风险的应对能力

时间	政策名称	颁发单位	主要意义
2007 年	《轻型商用车辆燃料消耗量限值》	国家质检局，国家标准委	我国第一个控制商用车辆燃料消耗量的强制性国家标准
	《新能源汽车生产准入管理规则》	国家发改委	为各类新能源汽车的生产制定了统一标准
2009 年	《轻型汽车燃料消耗量标示管理规定》	工信部	促进了轻型汽车发展，建立汽车节能长效管理机制
	《汽车产业调整和振兴规划》	国务院办公厅	把培育自主品牌列在突出位置
2010 年	《汽车产业技术进步和技术改造投资方向》	工信部	明确电动汽车投资方向
	《关于加强汽车产品质量建设促进汽车产业健康发展的指导意见》	工信部	强调加强汽车产品质量建设，提高汽车产品质量信誉
	《关于开展私人购买新能源汽车补贴试点的通知》	财政部、科技部、工信部、国家发改委	基本确定了我国插电式混合动力汽车和纯电动汽车的中期发展目标
2011 年	关于发布国家标准《乘用车内空气质量评价指南》的公告	国家环境保护部国家质检局	中国第一次就乘用车内空气质量发布相关标准
2012 年	《家用汽车产品修理、更换、退货责任规定》	国家质检总局，总局令第 150 号	明确了家用汽车产品三包责任，推动汽车产业售后服务质量
	《节能与新能源汽车产业发展规划（2012～2020 年)》	国务院发布	自此新能源汽车成为中国汽车产业的新亮点和未来发展方向
2013 年	《家用汽车产品三包信息和争议处理技术咨询人员管理办法》	国家质检总局公告 2013 第 71 号	明确了有关汽车三包信息备案、公开制度及争议处理规定

续表

时间	政策名称	颁发单位	主要意义
2014 年	《重型商用车辆燃料消耗量限值》	工信部	贯彻落实国务院《节能与新能源汽车产业发展规划（2012～2020年)》重要措施
	《关于促进汽车维修业转型升级提升服务质量的指导意见》	交通运输部国家发改委	对我国维修业乃至汽车后市场的发展产生深远影响
2017 年	《汽车产业中长期发展规划》	工信部国家发改委科技部	为未来十年汽车产业发展指明了方向
2018 年	《智能网联汽车道路测试管理规范（试行)》	工信部公安部交通运输部	促进我国智能网联汽车产业发展
	《车联网（智能网联汽车）产业发展行动计划》	工信部	对车联网的关键技术、标准体系、基础设施等方面做出规定
	《关于加强低速电动车管理的通知》	六部委发布	低速电动车行业由野蛮生长阶段进入规范管理的阶段
2020 年	《新能源汽车产业发展规划（2021～2035 年)》	工信部	制定了新能源汽车产业发展未来愿景

　　国内强大的汽车市场需求是决定我国汽车产业集群质量升级的决定性因素。我国人口数量全球第一，对汽车的需求量巨大，改革开放以来，对汽车的需求得到迅速释放，尤其是对轿车的需求量巨大，轿车进口一直是满足需求的重要途径。随着我国汽车产业的兴起，汽车产量不断增加，进口替代逐渐强化，尤其是加入 WTO 以后，国内对汽车的需求迅速增加，汽车及零部件的产量和销量迅速扩大，推动了汽车产业集群的形成和快速发展。随着国内消费不断升级，国内汽车消费对质量的要求不断提升，2011 年以后我国汽车产量连续位居世界第一，汽车产业竞争不断加剧，质量成为竞争的主要手段，汽车产业集群的质量升级越来越得到重视。

　　新一轮的技术革命成为中国汽车产业集群质量升级和引领全球的新机

遇。我国新能源汽车产业发展迅速，网联化、智能化技术处于世界领先水平。随着我国5G技术、互联网技术、电池技术等先进技术的领先，我国在新能源汽车和智能驾驶技术方面处于世界领先水平，也为我国汽车产业集群质量升级提供了技术支撑。

2. 挑战与不足

全球价值链方面，自主品牌基本上处于低附加值环节，合资品牌处于高附加值环节，控制并主导着国内汽车市场，国内汽车市场的利润被国际知名汽车品牌厂商拿走大部分。国内知名的汽车产业集群，基本是以国外品牌而知名的产业集群，比如广汽本田、上海大众、一汽大众等产业集群，成为国内汽车产量前三的超大规模的产业集群。国家虽然出台了很多鼓励汽车产业发展的政策，但是在扶持自主品牌方面政策力度依然不够。

企业研发投入不足，申请的专利数量少，向标准转化不足，而参与制定的国际标准更少。由于国内汽车产业过度依赖技术引进，国产自主产品品牌价值不高，消费服务满意度低，因此形成了低端锁定。

缺乏标准引领，计量精确度有待提高。检验检测产业落后，认证认可形式化。智能制造刚刚起步，工业互联网进展缓慢。质量治理有待提升，质量文化还没有很好地养成。

5.3 全球价值链下质量基础设施推动中国汽车产业集群质量升级的机理分析

汽车产业具有规模经济效益明显、关联产业广、配套环节多和产业链长的特点，这一特点引致汽车产业呈现集群式发展态势。质量基础设施即计量、标准、检验检测、认证认可作为新兴质量服务业态是一个完整的技术链条，具有创新性高、通用性强、应用面广的显著特点，质量基础设施各要素间相互协同作用构成的产业质量支撑系统贯穿于全球价值链的各个环节，是提升质量竞争能力的基石，是产业链、创新链不可或缺的重要因素，是提升产业集群质量竞争力的重要保障，已成为国家间竞争的核心要素。同时，质量基础设施融合了多元要素、多类主体共同参与产业质量形成，支撑了汽车产业集群在研发设计、加工制造、营销品牌等关键环节的质量创新，推进价值链不同节点上的价值创造能够更好地服务市场需求，促进全球价值链的质量创造和保障能力整体提升，打破产业集群质量升级壁垒，引导汽车产业集群攀升全球价值链分工的高附加值环节，增强汽车产业集群参与全球价值链的能力。

5.3.1　标准是汽车集群质量升级的技术基础

标准是质量技术基础的核心要素，标准制定和实施有利于加快技术创新和新技术扩散效率。标准化所产生的以标准为媒介的技术信息披露、传递机制和外溢效应，提高了产品的兼容性，节省再次试验验证零部件的各项性能指标的时间，使产品品种简化，减少产品甚至技术的种类，从而形成规模经济。并且，产业集群内单个或部分企业产品标准的提升，就会带动与其相衔接的上下游配套产品为增强其产品兼容性也必须加快技术创新和新技术的应用，推进产业集群内处于价值链不同环节企业的技术升级，进而带动整个产业集群技术水平提升，突破产业集群企业进入全球价值链高端环节的技术壁垒。

标准作为对科学、技术和实践经验的总结，是集约化生产得以实现的技术基础。标准化减少了生产过程中的"不确定性"，在生产经营的全过程增强了产品质量的稳定性，提高了企业生产过程中产品的合格率，降低了风险成本。在产业集群的发展过程中，标准化实施能够克服经济主体的有限理性、改善信息的不完全性与不对称性，规范产品市场竞争秩序，使同行业之间的竞争处于公平、有序状态，进而淘汰低端劣质产品，促进市场公平竞争，引导资源向优质企业集聚，提升资源使用效率，增加有效供给。

汽车产业集群内企业具有地理空间集聚性和技术关联性，集群内企业通过形成技术标准联盟，制定和实施联盟标准，在促进产品质量显著提升的同时，还可以对联盟标准进行品牌塑造，进而发挥产业群体"集体商标""区域品牌"的作用，实现集群品牌的共创共享，并提高汽车产业集群的知名度和影响力。例如德国为发挥质量基础设施在产业提质增效中的功能，制定实施的"以质量推动品牌建设、以品牌助推产品出口"的国策和"工业4.0"计划中，将标准作为其核心战略。

5.3.2 计量是推动汽车集群开展技术研发的基础支撑

纵观中国汽车产业集群质量升级历程可以发现，技术创新在推动中国汽车产业集群质量升级中发挥着重要作用。计量作为量值精准、稳定的保证，是开展技术研发的基础支撑。大量的技术创新实践表明，每次新型技术尤其是重大技术创新的出现都是与更高精准性的计量测试技术的突破密切相关的。随着计量领域的重大技术变革，汽车的生产制造设备对制造过程和质量状况的精准感知与最佳控制成为可能，并且由于产业集群内的企业多是由围绕同一产业或相似产业进行专业化分工合作的高关联度的链式企业构成，针对产业集群内特定产业开展相关量传溯源技术和方法研究，可以有效地提高专用测量设备和装置的计量检定和校准能力，通过发挥产业集群的需求规模效应优势，有助于降低技术研发的市场风险，而这种正向反馈效应的存在又能够进一步激发产业集群内企业的技术创新，而且计量技术具有兼容性和通用性的特征，精准的计量数据在产业集群内企业的传递，在降低交易成本的同时，也为产业集群内企业更加便捷地进行技术交流和学习提供了重要的载体。

生产制造阶段是决定产品质量的重要环节。目前我国汽车产业面临产品附加值较低、拥有自主品牌较少、产品质量不高等问题。计量作为提升产品质量的重要技术手段，通过在汽车产业生产制造环节加强计量能力建设，可有效保证企业产品质量、提高企业生产效率、实现企业精细化管理、提升产品质量品牌。实践证明，计量不仅可以评定产品质量，而且还可以对工序状态进行连续监控，为质量管理提供可靠的数据。没有计量就没有质量保证。此外，计量作为国际贸易正常开展的基本条件和重要保障，有助于加强企业间技术交流和技术贸易，推动提升产品开发效能和产品质量水平，扩展国内汽车企业的潜在国际市场，实现企业从全球价值链低端环节向技术研发和品牌营销等高端环节迈进。

5.3.3　检验检测是汽车集群质量升级的重要市场化手段

检验检测作为生产性服务业及高技术服务业，是推动标准实施和计量溯源水平提升的重要手段。一方面，检验检测具有市场性和服务性的重要特征，这种市场性和服务性具有显著的需求方规模经济效应。产业集群作为由大量中小企业形成精细分工的生产体系，集群内的企业可以依托检验检测公共服务机构提供的具有"准公共品"性质的生产性服务和集体行动，有效地克服单个企业的产品功能或技术升级所面临的成本和规模抑制等困难，这为深化产业集群内企业的产品升级和工艺升级提供了技术供给保障。另一方面，检验检测是借助检验检测设备进行合规性和复合性测试服务。只有与标准、规范相符合的汽车产品才可进入市场。因此，通过提升汽车产品的设计、制造、使用、回收、再制造等全产业链各环节中的检验检测能力或者开发高端检验检测平台，可以引导汽车制造企业采用更高标准和更先进工艺，从而增加高端产品的供给。一个产业集群公共服务机构高标准的现代化检验检测能力，以及具有权威性和公信力的检验检测服务体系将成为产业集群内产品高质量的象征，可向市场有效传递产品质量信号，增强消费者对产品质量的信任。

汽车产业集群质量升级包含绿色升级，可以通过推广应用计量检测相关数据、建立健全检验检测相关制度来实现。一方面，汽车产业集群能够结合现代互联网技术加强对计量检测系统数据库的智能管理，依照计量检测数据结果指定生产经营和能源消耗计划安排，引导企业进行节能降耗的技术改造和产品推广应用。另一方面，汽车产业集群通过建立健全节能减排和循环经济检验检测、绿色产品认证和标识体系等制度，强化对集群内企业进行绿色生产的约束，促进企业节约资源、保护环境、降低成本和改革创新，从而实现汽车产业集群的绿色、低碳、循环和可持续发展。

5.3.4 认证认可是汽车集群质量升级的制度保障

认证认可是市场经济条件下加强质量治理，完善质量信号传导反馈机制的基础性制度安排。首先，作为产品进入市场的门槛要求，认证认可的技术评价功能既可以实现淘汰不适应市场需求的落后技术，同时也为市场消费主体的产品选择提供了一种信息传递机制，增强了对新技术、新产品的需求，有助于满足新兴技术应用的最低市场规模需求，减少产业集群内的企业开展技术创新或新产品研发的市场不确定性，降低市场风险，从而降低开展技术创新的成本；其次，认证认可作为质量管理的基础手段，是产业发展"诊断与改进"的过程，通过对汽车企业生产经营活动是否合乎标准、法规要求进行诊断和改进的管理体系认证制度的建立，可以显著提高参加管理体系认证企业的管理水平，规范企业管理行为，提升企业产品质量水平，进而通过产业集群内先进企业的示范效应、学习效应引导产业集群内的其他企业向更高的质量管理水平迈进。

认证认可作为一种"信用授受"行为，具有显著的品牌效应。认证认可作为符合性评定和公示性证明等活动可以向市场传递客观公正、专业权威的质量、能力、信用等信息，还可以为市场监管部门建立产品质量安全准入制度和后市场监管机制提供手段，规范市场秩序，在"供方"与"买方"间扮演着重要的"桥梁"作用，有效地调整了汽车产品市场中的"政府失灵"和"市场失灵"。此外，认证认可是一种政府政策引导信息的传递机制，通过认证目录的动态调整机制，作为政府对汽车产业前沿新兴技术进行政策扶持的重要举措，引导着行业的提质升级。

综上所述，质量基础设施是一个具有战略性、系统性、复杂性、技术性、服务性等多重属性的体系，质量基础设施要素作为完整的技术链条，相互之间协调发挥作用。加强质量基础设施建设，有助于推动汽车产业集群从成本优势、规模优势向以质量为核心的技术优势、品牌优势转变，促进汽车产业集群向全球价值链高端攀升，提升集群产品价值创造能力和获利水平。

5.4　全球价值链下汽车产业集群质量升级的实证分析

本节使用指数测度方法，构建指标体系，对汽车产业集群的质量水平进行测度，然后对所在区域的质量基础设施建设水平进行了测度，接着运用核密度估计方法展现汽车产业集群质量和区域质量基础建设水平的动态演进特征，构建了考虑到产业集群与时间双重固定效应下的多元回归模型，并采用 OLS 方法对建立起的多元回归模型进行估计，且估计了质量基础设施建设对不同汽车产业集群质量水平影响的区域异质性，最后提出了相关结论和政策启示。

5.4.1　指数测度方法

熵值法是一种判断指标离散程度的方法，该方法通常借助系统无序化程度来度量不同因素对评价对象的影响程度。在熵值法中，某项指标的信息效用价值直接影响该指标所占权重，信息效用价值越大，权重越大，表明对评价结果的贡献越大。由于指标的权重完全由数据本身的关系决定，因此评价结果具有很强的客观性。与主成分分析法不同，熵值法着重计算了各项指标的权重，从而得出影响汽车产业质量水平和质量基础设施建设水平关键指标因素，并在此基础上，对各样本的发展水平进行排序、分析。具体过程如下：

（1）第一步，数据标准化。由于各项指标的计量单位存在差异，并且建立的指标评价体系中既有正向指标，又有逆向指标，为了消除这些差异对评价结果的影响，保证测算结果的准确性，在综合评价时需要对各项指标进行标准化处理。首先对指标进行同趋势化处理，将逆向指标转化为正向指标：$X_i = -x_i$，再利用极差法进行数据趋同化处理和无量纲化处理：

$$X_{ij} = \frac{x_{ij} - \min(x)}{\max(x) - \min(x)} + 1。$$

（2）第二步，计算指标熵值。根据熵的定义，得到第 j 项指标的熵值：

$$e_j = -k \sum_{i=1}^{n} P_{ij} \ln(P_{ij})，\text{其中，} k = \frac{1}{\ln n}，P_{ij} = \frac{x_{ij}^*}{\sum_{i=1}^{n} x_{ij}^*}。$$

（3）第三步，确定指标权重。$W_j = \dfrac{g_j}{\sum_{j=1}^{m} g_j}$，$W_j$ 即为第 j 项指标的权重，

其中，$g_j = 1 - e_j$ 表示第 j 项指标的差异系数。因此，对第 i 个地区的综合评价为 $F_i = \sum W_j P_{ij}$。

5.4.2 汽车产业集群质量水平测度

1. 指标体系构建

笔者大量阅读经济发展的文献，在前人研究文献的基础上，并咨询该方向的专家，遵循指标构建的系统性、可比性、可行性和可测性等原则，基于波特钻石五力模型，结合中国汽车产业发展的本土特点，从规模能力、创新能力、营运能力、盈利能力和成长能力五个方面测度汽车产业质量水平。

企业规模反映了资本、劳动力等生产要素在企业的集中程度。在一定的条件下，企业追求规模扩张有利于降低企业内部生产成本，增加利润收入，获得规模经济效益。此外，规模较大的企业还能实现较高程度的专业

化分工，从而提高资源利用效率，增加企业生产经营收益。因此，企业的规模能力是构成企业质量发展水平的重要因素，本书具体选取了资产总额、净资产、无形资产、年销售收入与员工人数等指标来衡量企业的规模能力。

创新能力是增强企业核心竞争力进而提升汽车企业质量水平的关键要素，在衡量企业创新能力的指标中，研发人员对推动科技创新和成果转化起着十分关键的作用，研发人员数量及其占比能够显示出企业竞争力水平的高低；研究与试验发展（R&D）经费投入及其占销售收入比重则表示企业研发试验的经费支出，反映了企业科技活动规模和科技投入水平；而专利拥有情况是企业技术创新活动产出的重要体现，可以显示并检验企业研发经费的投入效果；新车开发能力也是反映企业持续创新能力的指标，汽车企业逐步培养自主开发能力有利于从设计、性能和品质等方面提高产品的竞争力，提高对市场的反应速度。

营运能力指企业营运资产的效率和效益，可以从营销人员实力和营业总收入两个方面来度量汽车企业经营运行能力的高低。营销人员实力越强越有利于企业品牌推广和渠道拓展，营业总收入则能直接反映出汽车企业产品销售等活动的效益。

盈利能力反映了汽车企业在一定时期内获取利润的能力，包括资本经营盈利能力、资产经营盈利能力、商品经营盈利能力和上市公司盈利能力四个方面的内容，分别通过净资产收益率和资产负债率、应收账款周转比率和速动比率、销售毛利率、每股收益和每股收益扣除等二级指标来衡量。盈利能力越强，企业经营业绩越好，企业就越有提高现有产品质量水平和研发新产品的能力。

企业成长能力反映了企业未来发展趋势与发展速度，本书主要通过主营业务收入增长率、净利润增长率、总资产增长率和投资活动的现金净流四个二级指标来评价。随着市场环境的变化，企业成长能力越强则表明其资产规模、经营能力和市场占有率具有持续增长的趋势，汽车企业未来的发展前景就越好。

　　根据以上五个方面的若干子因素，最终建立一个包含24个具体指标的测度体系（如表5-2所示）。本书选取珠三角地区、中部地区、长三角地区、京津冀地区、东北地区和西南地区六大汽车产业集群为测评对象构建指标体系，涵盖18个省（区市）的24家整车企业和158家零部件企业，研究区间为2015~2019年。本书选取的测度指标数据来源于上市企业数据。

表5-2　　　　　　　　汽车产业集群质量水平评价体系及具体指标

一级指标	二级指标
规模能力	资产总额（万元）；净资产（万元）；员工人数（人）；无形资产（万元）；年销售收入（万元）
创新能力	研发人员（人）；研发人员占比（%）；新车开发能力（分）；R&D投入经费（万元）；R&D投入经费所占销售收入比重（%）；专利拥有情况
营运能力	营销人员实力（人）；营业总收入（同比增长率）
盈利能力	净资产收益率（%）；资产负债率（%）；应收账款周转比率（%）；速动比率（%）；销售毛利率（%）；每股收益（元）；每股收益扣除（元）
成长能力	主营业务收入增长率（%）；净利润增长率（%）；总资产增长率（%）；投资活动的现金净流量

　　2. 测度结果分析

　　根据测度方法和指标体系计算得到24家整车企业的汽车产业质量水平，结果如表5-3所示。进一步按照六大汽车产业集群的划分标准，整理得到六大汽车产业集群层面的汽车整车产业质量水平和汽车零部件产业质量水平的测度结果，如表5-4、表5-5所示。

表 5 - 3   汽车产业质量水平测度结果

证券简称	产业集群	2015 年	2016 年	2017 年	2018 年	2019 年	均值	排序
广汽集团	珠三角集群	0.380	0.415	0.477	0.468	0.532	0.454	3
比亚迪	珠三角集群	0.477	0.478	0.465	0.524	0.630	0.515	2
金龙汽车	珠三角集群	0.326	0.144	0.280	0.337	0.459	0.309	19
江铃汽车	中部集群	0.389	0.309	0.329	0.330	0.483	0.368	9
江铃 B	中部集群	0.389	0.309	0.329	0.330	0.483	0.368	10
东风汽车	中部集群	0.285	0.234	0.270	0.337	0.453	0.316	17
宇通客车	中部集群	0.374	0.324	0.345	0.422	0.520	0.397	8
ST 安凯	长三角集群	0.213	0.205	0.224	0.182	0.419	0.248	23
*ST 众泰	长三角集群	0.284	0.245	0.487	0.376	0.300	0.338	15
上汽集团	长三角集群	0.543	0.639	0.552	0.666	0.717	0.624	1
亚星客车	长三角集群	0.271	0.312	0.238	0.323	0.439	0.316	16
江淮汽车	长三角集群	0.319	0.316	0.307	0.341	0.482	0.353	12
*ST 夏利	京津冀集群	0.209	0.158	0.118	0.300	0.199	0.197	24
福田汽车	京津冀集群	0.345	0.303	0.317	0.308	0.487	0.352	13
北汽蓝谷	京津冀集群	0.272	0.226	0.366	0.425	0.519	0.362	11
长城汽车	京津冀集群	0.403	0.383	0.410	0.459	0.578	0.446	4
一汽解放	东北集群	0.270	0.182	0.298	0.347	0.459	0.311	18
曙光股份	东北集群	0.241	0.182	0.250	0.297	0.434	0.281	22
长安汽车	西南集群	0.454	0.384	0.388	0.356	0.546	0.425	5
长安 B	西南集群	0.454	0.384	0.388	0.356	0.546	0.425	6
小康股份	西南集群	0.281	0.299	0.296	0.355	0.462	0.339	14
*ST 力帆	西南集群	0.310	0.250	0.279	0.299	0.283	0.284	20
西部资源	西南集群	0.230	0.196	0.229	0.310	0.437	0.281	21
中国汽研	西南集群	0.374	0.341	0.346	0.432	0.510	0.401	7

表 5 - 4　　　　六大汽车产业集群汽车整车产业质量水平综合测度结果

产业集群	2015 年	2016 年	2017 年	2018 年	2019 年	均值
珠三角集群	0.395	0.346	0.407	0.443	0.540	0.426
长三角集群	0.326	0.343	0.362	0.378	0.471	0.376
中部集群	0.359	0.294	0.318	0.355	0.485	0.362
西南集群	0.350	0.309	0.321	0.351	0.464	0.359
京津冀集群	0.307	0.268	0.303	0.373	0.446	0.339
东北集群	0.256	0.182	0.274	0.322	0.446	0.296
均值	0.337	0.298	0.327	0.365	0.473	0.360

表 5 - 5　　　　六大汽车产业集群汽车零部件产业质量水平综合测度结果

产业集群	2015 年	2016 年	2017 年	2018 年	2019 年	均值
珠三角集群	0.201	0.235	0.248	0.326	0.312	0.264
东北集群	0.213	0.232	0.225	0.319	0.324	0.263
长三角集群	0.196	0.236	0.228	0.318	0.309	0.258
京津冀集群	0.215	0.234	0.217	0.320	0.297	0.257
西南集群	0.200	0.222	0.217	0.292	0.296	0.246
中部集群	0.176	0.222	0.193	0.300	0.305	0.239
均值	0.196	0.234	0.226	0.315	0.308	0.256

　　从 24 家汽车整车企业层面来看，2015～2019 年上汽集团汽车产业质量水平最高，均值得分为 0.624，这与上汽集团在国内汽车整车企业中的现实地位一致。上汽集团是国内较早利用外资和引进技术实现快速发展的汽车企业，其综合能力较强，营业收入连续几年位居中国汽车整车企业排行榜第一名，较强的规模优势、盈利能力和营运能力为其创新能力提高和企业战略转型提供了保障。比亚迪、广汽集团和长城汽车产业质量水平评价得分依次

排在第二、第三和第四位，其得分分别为 0.515、0.454 和 0.446，得分差距不大。广汽集团也是国内成立较早的汽车企业，除了与日系和欧美系汽车产业展开合资合作，还不断推出自主品牌。比亚迪和长城汽车产业质量水平在近几年都表现出稳步快速发展的趋势，这要得益于两家企业的发展战略符合国家对新能源汽车和智能网联汽车发展的政策导向。而曙光汽车、安凯客车和一汽夏利的质量水平评价得分排名较靠后，排名第一的上汽集团得分是一汽夏利得分的 3.17 倍。其中，安凯客车和一汽夏利的股票被 ST，反映了两家汽车企业营运能力、盈利能力和成长能力出现问题。总的来看，汽车整车产业质量水平得分排名前三的三家企业集中在珠三角地区和长三角地区，排名靠后的几家企业在京津冀地区、长三角地区、东北和西南地区都有分布，表明珠三角地区和长三角地区汽车产业的发展在全国较为领先。此外，排名靠前的几家汽车企业的均值得分要明显高于其他汽车企业，说明 24 家汽车企业之间质量发展水平还存在显著差异，我国汽车产业尚未实现均衡发展，除了受到地理位置、历史因素、政府的支持和优惠政策等外部因素的影响外，根本原因还是不同企业之间自主创新能力、品牌营销能力等核心竞争力存在差距。

从六大汽车产业集群层面来看，珠三角汽车产业集群的质量水平最高，汽车整车企业和零部件企业质量水平的综合测评排名都在第一位，并且珠三角地区三大汽车整车企业得分差距不大，显示出该地区整体实力较强。长三角集群的汽车整车企业和零部件企业质量水平的综合测评排名分别是第二、第三位，整车企业质量水平测度结果表明，长三角地区形成了以上汽集团为龙头企业的汽车产业集群，但是其他几家上市企业的质量水平不高，且质量水平差距悬殊。长三角汽车产业集群还需要进一步发挥上汽集团作为龙头企业的带动引领作用，继续推动汽车零部件产业的集群发展。中部集群的汽车整车企业质量水平综合测评排名第三位，但是零部件企业质量水平的综合测评最差，其各整车企业质量水平差距不大，整体实力比较接近。与中部集群的表现相反，东北地区整车企业质量水平综合测评最差，但是零部件企业质量水平的综合测评结果较好，排名第二位。京津冀地区和西南地区汽车产业集群整车和零部件产业质量水平综合得分都不高，排名位于中下游，从两地整车企业质量水平测度结果来看，两地都形成了以龙头企业为引领的格局，但企业间质量水平差距很大。

从时间序列来看，六大汽车产业集群质量水平的综合测评得分在2015～2019年呈上升趋势，其中整车产业质量水平在2019年快速上升，零部件产业质量水平在2018年快速上升并在2019年继续保持较高水平。这得益于2017年4月《汽车产业中长期发展规划》（简称《规划》）的政策引领，《规划》中明确了汽车产业未来发展的方向是由规模速度型向质量效益型转变，推动实现由汽车大国向汽车强国转变，这就要求汽车产业必须不断提升汽车产品品质，打造世界知名汽车品牌，从而从政策引领层面支撑汽车产业质量水平不断提升。从24家汽车整车企业测度结果还可以发现，符合汽车行业"新四化"趋势的相关企业的质量水平在样本区间内提升比较明显，即向着"电动化、智能化、网联化和共享化"转型。以2019年测度结果序列为例，排名居于前列的上汽集团、比亚迪、长城汽车、宇通客车、北汽蓝谷等几家汽车企业，近几年都在不断推出新能源汽车，并与相关企业展开智能汽车研发合作。

5.4.3 汽车产业集群质量基础建设水平测度

1. 指标体系构建

基于质量基础设施的内涵，本书设计了包含标准化水平、检验检测、认证认可3项一级指标和标准研制贡献指数、规模以上检验检测机构数、质量损失率、产品质量省级抽查合格率、出入境检验合格率、ISO 9001认证证书数、获得国家级质量奖的企业数量、产品质量优等频率8项二级指标的质量基础建设水平评价指标体系（如表5-6所示）。

其中，标准研制贡献指数是衡量标准化水平的主要指标，反映了一个地区积极参与标准制定的数量和参与单位的广泛程度，企业通过参与标准制定，既有利于提升企业软实力和企业品牌形象，也有利于加强企业自身的标准化建设和管理，提高质量意识。

表 5 – 6　　　　　　　　质量基础建设水平评价指标体系

一级指标	二级指标	指标代码	指标属性		
			正指标	逆指标	适度指标
标准化水平	标准研制贡献指数	A01	√		
检验检测	规模以上检验检测机构数	B01	√		
	质量损失率	B02		√	
	产品质量省级抽查合格率	B03	√		
	出入境检验合格率	B04	√		
认证认可	ISO 9001 认证证书数	C01	√		
	获得国家级质量奖的企业数量	C02	√		
	产品质量优等频率（%）	C03	√		

　　认证认可和检验检测统称为合格评定，是质量提升的重要手段，也是质量基础设施的组成部分，具有控制质量并建立质量信任的作用。在衡量检验检测能力的指标中，规模以上检验检测机构数体现了检验检测行业发展的速度和集约化程度；质量损失率是产品质量成本的内部损失与外部损失成本之和与工业总产值之比，反映了企业质量管理工作和质量管理体系运行的水平和效率；产品质量省级抽查合格率和出入境检验合格率则都是测度产品和服务质量的重要指标。认证认可结果的主要形式是证书、报告，企业通过的 ISO 9001 认证证书数和获得国家级质量奖的企业数量在表示认证认可水平上具有较高的权威性，本书还引入了产品质量优等频率这一指标，主要用来反映产品质量认证认可体系的水平。

　　根据质量基础设施的内容，计量也是其重要组成要素，但由于数据的可得性与相关性，最终只选择标准化水平、检验检测和认证认可 3 项指标。数据来源于《中国统计年鉴》、国家市场监督管理总局、中国标准化协会、中国检验检测学会及中国认证认可协会的统计数据，样本区间为

2014～2018 年。

2. 测度结果分析

通过熵值法得出的综合得分计算整理出六大汽车产业集群质量基础建设水平的排序（如表 5-7 所示）。由表 5-7 可得，2014～2018 年长三角集群质量基础建设水平最高，测度均值为 0.495，其次是京津冀集群和珠三角集群。这三个地区也是国内经济发展最有活力的地区，拥有较高的科技创新能力和产业发展水平，为推动质量水平提升和加强质量基础设施建设提供了雄厚的经济基础。此外，国家政策引领和当地政府指导也是推动提升三地质量基础建设水平的重要原因。自 2017 年《中共中央国务院关于开展质量提升行动的指导意见》发布并提出全面提高质量目标要求以来，当地政府先后出台了一系列有利于质量提升的方案，如召开质量大会、颁发政府质量奖、建设质量基础设施综合服务中心等，创建了良好的质量基础设施建设环境和质量文化。西南集群和东北集群排名较差，质量基础建设水平相对落后，可能与企业实施质量提升的投入不足、质量意识和质量文化缺少等因素相关。从时间序列来看，六大汽车产业集群质量建设水平在 2014～2018 年都得到了提高，但东北集群质量基础建设水平提高的不明显。

表 5-7　　　　六大汽车产业集群质量基础建设水平测度结果统计

产业集群	2014 年	2015 年	2016 年	2017 年	2018 年	均值
长三角集群	0.443	0.508	0.513	0.494	0.515	0.495
京津冀集群	0.407	0.462	0.451	0.458	0.488	0.453
珠三角集群	0.367	0.406	0.440	0.480	0.490	0.437
中部集群	0.282	0.326	0.337	0.346	0.353	0.329
西南集群	0.231	0.315	0.347	0.295	0.366	0.311
东北集群	0.316	0.263	0.305	0.305	0.317	0.301

为进一步比较六大汽车产业集群质量基础建设水平的具体差异，

表5－8至表5－10分别列出了标准化水平、检验检测水平和认证认可水平得分结果。标准化水平测度结果显示，2014～2018年间京津冀集群标准化水平最高，长三角集群和珠三角集群次之，这与六大汽车产业集群质量基础建设水平测度结果相差不大；西南集群、东北集群和中部集群标准化水平较低，与其余三地集群差距悬殊，说明这三大集群所在地区市场标准供给还需提高，为此当地政府需要进一步推动形成标准研制的环境，企业要积极参与标准制定提高竞争力；珠三角集群和西南集群的标准化水平在该段时间内呈上升趋势，其余集群变动不明显，标准化建设发展总体缓慢。检验检测水平测度结果显示，珠三角集群得分最高，西南集群最低，与两地经济差异和工业发展进度不同存在很大关系，此外，从2018年和2019年各地区检验检测机构数量来看，珠三角地区检验检测机构数量规模庞大，是其得分较高的原因之一，但是整体来看六大集群得分均值差距不大；东北集群2018年检验检测水平较2014年有所下降，其余地区汽车产业集群水平都得到了很大提升。从认证认可水平测度结果来看，长三角集群排名第一，并且其得分均值是排名最后的东北集群的3倍多。长三角地区在合格评定上的发展离不开中央关于推动长三角更高质量一体化的重要指示，并由此提出协力推动认证认可、检验检测一体化建设目标，而东北地区的合格评定得分都不高，还需要从提高产品和服务质量、增强企业质量管理体系建设、培育企业质量文化、政策激励等多个方面进行改善。

表5－8 六大汽车产业集群标准化水平测度结果统计

产业集群	2014 年	2015 年	2016 年	2017 年	2018 年	均值
京津冀集群	0.072	0.071	0.075	0.075	0.077	0.074
长三角集群	0.045	0.045	0.038	0.039	0.042	0.042
珠三角集群	0.025	0.024	0.037	0.039	0.042	0.034
西南集群	0.009	0.010	0.010	0.012	0.015	0.011
东北集群	0.011	0.009	0.011	0.009	0.008	0.009
中部集群	0.006	0.009	0.006	0.008	0.008	0.007

表5-9 六大汽车产业集群检验检测水平测度结果统计

产业集群	2014年	2015年	2016年	2017年	2018年	均值
珠三角集群	0.164	0.209	0.213	0.228	0.235	0.210
东北集群	0.226	0.178	0.202	0.194	0.217	0.203
中部集群	0.153	0.219	0.217	0.191	0.198	0.196
京津冀集群	0.159	0.210	0.197	0.193	0.214	0.195
长三角集群	0.150	0.203	0.185	0.162	0.199	0.180
西南集群	0.119	0.166	0.193	0.182	0.188	0.170

表5-10 六大汽车产业集群认证认可水平测度结果统计

产业集群	2014年	2015年	2016年	2017年	2018年	均值
长三角集群	0.248	0.261	0.290	0.294	0.273	0.273
珠三角集群	0.178	0.174	0.189	0.213	0.212	0.193
京津冀集群	0.176	0.182	0.179	0.191	0.196	0.185
西南集群	0.104	0.139	0.144	0.101	0.163	0.130
中部集群	0.123	0.097	0.114	0.147	0.149	0.126
东北集群	0.079	0.077	0.092	0.102	0.093	0.089

5.4.4 动态演进分析

为了直观清晰地描述中国汽车产业集群质量水平和区域质量基础设施建设水平的动态演进过程，运用核密度估计方法展现汽车产业集群质量和区域质量基础设施建设水平的动态演进特征。随机变量 X 的密度函数 $f(x)$，其核密度函数估计如式（5-1）所示：

$$f_n(x) = \frac{1}{nh} \sum_{x=1}^{n} K\left[\frac{x - X_i}{h}\right] \tag{5-1}$$

其中，X_1，X_2，…，X_n 为独立分布的样本，$K(.)$ 为核函数，h 为带宽，本书选取 silverman 为最佳带宽和高斯核函数。区域质量基础设施建设水平和汽车产业质量水平的核密度曲线如图 5 – 10 和图 5 – 11 所示。

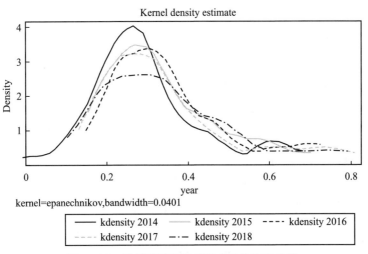

图 5 – 10 质量基础设施建设水平核密度曲线

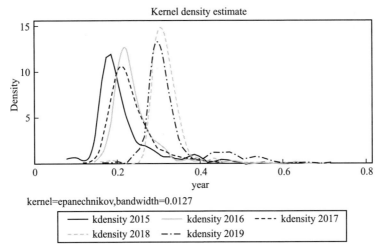

图 5 – 11 汽车产业质量水平核密度曲线

从图 5-10 可以看出，除 2014 年外，2015～2018 年间质量基础设施建设水平核密度分布图呈"单峰"型特征，2014 年表现出显著的"双峰"特征，说明 2015～2018 年间我国质量基础设施建设水平两极分化不显著。从各年份质量基础设施建设水平核密度曲线主峰变换总体情况来看，核密度曲线"主峰"呈现"尖峰"向"宽峰"发展的演进态势，意味着我国质量基础设施建设水平省际差异逐渐缩小。核密度曲线位置呈现先"右移"后"左移"的更迭变化特征，表明质量基础设施建设水平呈先上升后下降的发展特征，但是仍要高于 2014 年水平。质量基础设施建设水平还需要进一步提高，《规划》把"完善产品质量标准体系，提升企业质量控制能力"作为汽车产业发展规划中的一项重点任务，表明未来我国汽车产业跻身国际市场、进入全球价值链中高端必然要依靠质量基础设施在研发设计、加工制造和品牌营销等全产业链的基础性支撑作用。我国质量基础设施建设水平发展有相当大的提升空间。

从图 5-11 汽车产业质量核密度分布图的曲线形状来看，汽车产业质量水平"单峰"特征显著，随着时间推移，汽车产业质量核密度曲线经历了先小幅右移后大幅右移的变动趋势，表明考察期内我国汽车产业质量水平呈现持续提高的发展特征。具体而言，2017～2018 年汽车产业质量水平得到了大幅提升，主要原因在于 2017 年 4 月工信部联合国家发改委和科技部印发了《规划》，从完善创新体系、强化基础能力、推动产业转型升级、加速跨界融合、提升质量品牌和深化开放合作等若干方面明确了汽车产业下一步的发展任务和目标，为汽车产业质量水平升级提供了政策文件支撑。此外，从密度分布图的波峰变化来看，在整个样本区间内，汽车产业质量水平的核密度曲线一直表现为"尖峰"特征，各省汽车产业质量水平两极分化态势显著。

5.4.5 影响分析

1. 研究设计

为了考察质量基础设施建设水平对汽车产业集群质量水平的影响效应

与机制，本书构建了考虑到产业集群与时间双重固定效应下的多元回归模型，如式（5 - 2）所示：

$$\ln Y_{i,t} = \beta_0 + \beta_1 \ln QI_{i,t} + \theta_1 \ln EDU_{i,t} + \theta_2 \ln SCI_{i,t} + \theta_3 \ln GOV_{i,t}$$
$$+ \theta_4 \ln IMEX_{i,t} + \theta_5 \ln ER_{i,t} + \lambda_t + \mu_i + \varepsilon_{i,t} \tag{5 - 2}$$

其中，i 和 t 分别代表集群与年度，被解释变量 $Y_{i,t}$ 为汽车产业集群质量水平，解释变量 $QI_{i,t}$ 为质量基础设施建设水平，是本书需要关注的重点对象；除核心解释变量之外，还在分析中纳入了人口素质（$EDU_{i,t}$）、科技投入（$SCI_{i,t}$）、政府干预（$GOV_{i,t}$）、产业结构高级化（$IMEX_{i,t}$）和进出口占比（$ER_{i,t}$）等可能影响汽车产业质量水平的一组控制变量；λ_t 代表时间固定效应，μ_i 代表集群固定效应，$\varepsilon_{i,t}$ 为随机干扰项。为消除各变量之间的数值差异，对被解释变量、解释变量及控制变量都取自然对数。

2. 基准回归结果分析

采用 OLS 方法对建立起的多元回归模型进行估计，结果如表 5 - 11 所示。由表可知，全样本下，质量基础设施建设水平对汽车产业质量的回归系数显著为正，且在 10% 的水平上显著，说明质量基础设施建设水平的提高将会促进汽车产业质量水平的提高，这与理论预期相符。标准、计量、检验检测和认证认可作为重要的生产性服务业，通过为汽车产业质量创新和科技创新提供技术支撑，为汽车产业质量链治理和供应链管理提供条件，对汽车产业质量水平的提升具有重要的基础性作用，有利于国内汽车产业积极参与国际标准的制定，提高国内汽车产业品牌的国际影响力和知名度。

表 5 - 11　　　　　　　　　　　　OLS 回归结果

变量	（1）全样本	（2）汽车整车企业	（3）汽车配件企业
QI	0. 159 *** (3. 327)	- 0. 065 (- 0. 514)	0. 197 *** (3. 909)
EDU	0. 282 (1. 640)	1. 126 ** (2. 527)	0. 115 (0. 626)

变量	（1）全样本	（2）汽车整车企业	（3）汽车配件企业
SCI	7.540 *** （11.705）	5.180 *** （3.043）	8.058 *** （11.733）
GOV	0.945 *** （6.768）	1.352 *** （3.097）	0.847 *** （5.824）
IMEX	0.061 *** （3.663）	0.088 （1.533）	0.058 *** （3.388）
ER	－ 0.003 *** （－4.694）	－ 0.001 （－0.506）	－ 0.003 *** （－4.586）
_cons	－ 0.175 *** （－3.743）	－ 0.106 （－0.797）	－ 0.191 *** （－3.917）
N	708	100	608
R^2	0.411	0.209	0.474

注：*、**、*** 分别表示在1%、5%、10%水平下显著。

从六大汽车产业集群质量发展水平测度结果及其质量基础设施建设水平测度结果发现，质量基础设施建设水平排名靠前的长三角汽车集群和珠三角汽车集群的汽车产业质量发展水平也较高，进一步验证了本书的理论假设。但是分类来看，对汽车整车企业而言，质量基础设施建设水平与产业质量发展水平间的相关关系不显著，汽车配件企业的质量基础设施建设水平则与其质量发展水平具有显著的正相关关系，原因可能与本书选取的衡量质量基础设施建设水平的相关指标主要对汽车零部件生产具有约束效应，而对汽车整车生产的影响较小。

在其他控制变量中，人口素质、科技投入、政府干预和产业结构高级化与汽车产业质量水平呈正相关关系，进出口占比与汽车产业质量水平呈负相关关系。科技投入、政府干预和产业结构高级化对汽车产业质量水平的影响显著，促进了汽车产业质量水平的提升，主要原因在于科技投入提高了生产技术进步，提高了企业的生产效率，并且有利于促进产业结构实现升级，提高了国内汽车产业集群在全球价值链中地位；政府干预通过颁布实施有利于汽车产业高质量发展的相关政策文件，引导资金、技术、知识等资源向汽车产业流动，从而推动汽车产业质量升级；产业结构高级化的过程意味着产业高附加值化、高技术化、高集约化、高加工度化，是推动汽车产业高质量发展的重要途径；人口素质对汽车产业质量水平的提高也具有积极的作用，但不如科技投入、政府干预和产业结构高级化等变量的作用显著；进出口占比与汽车产业质量水平表现出显著的负相关关系，这可能与我国汽车产业国际竞争力相对不强、国际市场占有率相对不高有关，表明国内汽车产业还需要进一步提升其国际竞争力和影响力。

3. 区域异质性分析

质量基础设施建设水平对汽车产业质量水平的影响可能因产业集群特征而有所差异，为了便于比较估计结果，本书继续采用 OLS 方法估计质量基础设施建设对不同汽车产业集群质量水平影响的区域异质性，结果如表 5 - 12 所示。由表可知，对长三角集群来说，质量基础设施建设对汽车产业质量水平提高存在显著的促进作用，即质量基础设施建设越完善，越有利于推动汽车产业质量水平的提高，这与整体汽车企业的估计结果一致。从中部集群、京津冀集群和东北集群的回归结果来看，汽车产业质量发展水平和质量基础设施建设之间不存在显著的线性关系。西南集群和珠三角集群的结果显示，质量基础设施建设阻碍了汽车产业集群质量水平的提高，原因可能是构成珠三角集群和西南集群的样本中整车企业占比较大，零部件企业占比较小，由前文分析结果可知，质量基础设施建设对汽车整车产业质量水平的影响作用不明显，进而使得回归分析结偏离了理论预期。

表 5 - 12　　质量基础设施建设对不同汽车产业集群质量水平的影响

变量	长三角集群	西南集群	中部集群	京津冀集群	珠三角集群	东北集群
QI	0.466 *** (6.300)	− 0.547 *** (− 3.566)	0.333 (1.473)	− 0.086 (− 0.457)	− 1.081 * (− 1.876)	0.308 (1.094)
EDU	0.497 ** (2.558)	− 2.834 ** (− 2.370)	0.947 (0.712)	1.829 ** (2.500)	− 7.716 ** (− 2.259)	− 2.128 ** (− 2.092)
SCI	3.315 *** (3.596)	18.088 (1.214)	7.767 * (2.003)	6.031 ** (2.249)	21.229 * (1.719)	9.001 (1.292)
GOV	− 3.235 *** (− 8.376)	− 4.993 ** (− 2.579)	2.199 (1.674)	2.920 *** (4.780)	− 31.155 ** (− 2.130)	1.109 *** (5.896)
IMEX	0.326 *** (10.081)	0.060 (0.830)	0.077 (0.470)	0.188 (1.536)	2.426 ** (2.097)	0.058 ** (2.656)
ER	0.000 (0.192)	0.041 *** (2.886)	− 0.000 (− 0.073)	0.000 (0.036)	0.033 ** (2.128)	− 0.005 (− 1.628)
_cons	0.767 *** (7.580)	1.468 ** (2.144)	− 0.461 (− 1.483)	− 0.537 *** (− 2.888)	4.913 ** (2.159)	0.384 (1.387)
N	376	64	56	36	76	48
R^2	0.632	0.476	0.337	0.687	0.612	0.750

注：*、**、*** 分别表示在 1% 、5% 、10% 水平下显著。

　　就影响汽车产业质量水平的控制变量而言，科技投入和产业结构高级化对各个汽车产业集群的影响与对汽车产业整体影响的结果一致，都具有正向作用。进出口占 GDP 比重对西南汽车集群和珠三角汽车集群质量水平也具有显著的促进作用，对外开放通过知识技术的溢出效应刺激了创新和提高了生产效率。而政府干预对不同汽车产业集群具有异质性影响，这表明政府的产业政策要因地制宜，还要在不破坏市场机制正常运行的前提下，针对市场低效率的环节和领域更好地发挥作用。人口素质对不同汽车产业集群的影响也具有异质性，人口素质水平的偏低将直接影响汽车产业的技术创新和质量升级，从而阻碍汽车产业质量水平的提升，为了充分发挥人力资本生产要素对产业质量水平提升的促进作用，还要不断提高各地人口素质水平。

5.5 结论与政策启示

本书研究结论如下：首先，全球价值链下中国汽车产业集群质量升级的历程总体经历了四个阶段，分别为汽车产业基础形成阶段、汽车产业集聚形成阶段、迅猛发展阶段和产业集群平稳调整阶段；其次，中国汽车产业集群质量尚存在较大的提升空间，质量基础设施建设处于较低的发展水平上，在研究考察期内，质量基础设施建设水平增长幅度较小，汽车产业集群质量经历了先小幅增长后大幅提升的持续向好发展特征；最后，质量基础水平对汽车产业集群质量水平的提高具有积极的促进作用，其中对汽车整车集群企业质量发展水平间的影响不显著，对汽车配件集群企业质量发展水平具有显著的正相关关系，且质量基础设施建设水平对六大汽车产业集群的影响区域异质性显著。

综合以上结论，对于全球价值链下汽车产业集群进行质量升级的路径和对策，得出以下启示。

第一，加大研发投入，强化技术专利化、专利标准化、标准国际化路径。积极融入汽车全球价值链中高端环节，在整车设计、品牌营销环节，以及发动机、传感器等核心零部件方面，形成国际化的产业集群，并在全球价值链治理中占据主导地位。

第二，积极推进团体标准建设。以区域性汽车产业集群为载体，建立技术标准联盟，积极制定和发布汽车级零部件团体标准，并积极对接国际标准，不断提升汽车产业集群的质量水平。

第三，大力发展汽车产业集群的生产性服务业。积极推进产品品牌国际化，消费服务高端化，检验检测产业化，认证认可实效化。积极研发量子计量技术，提升计量的精确度。

第四，积极推进智能制造，推行工业互联网，实现产业数字化。坚持标准引领，积极主导制定新能源汽车的国际标准。

6

全球价值链视角下手机产业
集群质量升级案例分析

中国手机产业面临低端锁定、增长陷阱等问题，在全面了解中国手机产业集群的现状特征、分布状况的基础上，根据存在的问题，从质量角度给出中国手机产业集群升级的路径及对策具有重要意义。

6.1 全球价值链视角下手机产业
集群发展现状及演变

6.1.1 研究背景、目标和思路

1. 研究背景

（1）产品的竞争转变为价值链上的产业集群的竞争

世界经济已进入全球价值链时代。以中间贸易品为代表的全球价值链贸易对世界经济的重要性显著增加，占全球贸易服务的1/3，占货物贸易的2/3。在全球价值链贸易模式下，全球经济体系已由发达经济体和发展中经

济体逐渐转变为全球价值链的生产者和消费者两个部分，产品流动，尤其是价值链上游的产品跨境流动实际上是参与全球生产的一个过程和流转环节，这已改变传统意义上的出口外需。全球价值链改变传统意义上的生产过程，产品生产分解为不同的环节在世界各地进行，各个互相独立环节有机配合组成了最终的产品。例如很多品牌的手机在美国和日本设计，核心精密组件在韩国和中国台湾生产，在中国大陆进行组装，最后在欧美进行销售和售后服务。这些复杂的全球化生产改变了国际贸易的本质。生产过程中任务和活动的全球分散化，使得价值链在空间上逐渐分化和延伸，而谁在价值链中占据附加值高的核心环节，谁就能获得更大收益和主动权。

党的十九大报告将"促进我国产业迈向全球价值链中高端，培育若干世界级先进制造业集群"列入国家发展战略，将发展高端产业集群作为国家竞争力提升的区域根基，并提出了明确的要求和发展方向。产业集群具有规模效应、集群效应，能够有效地降低生产成本和交易成本，从而形成竞争优势。产业集群内各企业之间的竞争合作能够激发创新活力，推动企业技术创新、组织创新和制度创新，产业集群通过空间集聚而形成的持续竞争优势，成为很多地区和国家经济发展的强大支撑。产业集群竞争力的发挥一方面源自其本身的聚集经济，即产业集群一旦形成，就能为企业提供一些成本优势，这种优势能够自发获得，具有短期意义；另一方面则源自集群的创新优势。前者通过集聚来推动区域经济的发展，后者则通过创新驱动生产环节的有序转移，实现产业链条向更高端环节的延伸。

（2）中国产业集群程度低的现状亟待改变

依靠低成本、低价格等比较优势，中国积极参与全球价值链中的生产制造，进出口贸易额稳定上升，经济结构不断转型，成为全球价值链的受益者。我国的产业集群在这过程中实现了由参与到弱再到强的转变，由于国外企业掌握重点领域的核心技术，使得我国企业仍处于价值链的低端锁定的环节[①]。

---

① 吕越和邓利静（2020）提出中国制造业企业存在陷入"低端锁定"的危险，而对这一现象的解释主要是：发达国家的"俘获"效应、进口中间投入的过度依赖和技术溢出的吸收能力不足。

2008 年金融危机爆发，国际产业竞争愈加激烈，企业优胜劣汰速度加快，加之劳动力成本、土地租金成本等的上升导致依靠低成本取得的竞争优势被削弱。欧美国家纷纷提出制造业振兴的再工业化、工业 4.0 等战略，提升制造业的国际竞争力。中国面临着制造业成本不断上升，国际竞争压力不断增大，低端锁定无法突破等多重压力，产业集群竞争力低的现实情况亟需改变。

2015～2019 年国际经济形势好转，全球贸易额不断增加，但是西方"逆全球化"趋势日益明显，贸易保护主义有所抬头，对国际产业的有序转移产生了负向作用，影响了全球价值链上中国企业的转型升级。例如 2018 年华为失去了 AT&T 的手机订单，同年 5 月美国国防部禁止在美军基地销售华为和中兴手机，同年 7 月澳大利亚禁止华为参与 5G 网络建设，同年年底加拿大应美国要求逮捕华为 CFO 孟晚舟①。2019 年 1 月美国以涉嫌盗窃商业秘密和欺诈为由对华为提出 23 项起诉，5 月芯片设计公司 Arm 放弃了华为，Mate20 X 取消在英国推出，12 月西班牙电信称将大幅减少华为 5G 核心网络的设备使用②。2021 年年初，受新冠疫情的影响全球制造业处于停滞状态，加之中兴、华为等通信设备制造商遭到海外市场的围堵，使得我国产业集群竞争力面临严峻挑战，因此增强我国产业集群竞争优势，亟须实现产业集群竞争力源泉从以低成本投入为主转变为以创新驱动和优化资源配置为主。

2. 研究目标

本书是在全球价值链的背景下，以四大质量基础——标准、计量、检验检测和认证认可理论为分析框架，以华为、苹果手机在中国的产业集群为目标进行的研究。本书总体的研究目标是在系统梳理全球手机产业集群发展动态及国内手机集群进展的基础上，以华为、苹果手机为代表，回答"是什么（What）"，即产业集群聚集地在哪里，发展状况如何，"为什么

①　https：//www. sohu. com/a/418566914_116237.

②　https：//baijiahao. baidu. com/s? id = 1659039289853316247&wfr = spider&for = pc.

（Why）"，即产业集群发展差的原因是什么，"怎么做（How）"，即如何提升产业集群的发展质量，而进行的一系列研究。本研究的具体研究目标为：①梳理、分析国内外手机产业集群的发展现状，获得手机产业集群的演变趋势；②以华为、苹果手机为代表分析国内手机产业集群的发展现状，获得阻碍手机产业集群发展的关键问题；③针对手机产业集群存在的问题，从四大质量基础——标准、计量、检验检测、认证认可，以及质量文化角度提出手机产业集群提升策略。

3．研究思路

手机产业集群质量升级影响因素较多，本书遵循"透现象""看本质""找差距""出对策"的思路，通过华为、苹果手机产业集群存在的问题，给出产业集群质量升级的路径。中国产业集群质量升级研究思路如图 6－1 所示。

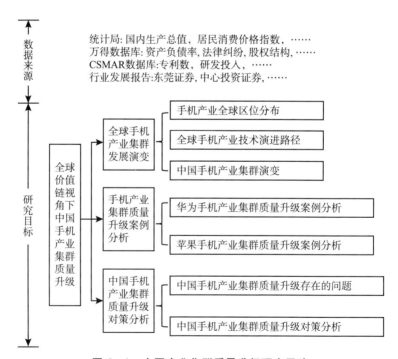

图 6－1　中国产业集群质量升级研究思路

6.1.2 全球手机产业集群发展演变

1. 手机产业全球区位分布

全球手机产业链主要分布在美国、韩国、日本、中国等地，其中美国以品牌和技术为核心，韩国和日本以核心零部件和技术为优势，中国是全球手机产业链最为完善的市场①。全球手机产业转移路径第一阶段是从美国、韩国、日本等发达国家向中国转移，主要原因在于：其一，相对发达国家，中国的劳动力成本较低，并且劳动力供应充足；其二，中国的需求市场也较大，综合考虑生产销售各环节，直接将产能规划在中国可以实现利润最大化；其三，将组装、非核心部件转移到其他国家，本土国家集中人力、资本进行创新研发可助推企业可持续发展。

2. 全球手机产业的发展现状

根据 Counterpoint 统计数据，2019 年智能手机总出货量为 14.861 亿台（如表 6－1 所示），同比下滑 1%，智能手机市场连续第二年下滑。全球手机市场呈现出了大品牌、巨头厂商占据绝大部分份额，而小厂商的份额越来越少的特征。从全球前十大手机厂商出货量来看，三星公司 2019 年以 2.965 亿台手机出货量稳居榜首，占据全球智能手机市场份额 20%。华为公司 2019 年手机出货量为 2.385 亿台，首次超越苹果公司，跃居全球第二大手机供应商，占据全球智能手机市场份额 16%。苹果手机市场份额有所下降，2019 年手机出货量为 1.962 亿台，占据全球智能手机市场份额 13%。联想、realme 和传音根据出货量顺序分别排名全球的第七、第九和第十名，占据全球智能手机市场份额的 3%、2% 和 1%。前十大手机厂商出货量合计达 12.053 亿台，占全球整个智能手机出货量的 81%。

---

① 前瞻产业研究院《2019 中国五大新兴制造业迁移路径及产业发展趋势全景报告》部分研究成果及数据作为支撑。

表 6 - 1   2018 年、2019 年全球市场手机销量及市场份额占比

全球手机厂商	手机销量（百万台）		市场份额（%）	
	2018 年	2019 年	2018 年	2019 年
三星	291.8	296.5	19	20
华为	205.3	238.5	14	16
苹果	206.3	196.2	14	13
小米	119.0	124.5	8	8
OPPO	119.0	119.8	8	8
VIVO	102.0	113.7	7	8
联想	38.2	39.6	3	3
LG	40.8	29.2	3	2
真我	4.7	25.7	0	2
传音	18.0	21.5	1	1
其他	359.6	280.8	24	19
总计	1 505.3	1 486.1	100	100

资料来源：Counterpoint。

历年各季度全球手机销量如图 6 - 2 所示：

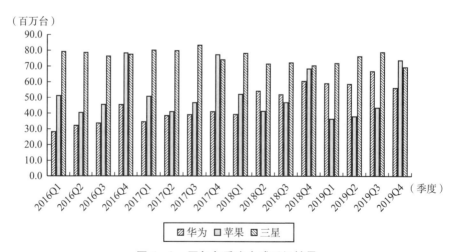

图 6 - 2   历年各季度全球手机销量

资料来源：Counterpoint。

通过图 6 - 3 可知手机厂商近 5 年营业收入的财报数据,苹果公司的营业收入最高,其次是三星、华为公司,最低的是小米公司。虽然苹果公司的营业收入增长速度有所放缓,但是盈利能力仍然是最强的。三星公司近三年营业收入逐年降低,但是仍然较第三名的华为公司高出很多。华为公司营业收入逐年稳定增加,与三星公司的差距逐渐缩小,2019 年的营业收入首次超过三星公司的一半。小米公司收入逐年增加,但是与第三名的华为公司差距较大,2019 年华为公司的营业收入为 1. 337 万亿元人民币,是小米公司营业收入 2 058. 39 亿元的 4 倍。

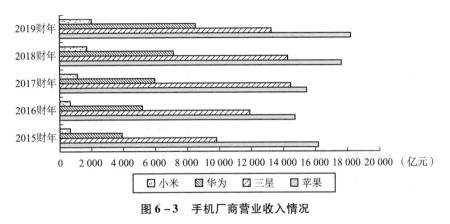

图 6 - 3　手机厂商营业收入情况

资料来源:Counterpoint。

通过图 6 - 4 可知手机厂商近 5 年净收入的财报数据,苹果公司的净收入也位居第一,其次是三星、华为公司,最低的是小米公司。2019 财年,苹果公司的净收入高达 3 920 亿元人民币,较 2018 年有所下降,但是仍然高于其他财年;三星公司净收入从 2017 财年的 3 170 亿元人民币逐年下降到 2019 年的 1 286 亿元人民币;华为公司净收入逐年提升,但是增速有所放缓,可能与美国实体清单的影响有关;小米公司自 2017 年由负转正后,净收入逐年增加,2019 年净收入较 2018 年增长 34. 8%。

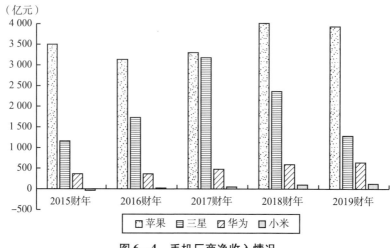

（亿元）

图 6 – 4　手机厂商净收入情况

资料来源：依据各企业财报数据整理。

3. 全球手机产业技术演进路径

手机产业迁移分为两个阶段：第一个阶段为发达国家向中国转移，中国已经成为手机最大生产国和消费国；第二阶段为中国向印度、越南等地区转移。从中国国内看，手机产业转移表现出三大特征：部分地区手机整机制造产业基本出清，部分地区逐渐崛起；广东地区始终保持其龙头地位；手机产业陆续向内陆转移，重庆地区表现最为突出。

（1）第一阶段：全球手机产能主要集中在中国。

从全球手机产业的发展历程看，手机市场的阶段性变化受到几个因素的影响，一是通信网络的代际发展，从 1G 到 4G、5G，直接导致了手机市场在增量市场与存量市场之间切换；二是手机产品的变化发展，这种发展有大哥大到功能机、功能机到智能机的颠覆式变革，也有像素、屏幕优化等升级式发展。因此，手机行业在不同时期，市场增长点也不同，从最初的功能驱动型市场发展到性能驱动型市场，并进一步要发展到智能型市场。手机产业发展历程如表 6 – 2 所示。

表 6－2   手机产业发展历程

移动通信技术	1G	2G	3G	4G	5G
开始时间	1983 年	1991 年	2001 年	2009 年	2020 年
中国时间	1987～2001 年	1995 年	2009 年	2013 年	
特点	世界第一台手机诞生。只能打电话	手机有 CPU、移动存储器、彩屏、摄像头，可以 WAP 上网、拍照、蓝牙传输	触屏改变了人机交互方式。智能手机时代到临，网速提升、视频通话	手机外观、材质、机身厚度、屏显发生变化、拍摄优化、生物识别	2017 年开始，全球手机出货量增速转负，全球智能手机由性能驱动转为智能驱动
	功能驱动	性能驱动			智能驱动

资料来源：前瞻产业研究院整理。

（2）第二阶段：向印度、越南等东南亚地区转移。

据 Counterpoint 统计，2019 年全球手机出货量为 14.861 亿台，其中排名第一的三星手机出货量高达 2.965 亿台；排名第二的苹果手机出货量为 2.385 亿台；紧跟其后的均为中国品牌：华为、小米和 OPPO 手机。

三星、苹果、华为、小米等手机品牌获得了全球市场的认可。通过汇总近几年以上主要手机品牌产能的转移动向可以看出，综合成本因素、中国市场饱和及印度等地区外资引进政策等多项因素，全球手机产业大有向越南、印度等地区的转移趋势。

以三星手机为例，随着中国人力成本的攀升，曾得益于中国充足廉价劳动力的三星电子为保持利润，正逐渐将其生产基地转移至越南、印度。三星手机以越南、中国惠州、印度为主要生产基地。2017 年，惠州工厂为三星生产了 6 257 万部手机，天津工厂年产量 3 600 万部，越南两家工厂生产 2.4 亿部手机。2018 年，三星关闭了天津、深圳手机工厂，并在越南建立了"超级工厂"，在胡志明市兴建了一座消费电子产业园，还在印度诺伊达建成了全球最大规模的智能手机工厂。在全球制造工厂往东南亚迁移时，元器件市场也随之发生改变，分销商会优先考虑迁移到产业配套完善的新加坡、马来西亚等地区，而越南、缅甸、老挝、印度等产业配套相对落后的地区，分销商持观望态度。全球手机产能转移动向及原因如表6－3所示。

表6－3 　　　　　　　　　　**全球手机产能转移动向及原因分析**

手机品牌	产能转移趋势	原因分析
三星	（1）在越南建立"超级工厂"、胡志明市兴建了一座消费电子产业园，在印度诺伊达建成了全球最大规模的智能手机工厂。 （2）关闭深圳工厂、天津三星通信技术有限公司	三星鼎盛时期，在中国的市场份额占比达到20%，然后随着国内手机品牌的崛起及三星电池爆炸等事件的影响，目前三星在中国市场的占有率不到1%。三星手机的主要出口地为印度、美国、巴西、印尼、中东、非洲，考虑到美国、韩国市场的高成本，三星将工厂向东南亚的印度等地迁移
苹果	纬创扩大位于印度新德里的OMD手机工厂产能、在印度班加罗尔新建工厂。富士康计划2020年前在印度新建12座工厂	中国市场基本饱和，而印度市场拥有巨大的红利，印度手机的普及率不及三成，且印度政府为解决就业为题，鼓励外商投资建厂
华为等中国厂商	几乎所有中国手机厂商华为、vivo、OPPO、小米等都在印度投资建立工厂	印度土地、人力、设备等成本较为低廉，而国内较高，且国内手机需求放缓，因此原本属于中国的手机工厂转移到印度等东南亚国家

资料来源：前瞻产业研究院整理。

6.1.3　中国手机产业集群演变

1. 中国手机产业发展现状

（1）中国是全球手机产业发展的核心。

2019年，全球智能手机用户数量增至32亿，年同比增长8.3%。中国拥有最多的智能手机用户（8.5亿），占全球智能手机用户数量的1/4

以上，如图6－5所示。预计到2022年，全球智能手机用户数量将达到39亿，2017～2022年均复合增长率将达到7.8%。这一增长大部分将由中东和非洲、拉丁美洲和东南亚等新兴区域所推动。

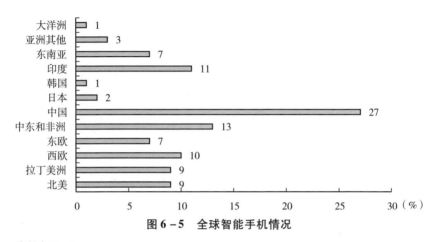

图6－5　全球智能手机情况

资料来源：Newzoo。

表6－4所示为2019年全球智能手机活跃用户数最高的前20个国家/市场。中国目前拥有最多的活跃智能手机用户。预计到2022年，中国都将是智能手机用户量最大的市场，2022年中国的智能手机用户将达到近10亿，印度的智能手机用户将达到3.5亿，美国则以2.6亿位列其后。

表6－4　　　　　　　　　2019年智能手机用户数前十的国家

国家	排名	总人口（亿）	智能手机用户数（亿）	智能手机普及率（%）
中国	1	14.20	8.51	59.9
印度	2	13.68	3.45	25.3
美国	3	3.29	2.60	79.1
巴西	4	2.12	0.97	45.6
俄罗斯	5	1.44	0.95	66.3

国家	排名	总人口（亿）	智能手机用户数（亿）	智能手机普及率（%）
印度尼西亚	6	2.69	0.84	31.1
日本	7	1.27	0.73	57.2
墨西哥	8	1.32	0.65	49.5
德国	9	0.82	0.66	79.9
英国	10	0.67	0.55	82.9

资料来源：Newzoo。

（2）国产品牌在国际崭露头角。

2019 年全世界活跃使用中的智能手机将达到 38 亿台，其中在中国的活跃设备约 11 亿台。截至 2019 年 6 月，三星是全球最受欢迎的智能手机品牌，拥有将近 9 亿台活跃智能手机，占全球总量的 1/4 以上。苹果手机仅次于三星手机，拥有 8.3 亿台活跃智能手机，市场份额达 23.6%。尽管苹果手机整体上位居第二，但 2019 年 6 月全球最受欢迎的五款智能手机都是苹果品牌，其中 iPhone 7 位列第一。三星公司则提供了一系列的中低端智能手机，在印度这样的新兴市场上表现极好，这对于该公司拔得头筹有很大的帮助。OPPO、华为和 vivo 手机依次位列第三至第五位（如表 6 - 5 所示）。

表 6 - 5　　　　前五名智能手机品牌（按月活/2019 年 6 月）

排名	手机品牌	活跃设备数量（百万台）	市场份额（%）
1	三星	898.5	25.4
2	苹果	832.9	23.6
3	OPPO	427.9	12.1
4	华为	384.0	10.9
5	VIVO	300.8	8.9

资料来源：Newzoo。

在活跃平板电脑方面，苹果公司在全球以大幅度领先优势排名第一。这家美国科技巨头拥有 1.6 亿台活跃平板电脑，占市场总额的 67.6%。在除中东和非洲外的所有区域，苹果都是平板电脑的头号品牌。而在中东和非洲，三星公司的市场份额也仅高出苹果公司 1%。全球范围内，三星是排名第二的平板电脑品牌，占全部活跃平板电脑的 15.3%。华为公司排名第三，占 5.8% 的市场份额。具体如表 6-6 所示。

表 6-6　　　　　　前五名平板电脑品牌（按月活/2019 年 6 月）

排名	平板电脑品牌	活跃设备数量（百万台）	市场份额（%）
1	苹果	160.0	67.6
2	三星	36.3	15.3
3	华为	13.8	5.8
4	联想	9.6	4.1
5	亚马逊	6.4	2.7

资料来源：Newzoo.

（3）中国手机市场高速增长后逐渐趋于饱和。

通过分析国家统计局数据，可以得到中国手机产量、增长速度呈现先增后减的规律（如图 6-6 所示），具体有以下三点：

第一，手机产量在 2010 年出现了一个急速增长点，即产量增至 9.98 亿台，增速达 46.39%，历年增速最高，这主要是由于 2010 年处于 3G 手机推广应用期和 4G 手机研发期，高中低端手机新品争奇斗艳，3G 手机产品市场扩大，数量小有规模。

第二，2017 年手机产量为 18.90 亿台，历年产量最高，一方面主要归功于智能手机的普及，4G 手机产量超过 7 成；另一方面，中国手机品牌在全球地位不断增加，性能和外观受到全球的认可，国外销量大幅增加。

第三，2017~2019 年中国手机产量逐年减少，一方面是因为近两年未出现革新的功能与设计，人们更换现有手机的想法比往年有所减弱；另一方面，从2010~2016年连续7年手机市场的快速发展使得手机市场整体较为饱和，加之目前手机产业处于发展周期相对不景气的阶段。

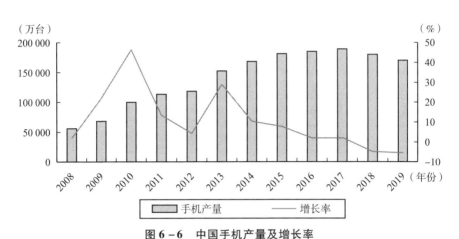

图6－6　中国手机产量及增长率

资料来源：国家统计局。

2. 手机产业价值链结构

手机产业价值链分为上游、中游和下游三个部分。上游主要包括产品和原料，如电子元器件、手机硬件，中游包括产品及服务集成，下游主要包括行业经销商及产品与服务的消费者（见图6－7）。

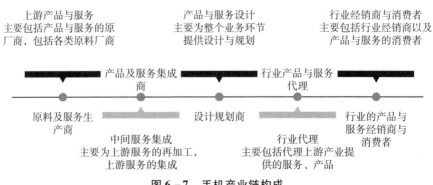

图6－7　手机产业链构成

（1）手机产业链的上游，显示屏、芯片、射频/天线等均是关键部件

①在显示屏方面。随着手机通信技术，尤其是5G技术的发展，数据传播速度越来越快，视频传播将成为信息传播的主要载体，而作为接收媒介的显示屏也迎来了前所未有的发展新机遇。随着5G手机的不断推出，OLED已成为许多手机厂商在5G手机显示屏上的首选，如表6-7所示。截至2020年，全球已建成AMOLED生产线25条，在建生产线3条，计划2条。中国大陆地区已建成生产线13条，总投资规模接近5 000亿元，仅6代柔性OLED面板产线中国内地已建和在建共有11条，2019年我国OLED产业规模达到186亿元，2020年我国OLED产业规模超过350亿元。

表6-7　　　　　　　　　　　手机显示屏搭载情况

手机品牌	手机型号	屏幕
华为	Mate30 Pro	OLED
华为	P40 Pro	OLED
荣耀	30 Pro	OLED
nova	7 Pro	OLED
小米	10/青春	AMOLED
小米	FindX2	OLED
OPPO	Ace2	Super AMOLED
VIVO	NEX 3S	AMOLED

资料来源：公开资料、中商产业研究院整理。

②在芯片方面。2019年中国集成电路产业销售收入为7 562.3亿元，同比增长15.80%（如图6-8所示），其中集成电路设计业销售收入为3 063.5亿元，同比增长21.6%，占总值的40.5%；晶圆制造业销售收入为2 149.1亿元，同比增长18.20%，占总值的28.40%；封测业销售收入为2 349.7亿元，同比增长7.10%，占总值的31.1%。

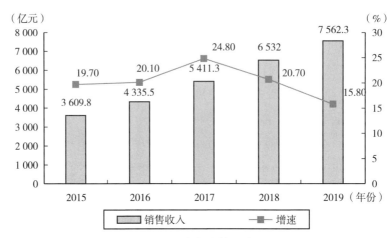

图 6 - 8　中国集成电路销售收入及增速

资料来源：国家统计局。

据国家统计局数据显示：2019 年我国集成电路产量为 2 018.2 亿块，同比增长 8.94%，总体呈现稳步增长趋势（见图 6 - 9）。

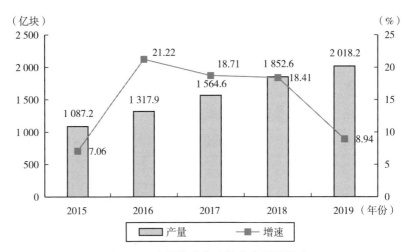

图 6 - 9　中国集成电路销售产量及增速

资料来源：国家统计局。

③在射频/天线方面。随着通信技术从 3G 到 4G 再到 5G 的不断发展，

射频器件的复杂度同样不断提升，而产品在设计、工艺和材料等方面也发生了递进性的变化。目前，国内射频芯片产业链已经基本成熟，涵盖从设计到晶圆代工，再到封测等环节（如表6-8所示）。但是从国际竞争力来看，目前国内的射频设计水平仍待加强。

表6-8   国内射频器企业

环节	主要厂家
圆晶	厦门三安集成、台积电、中芯国际、联电等
滤波器	天津诺思、好达电子等
PA	海思、络达、汉天下等
WIFI PA/PEM	三五微、康希电子、立积电子等
开关	卓胜微、展锐、等立积电子等
封测	华天科技、日月新、长电科技等

（2）我国手机产业集群主要处在产业链中游。

通过图6-10显示数据可知，2019年国内手机产量达到17.01亿部，

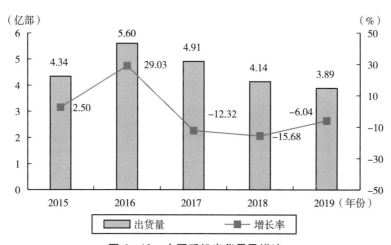

图6-10 中国手机出货量及增速

资料来源：国家统计局。

国内手机市场总体出货量达到 3.89 亿部，其中 2G 手机 1 613.1 万部，3G 手机 5.8 万部，4G 手机 3.59 亿部，5G 手机 1 376.9 万部。目前手机市场仍然以 4G 手机为主，5G 手机处于持续增长状态。据统计，2019 年 4G 手机仍占 95% 以上的市场份额，5G 手机占比不足 1%。到 2020 年，5G 手机推出，部分用户选择性更换手机，5G 手机市场份额持续上涨，4G 手机市场占比下滑。

3. 手机产业集群的空间布局

（1）分省产量。

手机产业在这些地区消失，转而向其他地区迁移，如湖南省、广西壮族自治区等地区产量从无到有，还有河南省、陕西省、安徽省等地区从 2010 年手机产量极低到 2016 年、2018 年的百万级、千万级产量，这主要是由于产业集聚效应的吸引和各地方政策的鼓励促成的结果，对比三个年度各个地区的产量分布可以看出，2010～2018 年内蒙古自治区、吉林省等地区的手机产量从有到无，产地逐渐迁移，主要是由于这些地区运输成本（距离远、气候）、生产成本（电力）相对较高所致。国内地区手机产量如表 6－9 所示。

表 6－9　　　　　　　　　　国内地区手机产量　　　　　　　　　单位：万台

地区	2010 年	2013 年	2016 年	2018 年
北京市	27 387.96	18 716.70	6 923.91	9 029.61
天津市	9 107.90	10 336.30	4 973.46	2 680.27
河北省	—			
山西省	—	2 387.60	2 693.44	1 979.40
内蒙古自治区	10.30	—	—	—
辽宁省	56.40	2 715.00	640.51	279.44
吉林省	126.11	—	—	—
黑龙江省	—			

续表

地区	2010 年	2013 年	2016 年	2018 年
上海市	129.38	4 384.90	4 801.43	4 729.04
江苏省	1 949.54	3 019.60	5 352.44	4 924.60
浙江省	2 406.09	987.80	5 099.60	5 317.57
安徽省	—	1.10	141.16	70.04
福建省	1 064.25	3 841.80	2 568.63	1 362.14
江西省	1 536.53	5 513.40	7 413.95	4 648.55
山东省	5 374.60	5 096.70	6 082.54	3 254.08
河南省	2.20	9 720.70	25 235.77	20 605.52
湖北省	454.18	714.80	6 220.68	4 373.56
湖南省	—	87.50	22.74	1 614.73
广东省	48 626.59	73 672.29	95 230.18	80 818.28
广西壮族自治区	—	—	545.68	345.62
海南省	—	—	—	—
重庆市	650.26	3 545.70	25 499.99	18 868.17
四川省	816.53	814.40	4 469.22	9 437.02
贵州省	118.49	4.70	1 858.53	1 956.02
云南省	—	—	37.02	1 897.64
西藏自治区	—	—	—	—
陕西省	10.05		8.46	1 655.07
甘肃省	—	—	—	—
青海省	—	—	—	—
宁夏回族自治区	—	—	—	—
新疆维吾尔自治区	—	—	—	—

资料来源：国家统计局。

（2）四大区域产量。

从东、中、东北和西部四大地区来看，2000～2018年的手机产量以东部地区最多，其次是中部地区，西部地区，最后是东北地区。东部地区所占比例呈现逐年递减的趋势，由2010年的0.9622递减到2018年的0.6246，中部地区手机产量相对2010年有较大幅度的增加，但是近几年所占比重变化不大，东北地区的收集比重在2013年前后有一个峰值，2018年递减到2010年水平，西部地区手机产量虽然不多，但是所占比重不断增加，从2010年的0.0160增加到2018年的0.1884。四大区域手机产量及其比重如表6－10、表6－11所示。

表6－10   四大区域手机产量   单位：万台

四大区域	2010 年	2013 年	2016 年	2018 年
东部地区	96 046.31	120 056.10	131 032.20	112 115.60
中部地区	1 992.91	18 425.10	41 727.74	33 291.80
东北地区	182.51	2 715.00	640.51	279.44
西部地区	1 595.33	4 364.80	31 873.22	33 813.92

资料来源：国家统计局。

表6－11   四大区域手机产量比重

四大区域	2010 年	2013 年	2016 年	2018 年
东部地区	0.9622	0.8248	0.6383	0.6246
中部地区	0.0200	0.1266	0.2033	0.1855
东北地区	0.0018	0.0187	0.0031	0.0016
西部地区	0.0160	0.0300	0.1553	0.1884

资料来源：国家统计局。

由此可知，东部地区的手机产量仍然是最高的，仍然是手机产量的主要产能地，但是比重有所下降，这主要与四川等西部省份手机产能不断提升有关，这也可能与东北省份人工、厂地等成本不断攀升有关，反观四川、贵州等省份，由于成本低廉，更多手机厂商愿意在此投资建厂。值得注意的是，我国的手机总产量最近几年有所下降，这与我国整体劳动力、厂地的成本提高有关，许多企业将产能逐渐迁向印度、越南等成本较低的国家。

（3）手机产业聚集。

中国手机产业主要有以深圳市、惠州市等为代表的珠三角手机产业集群，以上海市、杭州市为代表的长三角手机产业集群，以天津市、北京市等为代表的环渤海手机产业集群，以成都市、重庆市为代表的成渝手机产业集群，以郑州市等为代表的中原手机产业集群，以贵阳市、遵义市等为代表的黔中手机产业集群①。

①珠三角手机产业集群。

珠三角几乎涵盖了全国主要的手机生产企业，2019年广东省手机及通信终端企业超过两千家，国内除小米、联想外的主流手机华为、VIVO、OPPO、中兴等总部都设在广东省，并在广东省建厂，国外主要手机品牌，如苹果、三星等也以广东省作为代工和研发基地。

珠三角一直是全球最大的手机生产基地，得益于基础、应用和创新"三驾马车"的共同拉动，逐渐发展成为国内智能手机的主要生产基地。第一，广东省拥有手机产业发展的核心基础，包括产业基础、设施基础和用户基础。第二，应用已成为智能手机产业快速发展的原动力，广东省在移动互联网、"互联网＋"等方面的应用领先全国。此外，广东省电子商务交易量和跨境电商交易额均位居全国首位，广东省网络游戏业务收入居全国首位，移动支付总金额排名全国首位。第三，创新已经成为广东手机产业发展的加速器，广东省在技术创新方面投入强度大，市场创新方面掌握了先发优势，并精心部署营销策略。

---

① 手机产业集群以珠三角、长三角、环渤海三个为主，逐渐向中部、西部迁移。

发展现状：由于受到土地成本、劳动力成本上浮等因素影响，沿海手机产业逐渐向内陆转移，其中重庆表现尤为突出，目前重庆已形成以整机生产厂家为中心，以摄像头、显示模组、触摸屏、玻璃盖板、主板等关键零部件生产为配套的产业链，2016～2019 年重庆产量位居全国第二，成为中国手机"第二城"[6]。

②长三角手机产业集群。

长三角地区是世界第六大城市群，具有强大的经济基础、聚集人才优势和区位优势，形成了以上海、杭州为全球研发设计中心，周边的昆山、苏州、无锡等腹地为生产基地的"研发—生产"联动发展，形成从制造商与营运商相互配合、内容提供商支持、手机芯片厂商与软件厂商相互合作一体化运作的手机产业链。

上海、南京、苏州、杭州、宁波等城市都已经形成较为完整和成熟的电子信息产业集群。其中，在集成电路领域，上海已成为国内产业链最完整、产业集中度最高和综合技术能力最强的区域，也培育了中芯、华力等营业收入居全球前六的芯片设计制造企业。2019 年中国集成电路产业规模前十的城市中，长三角占据一半。在项目方面，上海紫光展锐集团、中芯国际、华虹集团都已经分别与浙江、江苏等地区签约，围绕设计和制造项目展开合作。根据"一极三区一高地"的战略定位，长三角要建设成为全国发展强劲活跃增长极、高质量发展样板区、率先基本实现现代化引领区、区域一体化发展示范区和新时代改革开放的新高地，即围绕跨区域产业链分工与协作打造世界级产业集群。

发展现状：长三角手机产业集群具有较高的集群开放度和较强的集群吸收能力，正形成以研发和技术人员的非正式联结为集群的技术传播源、以产学研联盟等合作组织形式为互惠交流媒介的创新型集群。

③环渤海手机产业集群。

环渤海手机产业集群主要是指在北京、天津、山东等地区形成的由中小企业组成的手机领域的聚集。

北京高校和科研机构密集，科研人才数量多，科研力量强，属于典型的科技带动型和园区规划型手机产业集群模式。天津依靠直辖市的政策支持，与北京临近的地理优势及传统的机械制造，逐渐形成了手机产业集群。山东省手机产业集群是以传统制造业和传统服务业为主，因此主要以手机生产为主，如烟台富士康的工业总产值在中国大陆八大工业园区中居第三位，仅次于深圳与上海园区，是山东半岛最大的 3C 产品工业基地和山东省第一出口大户，目前以富士康、浪潮 LG 为龙头的电子信息产业集群主营业务收入近 3 000 亿元，以通用东岳为龙头的机械制造产业集群主营业务收入突破 4 500 亿元，形成了独具特色的龙头企业引领、产业链条延伸、中小企业配套跟进、空间布局相对集约的手机产业集群发展模式。

发展现状：以跨国公司为主导，有较高的生产效率、竞争优势、集群效益，但是随着三星的战略布局逐渐转向印度、越南等地区，手机产业也逐渐从天津地区迁移出。2018 年 12 月底关闭天津的手机工厂，2019 年开始天津地区的手机制造产业几乎出清。

6.2　全球价值链视角下华为手机产业集群质量升级案例分析

获得中国质量领域最高政府性荣誉"中国质量奖"的华为，已经成为世界级的产品质量标杆，高质量的产品得益于其"零缺陷"的质量管理体系。华为构建的"零缺陷"质量管理体系由标准、计量检测、认证认可及质量文化等方面构成，对其产业链的质量升级产生了巨大影响。

6.2.1　华为核心供应商中中国分量越来越重

2018 年 11 月，华为对外公布 2018 年 92 家核心供应商名单，其中美国厂商数量最多，高达 34 家，其次中国大陆厂商有 25 家，日本厂商 11 家，中国台湾 10 家，剩下的 13 家厂商来自中国香港、韩国及欧洲的德国、瑞士、荷兰、法国[①]。

美国厂商高筑技术护城河，占据核心部件供应环节。在美国的核心供应商中，芯片厂商有高通、英特尔、博通、英伟达、AMD 等全球第一梯队的芯片商，基站 FPGA、CPLD 芯片有赛灵思，基站射频端厂商有德仪、亚德诺、思佳迅，光模块电芯片厂商有 Inphi，服务器存储领域有美光，操作系统领域有微软、红帽。

中国大陆厂商工艺积累相继释放，国产替代趋势逐步演绎。中国大陆入选厂商共 25 家，其中有光通信领域的光迅科技、亨通光电、长飞、华工科技，生产光纤光缆的中利集团，连接器领域的立讯精密和中航光电，国产 PCB 三巨头深南电路、生益电子、沪电股份，以及手机盖板供应商京东方、深天马、蓝思科技，声学器件厂商歌尔股份。此外，还有供应链管理领域的中国外运和顺丰控股，顺丰控股因收购 DHL（敦豪）在华对接华为的业务而入选。

总体来说，我国厂商在通信上游一般性组件（模组件、连接器等）和重要部件（天线、摄像头、电池、主板）等领域已经涌现出一大批有相当实力的企业，在射频器件（除芯片）、光模块领域已实现部分可控，正在缩小与国产厂商之间的技术差距，国产替代趋势正在演绎。

国内外核心供应商业务分布如表 6 - 12 所示。

表 6 - 12　　　　　　　　　国内外核心供应商的业务分布

光器件	通信器材	芯片	存储	摄像头/声学	原始设备制造商
·光迅科技	·安费诺	·英特尔	·美光科技	·索尼	·富士康
·新飞通	·美满	·思佳迅	·希捷	·大立光电	·华勤通讯

---

① 名单来自"2018 华为核心供应商大会"。

光器件	通信器材	芯片	存储	摄像头/声学	原始设备制造商
·菲尼萨	·迈络思	·德州仪器	·西部数据	·舜宇光学	·比亚迪
·Lumentum	·村田	·Qorvo	·SK 海力士	·瑞声科技	·伟创力
·高意	·晶技股份	·博通	·东芝存储	·歌尔声学	测试
·联恩电子	·中利集团	·新思科技	·南亚科技	·伯恩光学	·思博伦
·亨通光电	·Sumicem	·英飞凌	·旺宏电子	手机盖板	·是德科技
·住友电工	·富士通	·日月光集团	显卡	·京东方	数据保护
·耐克森	连接器	·意法半导体	·AMD	·深天马	·康沃系统
·古河电工	·莫仕	·台积电	电路器件	·三星	金融服务
·罗森伯格	·立讯精密	·恩智浦	·新飞通	·蓝思科技	·美国国际集团
·长飞	·中航光电	·联恩电子	印制电路板	电源	供应链管理
·华工科技	·灏讯	·联发科	·迅达科技	·安森美半导体	·中远海运集团
软件	·广濑	·中芯国际	·生益电子	·Inphi	·中国外运
·红帽	无线通信技术	集成电路	·沪市电子	·三菱电机	·顺丰
·微软	·高通	·赛灵思	·铿腾电子	·阳天电子	
·铿腾电子	·罗德与施瓦茨	·赛普拉斯	·深南电路	·核达中远通	
·甲骨文		·亚德诺	·华通电脑	·航嘉	
·风河		·Inphi		·松下	
·SUSE				·新能源科技	

注：·代表供应商名称。

6.2.2　华为在标准制定方面领先全球

华为的标准化之战，经历了 2G 时代的空白，3G、4G 时代的追赶，5G 时代的领先。2G 时代，爱立信获得全部专利；3G 时代，形成欧洲、美国、中国三足鼎立的局面，华为 2G 到 3G 的转化技术获得突破，迅速崛起；4G 时代，华为的专利、标准世界领先，其他企业衰落；5G 时代，华为一枝独秀，领先全球 2 ~ 3 年，且标准制定最多。

1. 在研发投入方面的进展

科学技术是第一生产力，研发投入会用到诸如手机芯片、5G 基站等地方，涉及手机的各个方面，从而催生大量专利，奠定华为在标准制定方面的优势。研发投入最终反映到产品竞争力上，特别是研发企业。华为研发基本情况如表 6 – 13 所示。

表 6 – 13 华为研发基本情况

年份	研发投入费用（亿元）	研发投入占总收入比重（%）	研发人员数目（万人）	研发人员比例（%）
2015	596	15.1	7.6	45
2016	764	14.6	8.0	45
2017	897	14.9	8.0	45
2018	1 015	14.7	8.0	45
2019	1 317	15.3	9.6	49

资料来源：依据华为年报整理。

从表 6 – 13 中近五年的研发情况来看，研发费用呈现逐年递增的趋势，在 2019 年的研发费用高达 1 217 亿，国内排名第一位，国际排名前五位。华为每年的研发费用保持超过 20% 的增长率，按照这样的速度，未来 3 ~ 5 年有望成为投入研发费用全球排第一位的公司。华为每年研发投入比在 15% 左右，2019 年高达 15.3%，在国内排名第一，在国际中远高于苹果公司（5.4%）和三星公司（7.8%），这表明在技术研发方面，华为要比苹果、三星更愿意投入。

2. 在发明专利方面的现状

发明专利数量代表了一个企业的创新力度，专利越多，证明研发投入、创新更为积极，制定标准机会越多。专利是华为品牌在全球传播、华为手机销量大幅增长的重要支撑。

通信领域的最大特性是标准化，而标准化的实力象征是专利，从2015～2019 年华为专利数目可以看出（如表6－14 所示），华为的专利数量处于领先地位，尤其是最近两年，国内授权数量及国际申请数量均是第一。

华为在 2G、3G 和 4G 时代，向苹果公司许可了 800 余件专利，向高通转让了 126 件专利，与三星开展全球专利战，这些是华为专利作为武器的用途，间接证明了华为专利质量。如今 5G 时代，华为其标准必要专利数世界最多，占比达到 15%。

表 6－14　　　　　　　　　　华为历年专利数及排名

年份	国内专利授权数（件）	国内排名	国际专利申请数（件）	国际排名
2015	2 413	3	3 898	1
2016	2 690	2	3 692	2
2017	3 293	2	4 024	1
2018	3 369	1	5 405	1
2019	4 510	1	4 411	1

资料来源：国家知识产权局、世界知识产权组织。

3. 参与国家/国际标准的情况

华为一方面在标准组织、产业联盟、开源社区等各类产业组织中积极贡献，加速产业发展，做大产业空间；另一方面，围绕客户商业场景，构建、参与开放使用平台和商业联盟，联合生态伙伴开放式创新，快速提供适配需求的客户化解决方案，帮助客户构筑数字化转型领先优势，加速商业成功；与此同时，华为与全球多个国家的政府合作，携手产业合作伙伴共同为各国 ICT 及产业数字化转型献计献策，助力 5G、AI、IoT、云等新技术促进各国经济发展[7]。

（1）华为积极参与标准化组织。华为加入了包括国际电工委员会（IEC）、第三代合作伙伴计划（3GPP）、电子和电气工程师协会（IEEE-SA）、宽带论坛（BBF）等在内的 400 多个标准组织/产业联盟/开源社区，担任超过 400 个重要职位。华为已通过 ISO/IEC 20000（IT 服务管理）、ISO/IEC 27001（信息安全）等一系列的第三方认证，并成功地通过了全球 Top50 运营商中的 31 家，以及重点企业/行业客户的全面认证和例行评估、审核，成为客户面向未来转型的战略合作伙伴。

（2）华为为国际标准化制定贡献力量。华为于 2014 年开始逐步加大参与 IEC 国际标准的力度，逐步参与 IEC 市场战略局，以及标准化管理局的工作。在市场战略局中成为市场战略局董事会成员，参与和推动系列产业白皮书，同时华为也在 IEC 标准化管理局中参与众多标准化技术委员会标准。2018 年，华为解决方案生态伙伴梳理新增 2 000 多家，总数突破 5 000 家。2018 年提交 AI、数据安全和保护、消费者等领域的标准提案超过 5 000 篇，累计提交近 60 000 篇。

（3）华为通过技术创新与标准相结合融入欧洲标准及产业体系。华为标准革命之路中坚持开放式技术创新，促进产学研合作共赢，将技术创新与标准相结合，在欧洲主流组织，如欧洲电信标准化协会（ETSI）等中体现价值，通过合作、开放逐步融入欧洲标准及产业体系。华为创新研究计划已与全球 30 多个国家和地区的 400 多所研究机构及 900 多家企业开展创新合作，基本覆盖全球前 100 名的高校，100 多位 IEEE、ACM Fellow 及国家院士，50 多个国家重点实验室，近 400 个顶尖团队，以及 2 个诺贝尔奖得主团队等大量优质资源。

6.2.3 华为在计量检测方面通过合作获取优势地位

手机计量是利用技术和法制手段来校准、检定手机，以衡量和保证手机所获得测量结果的可靠性。作为一家无线和固网设备市场通吃、自研芯片和手机终端兼具、产品极其全面的厂商而言，无论是其 5G 核心网设备、无线基站、固网设备，还是芯片、手机终端，都需要精密的测试仪器仪表进行测试，以保证系统设备的性能、网络性能和质量、终端的安全性。

华为产业庞大，但是自我研发计量检测仪设备尚无必要，因此投资与第三方测试仪器仪表供应商合作是最优的选择。华为选择的计量检测包括全球领先的测试仪器仪表和通信相关测试解决方案供应商，如美国的德科技、思博伦，德国的罗德与施瓦茨，日本的安立等，它们无论在技术还是在市场上均已建立了先发和顶端优势。考虑到美国对华为的持续打压，以及云谲波诡的全球科技供应链形势，外企测试厂商与华为的合作充满不确定性，华为在努力寻求继续与外企测试厂商合作的同时，也发展一些中国本土的测试合作伙伴，如与星河亮点、新天科技、中电科仪器仪表及中国电子技术标准化研究院、广电计量等均有合作。

华为与国内外的计量检测企业及机构的合作主要包括两个方面：一是在最新5G领域的合作，二是在传统领域的合作。5G领域主要包括：材料与芯片测试、模块与器件测试、终端测试、基站测试、网络测试等类别仪器产品的5G通信测试仪器产品体系，以及向5G产业链和运营服务各环节、场景提供系列化的测试仪器产品和解决方案。传统领域主要包括：环境试验，来验证手机在综合环境因素作用下能否实现所有预定的性能和功能不被破坏；电磁兼容检测，来验证手机在其电磁环境中符合要求运行并不对其环境中的任何设备产生无法忍受的电磁干扰的能力；可靠性测试，来评估手机在规定的寿命期间内，在预期的使用、运输或储存等所有环境下，保持功能可靠性而进行的活动。

6.2.4　华为在认证认可方面取得国际领先地位

华为根据 ISO 系列建立了可持续发展管理体系，并通过第三方认证，从组织上和流程上确保了华为产品研发和生产过程的可信。先后顺利通过了 ISO 9001 质量管理体系、ISO 14001 环境管理体系和职业健康管理体系三大体系认证，企业整个管理水平、产品的质量、企业的形象和品牌的知名度得到大幅提升。

1. 管理体系类认证

华为已通过包括 ISO/IEC 20000（IT 服务管理）、ISO/IEC 27001（信息管理安全体系）、ISO/IEC 29151、BS 10012 等国际安全认证，加上已获得的 ISO 27018 认证，至此华为获得了管理体系领域所有最具影响力的权威认证。华为依据 ISO 28000 并参考运输资产保护协会（TAPA）、海关 – 商贸反恐怖联盟（C – TPAT）要求建立了供应链安全管理体系，并获得 ISO 28000 认证（中国供应中心、欧洲供应中心、墨西哥供应中心），获得了 C – TPAT 会员资格。华为参考开放可信技术供应商标准（OTTPS）优化自身的开发和供应链管理实践，并正在进行 OTTPS 认证。

2. 产品认证

华为将信息技术安全性评估标准（CC）、联邦信息处理标准（FIPS）等国际广泛认可的网络安全认证标准和要求融入产品研发过程，同时积极引入第三方实验室对产品进行认证。如华为自主研发的 TEE OS 微内核获得了业界最高等级的安全认证 CC EAL5 + 的认证，华为获得的全球认可的 5G 移动通信基站设备安全认证是公司首个 5G 基站设备获得的国际安全通用标准 EAL4 + 认证。截至 2019 年 4 月，华为累计通过产品安全认证 242 项，包含 43 张 CC 认证，6 张 CC EAL4 + 认证，20 张 FIPS 认证，15 张 PCI 证书等，覆盖国际主流的 CC、FIPS、隐私、云安全等领域。

3. 华为云隐私保护认证

为给用户提供一个从云平台到云服务都安全可信的环境，华为云不断将最严格的国际安全标准作为目标，不断对齐并优化自身的安全能力，努力搭建出世界一流的安全合规认证体系。华为云在 2019 年还获得了如表 6 – 15 所示的国际安全标准的认证和复审（部分）。

表 6 – 15 华为云的保护认证

序号	标准	内容
1	ISO/IEC 27701 标准	旨在帮助组织机构保护和控制所处理的个人信息。标准将隐私保护的原则、理念和方法，融入到网络安全和隐私保护体系中，给企业提供了最佳实践和指导建议
2	ISO/IEC 29151 标准	旨在防止个人隐私数据被滥用、泄露、更改、破坏等，为企业保护用户个人隐私数据提供了大量的最佳实践
3	BS 10012 标准	全球首部个人隐私保护的标准。因为按欧盟通用数据保护条例（GDPR）进行了更新，所以该标准既要求企业满足国际通用的个人信息保护标准，又要求企业符合 GDPR 的要求
4	ISO/IEC 27018 标准	全球首个专注于云上个人数据保护的国际准则，确保个人隐私数据在被云服务商处理时得到适当的保护
5	ISO 22301 标准	全球首个公认的、衡量企业服务连续性能力是否满足社会责任和客户承诺的唯一标准
6	ISO 27001 标准	国际上被广泛接受和应用的信息安全管理体系认证标准
7	ISO 27017	针对云计算信息安全的国际认证，提供了云服务特有的安全实践指南和控制措施，以解决云上的信息安全威胁和风险
8	CSA STAR	针对云安全水平的权威认证，旨在应对与云安全相关的特定问题，协助云计算服务商展现其服务成熟度的解决方案

资料来源：华为云官方。

华为云推出的普惠安全体系，将自身的安全能力嵌入到云平台和云服务中，方便用户随时使用，并相继推出了"100 万台免费的企业主机安全服务"计划、密钥管理服务嵌入所有基础云服务等。为方便用户自行搭建符合业务需要的安全体系，华为云以保障用户网络安全和隐私保护为核心，打造出了覆盖网络安全、数据安全、主机安全、应用安全和安全管理五大领域的 20 多款安全产品，包括 Web 应用防火墙、DDoS 高防、敏感数据保护服务等，以帮助用户抵御网络攻击、满足合规要求。

6.2.5　华为在质量文化方面形成独特优势

1. 华为企业文化

企业文化是企业发展的灵魂，它决定一个企业的性格及命运。华为的企业文化融入日常的管理之中，从员工进入企业之日起，即为企业价值观贯彻之时，如图 6 - 11 所示。

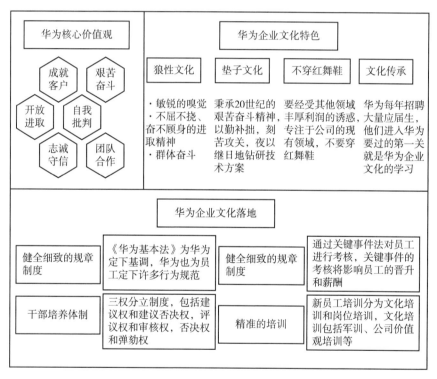

图 6 - 11　华为企业文化

2. 华为质量文化

质量管理科学的发展可分为四个阶段，第一阶段是脱离生产的专职质检，第二阶段是基于数理统计的质量预测，第三阶段是基于系统工程的全面质量管理，第四阶段是"零缺陷"质量文化。国内 IT 企业的质量管理水平多数处于第一阶段和第二阶段，极少数正在步入到第三阶段，而华为是唯一一家已经进入到第四阶段的国内企业[8]。

华为的质量文化是华为企业文化的重要组成部分。华为的质量文化观可以总结为：一个中心、两个方法、三个层面、四个关键。十个要素组成的质量文化被牢记在公司每个员工的心中，并塑造出了华为产品以质量和创新为核心的灵魂。

（1）一个中心。华为质量文化建设的中心，就是要持续营造质量改进紧迫感的氛围。人们对事情的关注度和这件事的重要性和紧急性相关，这是因为仅描述质量有多重要是不够的，还要想办法去证明它的紧急性。从质量文化的角度，华为的每一项政策要持续营造一种紧张感、忧患意识，推动华为不断向前。

（2）两个方法。华为形成了"一阴一阳"两个质量文化建设的方法。从改进的顺序看，自上而下的改进是阳，自下而上的改进是阴，前者强调领导的参与，后者强调全员的参与。从改进的方向看，正向改进是阳，逆向改进是阴，前者根据组织的愿景、目标、战略分解到执行闭环，后者从关键问题入手，分析过程的关键节点和根本原因。从激励的手段看，"胡萝卜"是阳，"大棒"是阴，前者是正向激励，后者是负向激励。

（3）三个层面。华为质量文化分为人理层、事理层和物理层三个层面。人理层要解决的是"人脑"问题，即统一人的质量意识和价值观，围绕客户需求和产品质量寻求质量改进的机会，实施有效的改进活动。事理层告诉员工如何正确做事，通过各阶段的质量评审和测试，确保产品质量得以保证。物理层谈的是能力和技术层面，相对应的是质量方法和工具，主要有 QC 工具、全面质量管理、QC 小组等，帮助华为找到并解决质量问题。

（4）四个关键。华为质量文化建设的"四个关键"为理解客户、主管带头、全员参与、夯实楔子。理解客户，以用户大会、第三方满意度调查等为平台，打通客户声音的传递渠道等；主管身先士卒，带动企业明确方向、统一思想；全员参与，能够统一行为、形成合力，培养团队良好习惯；夯实楔子，能够保证产品改进的成果得到有效固化，已有的实践得到夯实。

6.3 全球价值链视角下苹果手机产业集群质量升级案例分析

6.3.1 苹果公司的产业链中中国地位不断攀升

苹果公司上游产业不断向中国集中，中国内地及中国香港地区核心供应商数量增多。梳理 2015 ~ 2020 年苹果公司公布的 200 家核心供应商名单[1]，发现 2019 年位于中国内地、中国香港、日本、韩国和中国台湾的核心供应商数量占比接近 70%，其中来自中国内地、中国香港的供应商数量达到 41 家，相比 2018 年增加 6 家，仅次于中国台湾，排名第二。

供应链中中国工厂数量不减反增，占比不断提升。从工厂数量变化来看，在中美贸易摩擦大背景下，2019 年苹果公司全球 807 家工厂中，有383 家设在中国，相比 2018 年增加了 27 家。中国工厂数量占比也从 2015年的 44.9% 提升至 47.5%[2]，反映出中国制造势力在不断扩大。中国产业链在苹果公司供应链的总体地位仍呈现上升态势，中国本土供应商入围数量连年增加带动了本土产业链工厂数量的上升。

---

① 数据来源：《苹果 2019 供应商责任报告》。
② 数据来源：苹果公司，东莞证券研究所。

6.3.2　苹果公司在标准制定方面处于主导地位

一流企业制标准，二流企业卖技术，三流企业做产品。作为一流企业的苹果公司握有大量的标准必要专利，其技术被标准制定组织接受并由此成为行业标准，以后在专利交叉授权中便可降低成本。苹果公司在标准必要专利数量方面占据优势（如表6－16所示），并在核心技术方面有较强的影响力和控制力，能够左右产业链上下游的厂商。

表6－16　　　　　　　　　苹果公司历年美国专利数

年份	专利申请数（件）	美国专利排名
2015	1 938	11
2016	2 102	11
2017	2 229	10
2018	2 160	9
2019	2 490	7

资料来源：美国专利商标局数据库。

苹果公司的品牌效应、市场规模已经形成，苹果手机集成了数百个零部件，这些零部件来自于苹果手机供应链的上千个厂家，遍布于全球各地，但是相关的技术专利却掌握在厂商手中，比如高通的芯片等。虽然苹果的专利数量比华为、三星公司少很多，但是由于苹果掌握了核心技术，可做出高标准、高质量、高溢价的手机，因此能够成为行业的第一。这即为苹果公司作为智能手机市场中产品毛利和净利最高的厂商，2010年前后的专利大战中胜出的厂商，在5G商业化之际，却没有在5G标准必要专利中提交大量申请的原因。

1. 标准必要专利是苹果公司获利的必要非充分条件

为了解决信息、功能孤岛问题，国际上成立了许多标准化组织，例如涉及通信标准的 3GPP，蓝牙标准组织 SIG，无线充电标准组织 Qi Wireless 等。上述组织推动不同厂商间标准的统一，一旦成为标准，无论 5G 标准，还是蓝牙 5.0 等标准，会变成公共的基础设施。每个厂商只需付一定的费用，就可以使用上述产品或服务。对于标准必要专利，每个标准组织不会要求披露，但是参与制定标准的厂商应根据公平合理无歧视原则（即 FRAND 原则）授权给被许可人。对于苹果公司而言，只要产品具有 60% 以上的毛利，即使没有足够的标准必要专利，只需按照 FRAND 原则获得许可，并不会影响产品的正常商业销售。

2. 标准形成周期长，购买也是一种途径

标准的形成需要大量的基础研究和长期的技术跟踪。以通信标准为例，一代通信技术至少需要 10 年的持续研究和工程开发，而且全球的组网部署的制式并不完全统一，例如 3G 包括三种制式（CDMA2000、WCD-MA 和 TD－SCDMA），4G 包括两种制式（FDD－LTE 和 TDD－LTE）。目前，5G 标准 R15 已冻结，并不能完全实现全部的 5G 技术标准，R16 于 2020 年 6 月冻结，R17 已于 2022 年初完成。如此长的研发周期加之不同标准间的激烈竞争，使得参与研发 5G 通信基站和基带芯片的公司越来越少。由于苹果公司的核心技术并不在通信模块，尽管通信标准相关的技术属于核心技术，但是只要市场有充分竞争、保证供应，并不需要在这方面大力投资。

苹果公司可以凭借自己雄厚的收入，购买自己需要的专利，而且已经有先例，如苹果公司支付了 20 亿美元，获得了包括长期演进（LTE）相关的 4G 标准必要专利。虽然价格看似昂贵，但是对于苹果公司而言，好处也是显而易见的，专利大战的"军火库"立即充实起来，而且这些专利是在用的技术标准，不存在技术判断错误的研发风险，也不需要长期的技术积累。

3. "特色专利"是苹果公司的核心竞争力

作为一家以软件为核心的产品公司，其研发的优先级排序为：软件＞硬件＞基础研究。对于软件专利，虽然其在美国已经非常普遍，但是纯软件专利中标准必要专利仍然只是小部分。对于基础性研究，苹果公司比较多采用拿来主义，用并购小型技术公司或技术采购的模式获取。对于已经有一定成熟度的技术，苹果公司需要做得更多的是工程开发，这也会导致标准必要专利较少。

苹果公司标准必要专利不多并不代表其不重视专利，苹果公司围绕改善用户体验和使用场景申请了大量专利。例如早期的滑动解锁触控交互类专利，语音交互类专利，体感交互类专利，外观设计专利等。苹果 Air-Pods 中的蓝牙监听专利，尽管不是蓝牙的标准必要专利，但是造成竞争对手为规避该专利大大延迟推出类似的真无线耳机。AirPods 售价千元以上，还能独霸一半的市场份额，这个"特色专利"功不可没。苹果这些"特色专利"是其核心专利之一，且由于没有反垄断的风险，反而更有用武之地。

4. 企业类型决定专利的不同

标准必要专利虽然很重要，但体现公司产品/服务差异化竞争力的"特色专利"同样重要。不同公司可以根据不同的公司文化、核心竞争力、商业模式确定不同的专利申请策略。高通等的技术驱动类公司，侧重技术类标准必要专利，苹果等品牌驱动类公司更多考虑"特色"专利，而华为、三星公司介于两者之间，偏重技术驱动。

如表 6-17 统计，三星公司的美国专利总数最多，高达 20 万件，而高通略多于苹果公司，远远少于三星公司，考虑到苹果公司的产品线非常多，高通公司主要集中在芯片和通信领域，而高通公司产品线的专利密集度要远高于苹果公司。从标准必要专利来说，三星、华为和高通公司要远多于苹果公司，但是从市值来说苹果却远多于三星和高通，在沙特阿美上市之前，苹果公司作为全球市值最高的公司，市值是三星和高通总和的两倍多。

表 6 – 17 各品牌公司专利数及对比

品牌	授权专利（万）	公开申请（万）	合计（万）	市值（亿美元）
苹果	2.3（美国）	0.9（美国）	3.2	15 000
高通	2.5（美国）	1.4（美国）	3.9	1 000
三星	11.9（美国）	8.6（美国）	20.5	3 000
华为	8.5（全球）	—	—	2 600（估计）①

资料来源：美国专利商标局数据库。

6.3.3 苹果公司在计量检测、认证认可方面优势明显

苹果公司的计量检验与华为等手机厂商类似，但是又有差别，差别主要体现在苹果公司对计量检验的厂家有着更为严格的要求，常见的有 MFi 认证。

1. MFi 认证在苹果产品质量控制中的作用

MFi 是苹果公司的一种标志使用许可 "Made for iPhone/iPad/iPod" 的英文缩写，通过该认可的配件厂商可以生产苹果的外置配件。对于所有申请 MFi 认证的公司，苹果公司均会进行严格的审核，在这期间申请企业可以不断修改产品设计、参数直至达到苹果公司的要求，这个过程长达 5 个月，且一个品牌只有 3 次申请机会。申请 MFi 认证需完成两次认证，分别是产品开发认证和生产资质认证，厂商需要交纳价格不菲（2 000 美元左右）的申请费用，且 95% 以上厂商的申请不能通过。

从苹果公司自身的角度考虑，为了有效巩固评估打造的生态系统，只有通过 MFi 认证的芯片，才能跟苹果公司的产品（iPhone、iPod，iPad）进行连接通信，且苹果公司对供应链条有严格的监督机制，保证只有那些

---

① 注：华为属非上市企业，对于非上市企业估值一般依据利润额的 30 倍计算，华为 2019 年净利润为 627 亿元人民币，倘若 30 倍市盈率，对应市值为 1.88 万亿元人民币，约为 2 600 亿美元。

满足苹果公司要求和规范的外接设备才能加入苹果公司生态圈中，否则剔除企业需求名单。

从生产商的角度考虑，获得苹果公司的官方授权意味着可以扩大产品销售渠道，同时由于苹果公司零部件供应商的标签可以获得其他企业的订单。这是因为：提交 MFi 认证过程中，硬件设备需要经过苹果公司要求的 ATS 自测及苹果公司的严格测试，产品质量更有保证，不到 2% 的认证通过率使得获得 MFi 授权成为技术与质量实力的一种标志。

从苹果公司系统研发人员角度考虑，由于 MFi 认证是由硬件生产商主导进行申请的，是苹果公司对外设配件的一种认证和授权，但是很多外设配件跟苹果设备进行连接，并不只是跟系统设备硬件连接就可以完成对应的功能，还需要苹果系统的配合，由苹果系统跟对应外设配件进行连接和通信，传输相关的控制命令对外设配件进行控制，或者传输相关的外设数据进行展示。

2. MFi 认证是通过苹果公司认证的基础

常见的 MFi 认证有：

MFi Carplay，苹果公司推出的车载系统，可以帮助驾驶者更好地和设备进行互动，同时可以让他们继续关注路面状况。

MFi Airplay，隔空播放是苹果公司的在 iOS 及 OS 中加入的一种播放技术，可以将 iOS 和 OS 的视频、照片和镜像的文件传送到支持隔空播放的设备，如 HomePod 和 Apple TV。

MFi Homekit，Homekit 是苹果公司自 iOS10 开始提供的智能家居平台，用户可以使用苹果设备配置，允许第三方将认证过的智能硬件接入 iOS 系统中，并且通过 Siri 控制。

MFi 工厂审核，苹果公司委托香港德勤会计师事务所到企业现场进行审计，主要包括财务完整性、销售记录、集成系统、库存管理和 MFi 门户操作。

3. 苹果公司参与国际标准认证的进展

自 2015 年以来，苹果公司已经针对 iOS 的每个主要版本实现了通用标准（ISO/IEC 15408）认证，并将覆盖范围扩展到移动设备认证（操作系统/硬件平台）和应用程序认证两个部分。2019 年的覆盖范围包括 iPadOS 版本及未来 iPadOS 版本的单独认证计划。在国际技术社区（iTC）中，苹果公司积极负责开发和更新协作性保护描述文件（cPP），主要集中在移动安全性技术评估方面，苹果公司将继续针对当前已实施和正在开发的 cPP 来评估和寻求认证。

苹果公司获得了多项符合 ISO 27001 和 ISO 27018 标准的认证，以使苹果公司客户能够履行法规和合同规定的义务。通过这些认证，我们的客户可以针对苹果公司在相关系统方面采取的信息安全和隐私保护做法进行独立认证。国际标准化组织（ISO）发布了一系列全球信息安全管理系统（ISMS）标准，其中便包括 ISO 27001 和 ISO 27018。作为苹果公司全球信息安全管理系统的一部分，所有 Annex A 控制要求均包含在 ISO 27001 和 ISO 27018 标准所规定的适用性声明中。

自 2012 年以来，苹果公司每次在操作系统的主要版本发布后，苹果操作系统中的加密模块都会经过密码模块验证体系（CMVP）反复验证，以符合美国联邦信息处理标准（FIPS）140 - 2。FIPS 140 - 3 于 2019 年获得美国商务部的批准，此版本的标准中最显著的变化是使用了 ISO/IEC 标准、ISO/IEC 19790：2015 及相关的测试标准 ISO/IEC 24759：2017。CMVP 已启动过渡计划，从 2020 年开始，使用 FIPS 140 - 3 作为基础来验证加密模块。

6.3.4 苹果公司在质量文化方面具有核心竞争力

1. 苹果公司的企业文化

苹果公司企业文化的核心是鼓励创新、勇于冒险。除此之外，自由主义、反主潮流也成为公司发展的主要动力之一，以"一个人也可以改变世界"和"清空头脑、一切重来"的精神主导自己的产品开发，也正是这样的企业文化造就了苹果公司的成功[10]。

（1）苹果公司企业文化的灵魂是创新和冒险。创新是企业发展的动力，若没有创新，企业将会寸步难行。想要创新就需要忘掉一切，从头再来，不能再受到曾经设计管理的条条框框的约束。与诺基亚和 IBM 公司相比，苹果公司注重的不是更新升级系列产品，而是无限发掘单一产品的独特性，再重新与高科技结合，加上一些满足消费者需求的人性化设计，形成科技和艺术的完美结合。毫无疑问，与产品的升级相比，创新设计的风险很大，正是这样的高风险才带来了苹果公司的高收益。

（2）有坚信苹果公司是世界上最强公司的自信。自信是成功的必要条件，而苹果公司的发展正是靠着这种信念成为了世界手机厂商的第一名。自信让员工在工作期间，敢于说出自己独一无二的想法，敢于创造出新的东西。只有不同人的不同观点混合在一起才能获得不一样的结果，这就为创新奠定了基础，这样充分自信的企业文化得益于乔布斯等的管理理念，并贯彻在苹果公司的方方面面。

（3）从细节入手，注重细微处观察和改进。细节意识不仅要求管理层人员做到，苹果公司还要求每一个普通员工在工作中处处严谨，注重对细节的观察分析。严谨体现在工作的方方面面，如对安全生产的重视，新员工培训会上，安全监管就占用 1/3 的时间；对保密的重视，每天都有特定的警卫人员不定时对园区的垃圾桶、废料区进行检查，以确保没有资料外漏；对生产运营的看重，苹果手机外观的设计、操作系统的完善上，对于每一处细节要经过不断的打磨，取得消费者的满意。细节决定成败，决定企业是否走得更远、更久，这也是苹果公司发展的一条重要途径。

（4）善于倾听，批评与自我批评。善于倾听才会了解客户需求，才会明确行业发展进度，有对比才会有紧迫感，才会做到与时俱进。骄傲自负不仅不会让企业得到发展，甚至还会被其他企业超越，耐心倾听别人的批评和建议是苹果公司的传统。苹果公司的另一个特色文化是不轻易认输，无论多么严厉的批评都会最终变成改进的动力，正是凭借着不服输的精神苹果公司稳坐行业第一。无论谁是苹果的当家人，乔布斯还是库克，苹果的每一次进步都是这种精神的体现。

（5）注重团队合作。"一花独放不是春，百花齐放春满园"，只有汇集每个人的才能才会获得巨大的成功。苹果公司的人才选拔近乎苛刻，正是如此严格的选拔标准让公司充分了解每个人的优点、缺点，匹配员工合适的岗位，让其尽可能大地发挥才能，为公司及自己的价值不断努力。团队内部紧密合作，同事关系融洽，工作环境比较轻松，关注的重点是领域内取得的成绩而非职位的高低和权力的大小，人与人之间的地位划分不明显，团队靠的是人性化管理。

2. 苹果公司的质量文化

苹果公司的质量文化是其企业文化的核心，是指其在生产经营活动中所形成的质量意识、质量精神、质量行为、质量价值观、质量形象，以及企业所提供的产品或服务质量等的总和。

（1）以顾客满意度为核心。质量的核心是获得消费者的满意，苹果公司通过精准计量组织内部哪些因素影响顾客满意度，因此制定相应的改进措施，从而达到顾客满意度最大，并将顾客的持续满意作为企业改进的追求。苹果公司的以顾客满意度为核心的质量观体现在两个方面，一是有近乎苛刻的自我测试，二是注重客户体验测试。同其他厂商类似，苹果手机在出厂之前要经过严格的功能、易用性及稳定性测试，同时会招募志愿者进行产品性能测验。例如苹果公司创始人乔布斯及下属员工曾经多次以顾客的角度寻找产品缺陷，甚至现场炸掉手机，就是为追求顾客满意度最大。根据披露的 Apple Watch 实验室，就运动健康功能来说，Apple Watch 的表现超出期待，而打造健康类功能的基础数据，便来自这间实验室。

（2）以质量作为创新驱动的执行理念。相对于技术、产品、商业模式的创新而言，质量创新是每个企业、组织、个人都能做到的事情，苹果公司在全员中树立追求卓越的质量意识，饯行将每一个细节做到完美的质量行为。苹果公司进军手机行业，耗时 6 年的时间，每一代手机的推出都花费大量精力，例如为了追求细节的完满、性能的精益求精，iPhone X 的概念设计用时超过五年，发布后其单机销售是全球第一。

（3）质量提升理念贯穿到手机制造的每一个环节。手机质量的提升不仅包括手机外观的改进，更包括手机性能的提升。苹果手机从理念到制造，每一步都倾注大量心血。从消费者淘汰已在使用的产品购买质量仍高于同类产品可以看出，苹果手机一代比一代更具有吸引力，消费者更愿意购买新的苹果产品，苹果公司销售收入稳定行业第一即是最好的佐证。

（4）树立员工正确的价值观。"产品即人品"，决定产品质量最本质的因素是员工的价值观，即建立以诚信为根本的价值观，实施全员质量信用工程，使得企业每个员工的信用都得到最真实的表达。树立员工正确的价值观可以从思想上解决员工的思想态度，从而达到提高产品质量的目的。

（5）走特色质量兴企之路。苹果公司自诞生之日起，就坚持走独立自主的操作系统研发之路。苹果公司从不做市场调研、从不雇佣市场顾问，一心做引领世界的新品牌。苹果公司矢志不渝地对产品特色的追求、对细节完美的追求造就了苹果公司无可撼动的世界第一地位。

（6）注重领导力对企业的影响。领导应创造并保持使员工充分参与实现组织目标的内部环境，并将组织的总值、方向和内部环境统一起来，从而带领全体员工共同去实现目标。苹果公司的高效、创新是伴随着乔布斯的回归而来的，其卓越的领导力是苹果公司发展的根本动力，正是卓越的领导力使得苹果公司已超越产品的概念，上升为一种标新立异的象征。

6.4　全球价值链视角下中国手机产业集群质量升级的问题及对策分析

伴随着手机产业集群的成长，我国手机产业的发展上演了一个个奇迹：从20世纪90年代末的手机起步到2019年成为全球最大的手机生产国、消费国和出口国。手机产业高速发展的同时也涌现出诸如华为、小米、中兴、VIVO等手机通信厂商，但是在跨越式增长的同时也看到我国的手机产业仍然处于价值链的中低端，产业发展遭遇困局。随着5G时代的到来，虽然以华为为代表的中国手机企业在标准制定方面占有一席之地，但是仍然存在诸多影响手机产业竞争力的因素，因此从中国手机产业集群的微观经济特征、集群演变发展及区域分布的特征分析产业集群存在的问题，引导手机产业集群、破解产业困局，成为提高我国手机产业国际竞争力的重要途径。

6.4.1 中国手机产业集群质量升级存在的问题

1. 企业议价能力不强，供应链运营效率低

由于中国手机企业对手机的开发主要体现在外观、性能方面，并未打造自身的手机生态系统，这导致无法产生差异化的竞争优势，只能以低价赢得客户。整个供应链链条上的厂商间的协同能力较弱，质量参差不齐，甚至部分元器件还需进口，这就导致一旦国外断货就会较大程度地影响手机的生产制造，即手机企业的议价能力不强。组织内尤其是跨组织的运营效率低下，导致以高速度、低成本取胜的手机行业竞争中处于慢半拍的劣势，即供应链运营效率低。因此，中国供应商要想通过科技创新提高与跨国公司的整机产品严谨路线相同的研发能力，成为跨国公司的合作伙伴，必须顺应移动通信终端产业的垂直分工和高度专业化的必然趋势。国内厂商要从目前单纯的制造者，转变为供应链链条上的参与者、合作者，"国际意识＋技术创新"成为国内企业融入全球价值链的关键。

2. 供应链上游关键零器件被垄断，手机产业集群稳定性受影响

手机产业集群的稳定性受到内部、外部两个方面的影响，内部是指集群内部的协作程度，外部是指供应链与集群的融合程度，而集群的稳定与供应链的完整性、供应链企业的产品竞争力密切相关。

目前，我国手机产业在研发、生产方面取得了较大进展，在国外占比不断增大，一定程度上打破了国外产品、零部件对国内市场的垄断，手机芯片、摄像头、内存等核心部件方面仍由国外厂商垄断，虽然我国在手机屏幕方面京东方、华星光电等有重大突破，且已实现量产，但是在国际中占比仍然较低。手机核心部件的生产技术（有源器件、功能器件、无源元件和结构零部件）基本被国外厂商垄断，导致手机生产受制于人，手机升级换代速度落后于人。以元器件为例，射频芯片、基频芯片等占手机10%~20%的生产成本，是国内厂商无法实现的核心技术，尤其是射频技术三星、RFMD等四家厂商占比高达92%的市场份额，国内产能仅能满足本地需求的4%，且5G手机的射频前端芯片组价格高达32美元，是4G手机的两倍，按照成本计算滤波器占66%，PA功率芯片占21%，这两个东西就占了90%，另外射频前端开关芯片占了9%。中国手机产业链条的不完整性导致了我国的产业集群发展具有脆弱性，尤其是以北京市、天津市为核心的环渤海手机产业集群和以上海市、苏州市为核心的长三角手机产业集群，外商、台商主导特征明显，容易受到外部环境的影响。

3. 手机市场竞争激烈，手机产业集群产品竞争力不高

中国手机市场被华为、苹果、小米、OPPO、VIVO、三星等厂商瓜分，竞争十分激烈。随着中国手机产业"门槛"的降低，国外手机对市场的冲击加大，使得国内手机厂商在低成本方面的竞争优势日渐弱化，国内手机厂商陷入低价竞争的恶性循环，从而忽视了产品竞争力的提升。低价竞争、单一价格策略使得部分厂商净利润出现负值，亏损严重，这又使得产品研发投入不断减少，造成核心技术缺乏，新产品研发动力不足，更加影响我国手机产业的国际竞争力。同时，受国内手机低廉价格的影响，我国水货手机拥有量较2010年的近1/3减少很多，苹果、三星水货手机仍占有不小比重，"黑手机"低廉的价格影响了国内市场正常的运营秩序，挤占了国内市场份额，在一定程度上影响了我国手机市场的正常运行。

6.4.2　中国手机产业集群质量升级对策分析

中国手机产业的发展是在全球手机产业价值链的分割下形成和发展起来的，因而具有地方性和全球性双重性质。从形成初期的分散点状到目前

的集群阶段，伴随着产业组织模式的变化。产业的国际竞争力需要各个环节的协同作用，中国手机产业的未来发展，要以"发挥产业集群效应"为核心，以手机产业集群发展政策为手段，以培育手机产业发展环境为支撑，以把中国手机产业做强、做大为目标。

1. 形成创新网络，提升核心竞争力

创新是手机产业集群发展的第一动力，是提升手机产业集群的根本途径。产业集群创新由单个企业的创新组成，即单个企业的创新直接影响产业集群的创新效能。企业的竞争力是企业创新的结果，取决于企业能否以低成本、高速度超越竞争对手。竞争优势的真正源泉是企业围绕其竞争力整合、巩固工艺技术和生产技能的能力。因此，企业是否可提供通向广阔的多样化市场的潜在渠道，是否拥有获得竞争资源的途径，是否拥有快速整合内外资源的能力，是决定企业在新一轮竞争中是否保持竞争优势的决定性因素。

（1）立足区域竞争力优势，面向全球进行竞争。企业要立足现有的资源优势，通过产业集群网络这个载体不断地获取外界资源，尤其是在5G时代，企业要实施"地区竞争＋全球竞争"的发展战略，在立足国内的同时，要加快对5G相关技术的研发，打开国际市场，减小与国外品牌，如苹果、三星的差距。提高厂商的竞争力，可以从手机外形、手机性能、知识产权的开发、推出频率等，不断巩固、提升在全球手机产业链中的地位，并不断开创新的营销模式，提升营销能力。同时，积极参与或主导标准制定，加强知识产权保护，提升产业集群整体创新能力，推动产品向全球产业链、价值链高端跃升。

（2）深化品牌价值内涵，提升消费者满意度。作为世界重要的制造加工、研发基地，国内手机厂商为扩大市场不断扩大产量，使得国产手机占有率达到80%，这个过程也为手机持续健康发展埋下隐患，手机自主研发、设计能力未得到相应的提升，只注重数量而忽视质量，国产手机质量问题频出、耐用程度较低、顾客满意度不高，使得消费者更愿购买价位更高的国外品牌。我国的手机品牌除华为外，在国际中的知名度较小，海

外市场目前主要面向东南亚、非洲等地。因此生产能力强、产品质量好、技术水平高的国内手机品牌企业要尽快做大做强，要以消费者需求为导向，建立品牌忠诚度。

2. 提升供应链管理能力，助推产业集群国际竞争力

（1）提高国际参与意识，对接全球采购链。中国是全球最大的手机生产中心、手机采购中心，并逐渐参与到全球手机设计、研发中，这就要求国内的厂商必须加强国际合作意识，提高自身的创新能力、研发水平。而生产工艺的提高、研发能力的提升会得到更多国外客户的青睐，只有这样才会使企业由单纯的"打工者"变为全能供应商的合作者，助推产业集群整体的升级。

（2）以技术降低生产总成本，获得竞争优势。手机总成本既包含原材料成本，也包括研发、制造、物流、库存、售后等成本，供应商的成本已经由离场价格变为整条链条上的总成本，供应商应该转变成本的观念，采取更为合理的采购策略实现成本最低。对于手机厂商而言，影响总成本的关键还是在于技术含量较高的零器件的生产加工，因此攻克关键技术，尤其是受外商控制的技术，也是实现总成本最小的关键。

（3）拓展供应链长度，提升集群竞争力。手机产业价值链整体竞争力的提升要上游、中游、下游及拓展配套。上游，提高技术研发和产品设计能力，掌握关键零部件的制造技术，不断融入新元素；中游，在组装生产环节，要通过生产能力的提升，提高产品的附加值；下游，要积极发展物流业以满足日益专业化、规模化的配送需求，加强手机产业售后服务业发展，与手机制造业联动发展，提升手机制造业生产能力。

3. 以产业联盟、资源共享平台等手段促进产业集群升级发展

手机产业集群升级发展由产业集群的创新能力决定，只有产业集群具备创新能力才会有持续的发展。产业集群升级可以通过以下几个方式进行。

（1）产业联盟作为产业网络的一个具体运用形式，可以有效地整合、动用嵌入在产业集群网络结构中创新所需要的知识、技术及隐性知识等资

源。例如在5G技术领域已经形成了相关的产业联盟，通过这个载体使得技术扩散和技术外溢速度加快，跨国手机生产企业进行全球布局，将研发中心和生产基地转移到发展中国家，聘用发展中国家的技术人员，在生产及人才本土化的过程中自然会出现技术扩散和技术外溢。

（2）搭建三大产业集群的资源共享互动平台。通过中国三大手机产业集群间的联动发展，带动中国手机产业集群的创新发展，形成优势互补的合力，充分发挥产业集群效应，以促进手机产业集群做强、做大。

以产业政策组合做支撑，优化三大产业集群结构。中国手机产业政策应改变以前对产业的支持方式，把对单个企业或单个项目的支持，转变到对产业联盟的支持，才能体现对整条产业链的支持。

（3）扶持品牌建设，提升国际影响力。目前国产手机品牌建设处于上升状态，但是品牌影响力还是不大，针对国产手机品牌建设问题，可以出台系列的政策给予扶持，着力培育1~2个世界知名品牌，增强国际竞争力，以拉动国内的手机市场需求。

（4）以知识产权保护为保障，促进产业集群健康发展。在加大知识产权保护的同时，国产手机厂商应该提高自身的研发能力和加大中高端产品的投入，提高产品创新能力，加强品牌价值的经营，关注消费者偏好，加强和规范手机市场与质量的管理，打击假冒伪劣产品，制订相关手机专业市场管理条例。

7

全球价值链下中国轴承产业
集群质量升级案例分析

　　轴承作为工业生产中的核心零部件，应用范围十分广泛，市场需求旺盛，对于最终产品精度和技术水平有重要影响，甚至成为决定某一产业核心竞争力的关键因素。轴承产业集群成为轴承工业发展的主要组织形态，美国、欧盟、日本轴承产业集群占据全球价值链的研发、设计、品牌等高附加值环节，中国轴承产业集群位于生产加工低附加值环节，近二十年来，中国轴承产业集群不断加强技术创新，提升轴承钢质量，引进国际先进制造设备，尤其是加强标准、计量、检验检测、认证认可等质量基础设施建设，推进轴承产业集群质量升级，在全球价值链中的地位不断提升。

　　本章首先分析了国内外轴承产业集群的发展现状，并从标准、计量、检验检测和认证认可四个方面分析轴承产业集群的质量基础设施；然后以山东省聊城市轴承产业集群为例，概述聊城市轴承产业集群的发展历程及其在全球价值链中的位置，分析全球价值链下聊城市轴承产业集群质量升级存在的问题，最后提出对策建议。

7.1　全球价值链下轴承产业集群质量升级文献综述

　　从全球价值链下产业集群质量升级来看，汉弗莱和施米茨（Humphery

& Schmitz，2000）提出全球价值链视角下产业升级要落实的四个具体方面：工艺流程升级、产品升级、产业功能升级和链条升级。张辉（2004）认为产业升级的中心可以包括价值环节内在属性和外在组合两个方面的变动，这两方面都连接在同一链条中，随着产业升级的不断深化，参与价值链中实体经济活动的环节变得越来越少。研究和应用全球价值链理论，需要将一个产业或产品的各个价值环节和辅助环节进行分割，有机整合，然后根据自身已有条件和价值链的治理模式来找到最合适的切入点或价值环节，并制定未来发展战略以谋求产业升级。

刘志彪（2009）提出，中国的产业升级要实现在全球价值链中的"战略突围"，需构建网络体系和治理结构为主的国家价值链，服务于国内市场。马中东、宁朝山（2020）对实现产业集群质量升级的启示给出了政策性的建议：加强国家质量基础设施对产业集群质量升级的技术支撑能力和创新引领作用，通过加强计量体系建设、集群产业共性标准的研制、国际先进标准的跟踪研究实现产业集群质量升级。

从轴承产业集群质量升级来看，叶军（2001）认为技术创新是轴承产业发展的必由之路，应树立创新意识，建立轴承工业创新体系，通过技术创新促进中国轴承工业的持续发展。何加群（2015）针对轴承产业质量升级问题，提出中国轴承产业应加快转型升级，实现组织机构、技术结构、产品结构的优化升级，提高核心竞争力。通过优化组织机构、技术结构和产品结构，进而实现轴承产业的质量升级。淳悦峻（2018）根据临清市轴承产业发展现状，提出要想加快轴承产业新旧动能转换的步伐，必须加大园区建设力度、加大培育龙头企业力度、加大品牌建设力度、加大培训教育力度、加大优化融资环境力度，才能最终实现轴承产业高质量发展。

现有对轴承产业集群质量升级研究从全球价值链角度研究分析的较少，关于轴承产业集群质量升级的文章相对匮乏。本书从全球价值链角度出发，通过对比分析国内外轴承产业集群发展现状，利用计量、标准、检验检测和认证认可四个方面来分析轴承工业的质量基础，并给出相应的质量升级对策，弥补了学术界在全球价值链角度下轴承产业集群质量升级研究的不足。

7.2　全球价值链下我国轴承产业集群发展现状及质量基础设施分析

7.2.1　全球价值链下轴承行业分析

目前，伴随新一轮技术革命，全球工业发展进入工业4.0和智能制造发展阶段，国际市场对于轴承的需求与日俱增（如图7-1所示）。从全球轴承市场结构来看，市场集中度相对较高，市场结构为典型的垄断竞争型，SKF、FAG、NSK、TIMKEN、NTN、KOYO等十大企业垄断了全球的轴承市场。相对于国外轴承制造先进企业，我国的轴承企业在全球市场的占有率偏低。具体来看，全球轴承市场排名前十的企业占有70%以上的市场份额；从各个国家轴承企业来看，美国的轴承企业占全球市场的23%，欧盟企业占21%，日本企业占19%。同时，全球轴承行业的高端市场被部分企业垄断，中低档市场则主要集中在中国。目前，国内轴承市场上虽然国产品牌众多，但是高端轴承主要依赖于进口。国内80%的市场份额主要被"SKF、FAG、NTN、NSK、TIMKEN"这五大知名外国品牌所占领，国产品牌只有"瓦轴、洛轴、哈轴、人本、天马"等部分品牌能够与之比拼。

我国轴承行业集中度偏低，轴承产品总体位于价值链的低端环节，经过近些年的发展轴承产品的自动化程度、稳定性和精准性虽然已经取得了较大提升，但是企业竞争力特别是核心技术相对于国外知名企业依然差距较大。

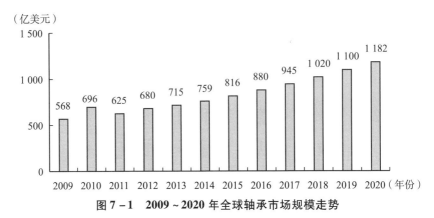

图7-1　2009～2020年全球轴承市场规模走势

资料来源：prweb。

全球轴承企业2017年主营业务收入约为800亿美元，中国以外的企业主营业务收入约625亿美元，约占全球轴承销售额的78%。2017年中国轴承主营业务收入约为1 240亿元，除去外资企业330亿元，内资企业的轴承业务收入约为910亿元，折合135亿美元，约占全球轴承销售总额的16.9%。同年，我国轴承出口（含外资出口）40.4亿美元，仅占全球市场的6.59%；如果除去外资企业出口，国内轴承企业的出口仅占全球外部市场的4%，可见我国轴承企业的出口竞争力偏弱，在国际市场中的市场份额偏低，表明我国轴承产品的技术水平较为落后。因此，提升我国轴承产品的质量和品牌知名度，提高外部市场的占有率，是我国轴承产业未来发展的重点任务。

7.2.2　国内轴承产业集群现状

我国轴承工业具有较为显著的区域化发展特色，主要形成了东北、洛阳、浙东、苏南和聊城五个轴承产业集群。东北和洛阳轴承产业集群以国有企业为主，东北地区以哈尔滨轴承制造有限公司、瓦房店轴承集团有限责任公司两个传统国有企业，以及国企改制设立的大连冶金轴承集团有限公司为代表，洛阳地区以国有企业洛阳LYC轴承有限公司为代表，哈轴、瓦轴和洛轴是我国轴承行业的三大国有龙头企业。华东地区的浙东、苏南、聊城轴承产业集群以民营和外资企业为主，发展尤为迅速，产品质量提升明显，部分产品达到国际先进水平，出口到欧美发达国家。

瓦房店轴承产业集群，有轴承生产及配套企业 600 余家，主营产品主要为大型、特大型重大装备轴承，特色产品有冶金矿山轴承、风力发电机轴承、铁路货车轴承、石油机械轴承、精密机床轴承、水泥机械轴承和非标准轴承等。典型代表企业有：瓦轴、大冶轴、瓦冶轴等。瓦房店产业集群共有 6 个工业园区，形成核心轴承产业园区，锻造和热处理、轴承零部件等专业化工业园区，建成了研发设计、质量检测、培训教育、市场营销四大公共服务平台，其中瓦轴的轴承研发中心属国家级；另外，省级的质量检测中心已投入运行。

苏南轴承产业集群，以"长三角"地区的苏州市、无锡市、常州市等城市为中心，地缘优势非常明显。该轴承产业集群发展十分迅猛，江苏省轴承工业生产总量已达百亿元，居国内同行业前三位。轴承代表企业主要有常州光洋轴承、常熟长城轴承、无锡华洋、江苏迪邦、江苏力星、江苏南方、张家港 AAA 轴承等，轴承产品以小型轴承、中型轴承、轴承座、钢球为主，产品主要应用于汽车、纺织机械、家电等领域。

浙东轴承产业集群，以浙江东部杭州市、宁波市、绍兴市等城市为中心，北部与江苏省轴承产业集群相邻。浙东轴承产业集群经过几十年的发展已经成为我国重要的轴承产业基地，无论是龙头企业还是产业集群整体竞争力都在国内位居前列，目前产业集群内具有一定影响力和规模的轴承企业有 200 余家。浙东轴承产业集群产品以生产中小型和微型轴承为主，主要应用于办公器械、微型电机、仪表仪器、激光雕刻等领域，在全国轴承产业布局中和产品结构中具有十分重要的地位。浙东轴承产业集群的代表企业有天马轴承、万向轴承、人本轴承、万马轴承、五洲新春等。

7.2.3 国内轴承产业集群在全球价值链中的地位

我国虽然已是世界轴承生产大国，轴承进出口规模和金额都占国内外市场的较大比重，但是我国还不是世界轴承生产强国，轴承产业集群的产业结构、研发能力、技术水平、产品质量、效率效益都与国际先进水平存在较大差距。

首先，我国已是世界轴承生产大国。

我国轴承工业已形成一整套独立完整的工业体系，如图 7 - 2 所示的轴承产量和销售额表明我国已经迈入轴承工业大国行列，位列世界第三。

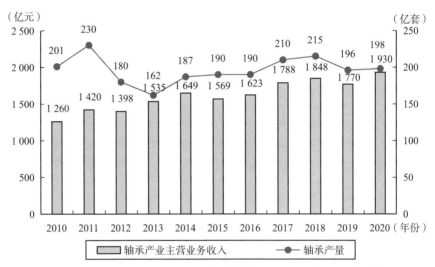

图 7 - 2　2010～2020 年中国轴承产业主营业务收入和轴承产量走势

资料来源：中国产业信息网。

由图 7 - 2 可知，2020 年我国轴承行业规模以上企业主营业务收入 1 930 亿元，同比增长 9.04%。2019 年由于受到下游汽车、机床等行业需求下降的影响，我国轴承行业产量出现下滑现象，产量降至 196 亿套，同比下降 8.8%。2020 年我国轴承产量回升至 198 亿套，同比增长 1.02%。从图 7 - 2 数据分析可知，我国已经是一个轴承生产大国，轴承产量和轴承产业主营业务收入都已在全球名列前茅。

其次，我国轴承进出口金额和数量稳步增加，但进口平均单价远远高于出口。

我国已经成为轴承出口大国。从图 7 - 3 中国轴承产品出口数量来看，近十年轴承出口呈现稳定上升趋势，维持在 40 亿套到 60 多亿套之间，2018 年达到最高点，近两年有所回落，2020 年出口数量与 2019 年基本持平。从图 7 - 3 的出口金额来看，大体呈现上升趋势，稳定在 45 亿到 50 多亿美元之间，近两年回落较大，2020 年出口金额大致与 2015 年基本持平。（见图 7 - 3）

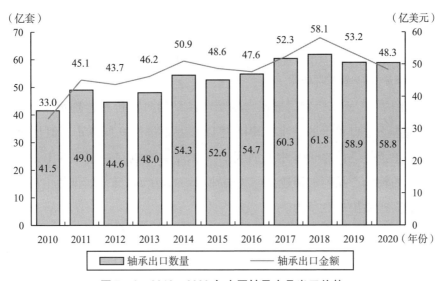

图 7 - 3   2010～2020 年中国轴承产品出口趋势

资料来源：中国轴承工业协会。

我国轴承进口规模也比较大，主要是对国际高端轴承的需求。根据图 7 - 4 中国轴承产品近十年进口数据来看，进口数量呈现缓慢增长趋势，2017 年之前基本维持在 20 亿套以下，2017 年开始增长到 24 亿套左右，2020 年达到新高，超过 25 亿套。近十年的进口金额波动较为频繁，同样是在 2020 年达到最高点。

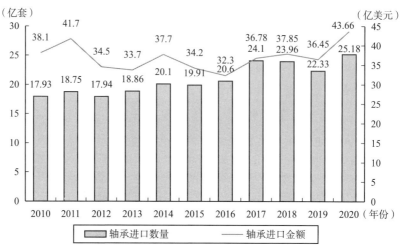

图7-4 2010~2020年中国轴承产品进口趋势

资料来源:中国轴承工业协会。

如图7-5所示,我国进出口轴承产品平均每套价格差别很大,出口单价基本为进口单价的一半,2016年以来差距虽然有所减小,但是2020年出口单价与进口单价基本又回到2:1水平,这也在一定程度上说明我国出口的轴承产品附加值较低,我国轴承产品亟须攀升全球价值中高端环节,提高产品出口竞争力。

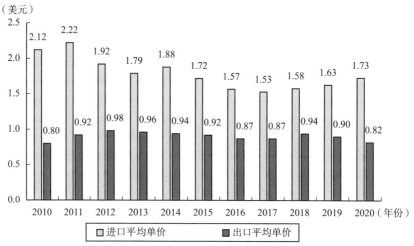

图7-5 2010-2020年中国轴承产品进出口平均单价

资料来源:作者计算得到。

再次，民营企业成为轴承产业集群主力军。

随着我国市场化程度的不断提高，民营轴承企业发展迅猛，在轴承行业中比重不断增加，已经成为我国轴承产业集群的主力军，规模比较大的民营轴承企业有天马控股集团有限公司、万向钱潮股份有限公司、人本集团有限公司、慈兴集团有限公司等。

轴承钢是决定轴承质量的核心环节，我国民营企业在轴承钢行业发展迅速。从图7-6可以看出，目前轴承钢产量较大的分别是：中信特钢（新冶钢、兴澄特钢、青岛钢铁）、中天钢铁和巨能特钢，占到总产量的57%。2018年1~6月份轴承钢整体产量在增加，中信特钢、中天钢铁、南钢、沙钢等钢厂产量相比去年同期均有所增加，但邢钢、本钢特钢、建龙、西宁、北满等钢厂产量略有减少。

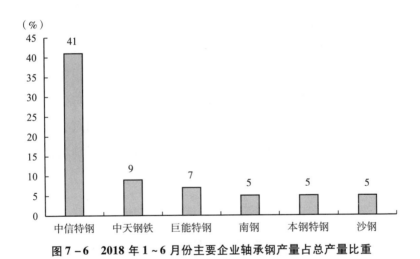

图7-6　2018年1~6月份主要企业轴承钢产量占总产量比重

资料来源：www. mysteel. com。

最后，轴承制造行业市场集中度不高，国内轴承高端市场由外资企业控制。

我国轴承制造行业的企业数量众多，市场集中度不高。根据中国轴承工业协会数据显示，2019年我国轴承行业实现营业收入1 770亿元，其中排名前十的轴承制造企业实现营业收入 506.7 亿元，占比约为 28.63%。以尺寸大小分类来看，随着我国轴承技术水平的不断提高，目前我国轴承企业在微、小型轴承领域已经开始与国外企业全面竞争，市场占有份额不断增加，但是在中大型以上的轴承产品产量上仍相对较小。随着我国重大装备制造行业，如航天军工、机床、风电等的发展，对中大型以上的轴承产品需求逐渐增加，企业也在不断引进、研发生产该类轴承产品，产量和质量都有所上升。

从竞争层次来看，我国轴承制造高端市场主要由八大跨国轴承集团——瑞典斯凯孚（SKF）、德国舍弗勒（FAG、INA）、美国铁姆肯（TIMKEN）、日本恩斯克（NSK）、日本恩梯恩（NTN）、日本捷太格特（Koyo）、日本美蓓亚（NMB）、日本不二越（NACHI）占领。八大跨国轴承公司均已在国内设立公司并不断加大投资力度，建立轴承生产工厂，设立区域总部和工程技术中心。在国内轴承市场中，外资品牌所占的比重越来越大。

我国本土轴承制造企业主要占据中低端市场，代表性企业有人本集团有限公司、万向钱潮股份有限公司、瓦房店轴承集团有限责任公司等。随着本土轴承制造企业提高制造技术，部分大型本土轴承制造企业已经能够生产高端产品，如瓦轴集团生产的大型电动轮自卸车配套轴承，可以成功替代进口产品。

7.3 全球产业价值链下轴承产业集群质量基础设施建设分析

质量基础设施主要包括标准、计量、检验检测、认证认可四大要素，对于支撑产业升级、加强质量安全、保护消费者、促进公平竞争、推进国际贸易便利化、营造商业环境具有积极促进作用。分析质量基础设施和轴承产业集群升级的关系，具有非常重要的理论意义和现实意义。

7.3.1　轴承产业集群质量基础设施建设成就分析

首先，轴承工业标准体系建设日趋完善。轴承工业的标准体系分为国际标准、国家标准、行业标准、地方标准和团体标准。轴承工业的国际标准主要是 ISO/TC4 标准，我国轴承国家标准与国际标准基本都有对应。图 7 - 7 所示，从国家标准信息网检索到的轴承相关标准中，国家标准 234 项，占轴承总标准数量的 43.0%，行业标准 284 项，占轴承总标准数量的 52.0%，地方标准 1 项，仅占 0.2%。

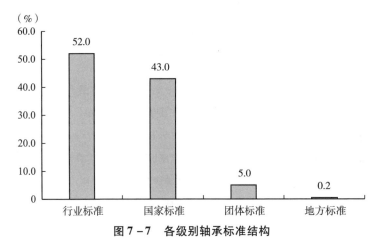

图 7 - 7　各级别轴承标准结构

资料来源：国家标准信息公共服务平台。

从全国团体标准信息平台检索到轴承相关的团体标准共 15 项，均为 2017 年之后发布的，具体如表 7 - 1 所示。从团体标准的地域分布来看，浙江省品牌建设联合会共发布了 17 项，占据总数的 68%，这表明在团体标准的发展上浙江省走在了全国轴承产业集群的前列。

表 7 - 1   轴承工业团体标准

序号	团体名称	标准名称	公布日期
1	中山市脚轮行业协会	无轴承轮盐雾检测技术规范	2020/6/28
2	浙江省品牌建设联合会	卡车轮毂轴承热锻套圈	2020/2/18
3	浙江省品牌建设联合会	商用车轮毂轴承单元	2020/2/10
4	浙江省品牌建设联合会	汽车转向系统三角支架滚针轴承套圈车件	2020/1/17
5	中国电器工业协会	屏蔽泵用碳石墨轴承材料及制品技术要求	2020/1/6
6	浙江省品牌建设联合会	汽车减振器用轴承及其单元	2020/1/3
7	浙江省品牌建设联合会	纤维缠绕自润滑轴承	2020/1/3
8	浙江省品牌建设联合会	钢基铜合金镶嵌固体润滑剂轴承	2020/1/3
9	馆陶县轴承协会	滚动轴承微型低速碳钢深沟球轴承	2019/10/9
10	中国电器工业协会	风力发电机组主轴滚动轴承认证实施规范	2019/7/16
11	中国特钢企业协会	轿车轮毂用碳素轴承钢	2019/6/24
12	浙江省品牌建设联合会	高承载工程塑料滑动轴承	2019/5/10
13	浙江省品牌建设联合会	中小型深沟球轴承套圈车件	2019/4/29
14	浙江省品牌建设联合会	双列调心滚子轴承热锻套圈	2019/3/14
15	浙江省品牌建设联合会	电机用低噪音深沟球轴承	2019/3/13
16	浙江省品牌建设联合会	空调压缩机电机轴承套圈车件	2019/3/13
17	浙江省品牌建设联合会	工业机器人谐波齿轮减速器用柔性轴承	2019/3/12
18	浙江省品牌建设联合会	圆锥滚子轴承套圈磨超机床	2019/3/6
19	浙江省品牌建设联合会	工程机械用烧结双金属轴承	2019/3/5
20	浙江省品牌建设联合会	钢背复合自润滑轴承	2019/3/4
21	馆陶县轴承协会	馆陶县轴承协会团体标准	2018/12/21
22	大连市机械行业协会	高速深沟球轴承	2018/9/12
23	大连市机械行业协会	短圆柱滚子轴承	2018/9/12
24	浙江省品牌建设联合会	汽车轮毂轴承单元	2018/1/9
25	浙江省品牌建设联合会	汽车转向器用四点接触球轴承	2017/3/6

资料来源：国家标准信息公共服务平台。

其次，计量和检验检测技术水平不断提升，机构数量增加迅速。计量和检验检测是一个行业技术水平提升的重要保障。随着技术水平的不断提升，轴承产品的精确度要求越来越高，对轴承计量和检验检测的要求也在不断提升。在轴承生产过程中，轴承零件的尺寸精度决定了产品的技术含量和产品质量，轴承计量器具精度的高低，直接影响到轴承产品鉴定精度的高低，轴承计量器具的检定、校准工作是保证轴承产品质量的重要基础。

当前轴承的计量工作主要由官方的轴承质量监督检验机构和独立的第三方企业来实施。我国最早实施的轴承计量机构是成立于1986年的国家轴承质量监督检验中心，它是行业专用计量器具（尺寸系列、游隙、振动）的授权鉴定单位。此外，国内从事轴承计量工作的还有国家中小型轴承产品质量监督检验中心（浙江）、国家轴承及管道元件产品质量监督检验中心（辽宁）、国家轴承产品质量监督检验中心（山东）。

除了官方机构，开展轴承计量和检验检测的还有第三方检验检测机构。综合来看，截至2019年底，我国共有检验检测机构44 007家，较上年增长11.49%，从业人员128.47万人，全年实现营业收入3 225.09亿元。检验检测行业共拥有各类仪器设备710.82万台套，仪器设备资产原值3 681.17亿元，共对社会出具各类检验检测报告5.27亿份。检验检测行业的稳步增长，为轴承产品质量检测提供了充足的资源。

最后，认证认可建设国际化程度不断提升。从我国几大主要轴承企业的认证认可情况来看，轴承产业集群中的核心企业认证认可达到了较高水平，详细情况如表7-2所示。

表7-2　　　　　　　　　　　轴承典型企业认证认可情况

企业名称	认证认可
浙江天马轴承集团有限公司	ISO 9001、OHSA 18001、ISO/TS 16949、ISO 14001
洛阳 LYC 轴承有限公司	ISO 9001、ISO 14001、TS 16949、CRCC
人本集团有限公司	ISO 17025、ISO 14001、OHSAS 18001
瓦房店冶金轴承集团有限公司	ISO 9001：2000、ISO 19002：2003

资料来源：根据企业网站资料整理。

从我国总体认证认可行业发展情况来看，截至 2019 年年底，我国认证机构共计 599 家，其中规模以上认证机构 172 家，认证从业人员共计 11.59 万人，认证服务业实现营业收入 276.05 亿元。认证服务行业的快速发展为轴承产业集群的认证认可提供了重要的服务支撑。

7.3.2 国内轴承产业集群质量升级的先进经验分析

尽管我国轴承产业集群还面临一些挑战，但是国内轴承产业集群从无到有，由小到大，由弱到强，是我国特色道路优势的体现，具有丰富的成功经验，尤其是在质量升级方面的经验值得提炼和总结。

首先，注重两化融合，走智能制造之路。

推进工业化信息化融合是轴承产业快速发展和产业竞争力提升的重要推动力。以浙东轴承产业集群为例，新昌县工业化与信息化融合发展指数达到 84.58，其中工业应用指数达到 44.76，被列为国家新型工业化产业示范基地、两化深度融合国家综合示范区。新昌县以轴承行业为切入口，撬动传统制造业转型升级。新昌县制定轴承相关政策，对智能制造项目、县智能制造示范项目、建成的数字化工厂等给予一定奖励。2017 年，全县共落实智能制造行业税收优惠超 7 200 万元。

浙江省积极推进"设计研发信息化、生产装备数字化、生产过程智能化和经营管理网络化"，通过将信息技术融入轴承行业，把轴承产业打造成为了信息产业和数字产业。同时，浙江省积极推进轴承行业的技术创新，推动"机器换人"提升企业生产率，通过引进物联网技术和大数据管理平台等实现企业生产、管理的自动化和智能化。另外，浙江省还大力推广新商业模式，推动轴承产业与电子商务相融合的营销模式，提升轴承品牌的整体影响力。

中小企业规模小、资金短缺，如何走向智能制造是业界难题。浙江省新昌县政府依托陀曼智造公司每年向 100 家左右的中小轴承企业提供一定范围免费改造服务，帮助新昌县具有一定基础的约 300 家中小企业完成智能制造应用改造。截至 2018 年年底已在 65 家轴承企业中安装"陀曼智造"的"微智造系统",联网设备 5 250 台,涉及优惠减免和财政补贴 1 350 万元。"轴承云"系统能够解决轴承企业智能生产线的设备检测难、故障预防难和企业内网安全保障难等单一企业难以解决的问题。

其次,淘汰落后产能,向全球价值链中高端环节攀升。

淘汰落后产能,合理发展中小企业。落后产能不仅占用大量的经济资源,而且影响产业转型升级,对于产业内的落后产能,必须通过适度提高市场进入门槛,对于作坊式小企业进入市场加以限制,从而推动行业内中小企业健康发展。并通过逐渐淘汰落后产能,引导和支持行业内中小企业向"专、精、特、新"方向发展,来推动中小企业融入大企业的产业链,推动产业集聚和产业融合。

随着经济进入新常态,轴承和其他传统制造业一样,也存在成本优势不再、低端竞争激烈、有效供给不足的问题。为了提高产品质量,公司不断引进先进设备,进行技术改造,反复提高产品精度。例如年营业收入超过 10 亿元的"五洲新春",原业务主要是加工轴承套圈和成品轴承两个部分,目前正在从加工轴承套圈转向研发精密轴承,并重点发展成品轴承业务,研发高端、高附加值的精密产品。长期以来,国外产品占据着精密轴承领域的绝大部分市场份额,随着国内研发成果的投入使用,国内高端产品取代进口将成为一种趋势。

最后,实施差异化发展策略,明确企业成长周期的质量层次。

差异化战略主要是指相对于竞争对手提供不同的产品和服务,依托差异化的产品和服务形成市场竞争优势和核心竞争力。区域内的轴承企业如何避免同质产品导致的恶性竞争是区域产业发展的关键问题,必须对区域内的轴承企业加以引导,避免恶性竞争。

从企业成长周期的质量层次分析,企业成长发展有其自然规律,质量在企业成长的不同时期所扮演的角色不同,针对不同企业及产业发展的阶段,制定企业质量提升的策略。

7.4 全球价值链下聊城市轴承产业集群发展历程与质量升级分析

7.4.1 聊城市轴承产业集群发展历程分析

聊城市轴承产业集群是以临清市烟店镇全国性轴承市场为基础发展起来的，聊城市烟店市轴承市场是目前全国最大的轴承专业批发市场，经营轴承型号 1.7 万余种，2017 年年交易额 200 多亿元，销售网络覆盖 30 多个国家和地区，许多世界知名轴承制造厂家均在该市场设有直销处或分公司。市场的繁荣带动了产业的发展，形成了以烟店镇为中心辐射周边几个县市、几十个乡镇的集生产、加工、销售为一体的轴承产业集群。其中，产业集群中核心的临清市轴承加工业发展至今，从小到大、由弱到强，由零散到集中、从家庭作坊生产方式向规模企业不断发展壮大，并形成了自己独特的产业优势，成为临清市的一大支柱产业。

依据临清市轴承产业集群的成长过程，可以划分为四个阶段：20 世纪 80 年代轴承交易市场阶段，20 世纪 90 年代临清市烟店镇轴承产业集群初步形成阶段，21 世纪第一个 10 年的大发展阶段，第二个 10 年的稳定发展阶段。临清市轴承产业集群经历了先有市场、前店后厂、规模扩张、形成区域品牌的过程。

2019 年，临清市轴承产业规模以上企业完成工业总产值 311.54 亿元，实现主营业务收入突破 310.9 亿元，利润 2.53 亿元。同年，聊城市全市滚动轴承产量达到 1.9 亿套，其中大部分为临清市地区出产的轴承（如表 7－3 所示）。

表 7 - 3　　　　　　2013 ～ 2019 年聊城市滚动轴承产量及增长率

产量及增长率	2013 年	2014 年	2015 年	2016 年	2017 年	2018 年	2019 年
滚动轴承产量（亿套）	20.96	20.96	26.75	22.11	24.23	5.35	1.9
增长率（%）	7.8	7.84	7.6	0.1	13.3	-35.6	-29.6

资料来源：聊城市统计局 2013 ～ 2019 年统计公告整理得到。

　　从表 7 - 3 和图 7 - 8 可知，2013 年以来，聊城市轴承产业产量以较平稳的态势增长，以年均 8% 的速度增长。但是随着 2018 年全国整体经济形势的不乐观，聊城市轴承产业的产量有较明显的下滑，出现 35.6%的负增长。2019 年聊城市轴承产业的产量继续下滑，出现 29.6% 的负增长。然而仅从产量上并不能说明聊城市轴承产业发展变化的全部问题。

图 7 - 8　聊城市滚动轴承产量及增长变动情况

资料来源：聊城市统计局 2013 ～ 2019 年统计公告整理得到。

　　随着国家高质量发展及产业转型升级战略的实施，聊城市轴承产业也在不断通过淘汰落后产能，整合优化资源等措施，聊城市轴承产量虽然下降了，但是产品附加值和资源利用效率提升了。图 7 - 8 从侧面表明，聊城市轴承产业正在逐渐转变过去依靠低端产品以量取胜的历史，向价优质高的新产品新动能转换，因此 2018～2019 年产量下行趋势背后也有产品优化转型的因素在里面。

7.4.2 聊城市轴承产业集群嵌入全球价值链分析

目前，聊城市轴承产业集群已经形成以轴承钢、滚动体、保持器、轴承锻造、热处理、轴承组装等专业化分工明确、配套能力强的产业链条。主要的轴承零配件生产聚集区有冠县清水镇轴承内外圈锻造聚集区、东昌府郑家镇的保持架加工聚集区及东阿县轴承滚动体制造聚集区、临清市烟店镇轴承组装产业集群和专业市场聚集区（如图 7 - 9 所示）。

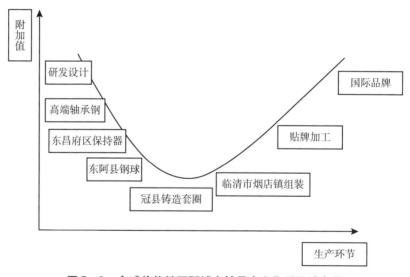

图 7 - 9 全球价值链下聊城市轴承产业集群区域布局

资料来源：作者整理。

经过 40 多年发展，临清市轴承产业集群已经形成涵盖轴承钢、轴承钢管、套圈、保持器、滚动体等各个加工销售门类，包含从锻造、车、磨、热处理、装配到检测、销售、物流和科技研发、人才培训、信息中介等专业化明确、配套能力较强的产业体系和产业链条。形成了以烟店镇为中心，辐射周边几个县市、几十个乡镇的集生产、加工、销售为一体的轴承产业集群。

截至 2019 年底，全市拥有注册轴承生产加工企业 2 000 余家，其中规模以上轴承企业 79 家，中轴协会员企业 22 家，理事单位 6 家，山东省轴协会员企业 52 家，从事轴承生产销售的注册个体工商户 4 000 余户，从业人员 10 万余人，可生产 0 ~ 9 类和非标轴承等 11 类、5 000 多种型号产品，远销欧美、东南亚等地 30 多个国家。具备年生产轴承 25 亿套、产值 220 亿元生产能力，产量和产值分别占全国轴承产业的 1/10 和 1/10。中国轴承协会将烟店镇轴承与洛阳市轴承、瓦房店市轴承、浙江省轴承并列为中国轴承"四大集聚区"。

截至 2019 年，临清市轴承产业拥有省级单项冠军企业 1 家、省级隐形冠军企业 5 家，省级"专精特新"企业 10 家；国家级高新技术企业 7 家、省级企业技术中心 5 家、省级"一企一技术"研发中心企业 1 家、省级"一企一技术"创新企业 6 家，山东省技术创新项目 32 个、省创新驱动百强企业 1 家、省创新驱动优秀企业 1 家（如表 7 - 4 所示）。其中，临清市哈鲁轴承已取得澳大利亚国家证券交易所上市核准函；宇捷轴承被认定为全国轴承行业"十二五"发展先进企业、山东省首批制造业单项冠军企业；中瑞轴承、博特轴承被认定为山东省首批中小企业"隐形冠军"企业，蓝宇轴承被纳入全省中小企业"隐形冠军"企业数据库；鲁润轴承、万瑞达轴承被认定为山东省"专精特新"中小企业。

表 7 - 4   临清市轴承技术研发与品牌建设情况

轴承品牌		研发中心	参与标准制修订数	技术专利
中国驰名商标	1 个	国家级热处理新技术实验研究中心 1 家	国家标准起草单位 2 家（中瑞、宇捷）	发明及实用新型专利 43 项
山东名牌	2 个	省级企业技术中心 5 家		
山东省著名商标	7 个	省级"一企一技术"研发中心企业 1 家、省级"一企一技术"创新企业 6 家		
注册商标	420 个	山东省首批制造业单项冠军企业 1 家		

资料来源：根据临清烟店镇调研数据整理取得。

7.4.3　全球价值链下聊城市轴承产业集群质量升级的机理分析

聊城市轴承产业集群虽然经过多年的发展已经具有一定的产业规模，在轴承钢、轴承钢管、套圈、保持器、滚动体等多个生产链条上形成了一批具有一定实力的轴承企业，在国内轴承市场也获得了一定的市场占有率，但是从全球价值链的角度来看，聊城轴承产业集群还处在价值链附加值较低的位置，亟须进行质量升级。聊城市轴承产业集群质量升级示意图如图 7 - 10 所示。

首先，基于聊城市轴承产业集群的发展现状和产品结构，继续巩固其在全球价值链制造环节的优势，提高生产制造环节的核心竞争力，吸引全球供应链核心企业选择"中国制造"，进而推动整个价值曲线向上移动，实现在同一制造环节附加值的提升、价值的增加。聊城市轴承产业集群的主要优势是成本，这是其产业集群竞争力的一个重要方面，需要在未来继续维持其成本优势。除了成本优势还要通过质量、效率、成本、服务等多个方面的竞争要素的培育，将劳动力低成本的单一竞争优势转变为基于多个要素的全面竞争优势，使轴承产业集群的生产呈现出集约化、清洁化、高效化、快速响应的特征，推动聊城市轴承产业集群的转型升级。①

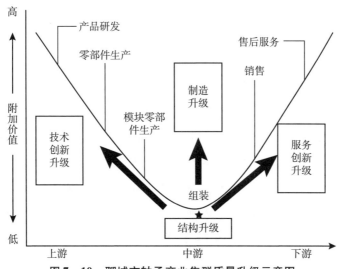

图 7 – 10　聊城市轴承产业集群质量升级示意图

资料来源：罗勇，曹丽莉. 全球价值链视角下我国产业集群升级的思路 [J]. 国际贸易问题，2008 (11)：92 – 98.

　　其次，通过技术创新推动聊城市轴承产业集群在全球价值链中的位置攀升，推动产业集群从价值链微笑曲线中间的制造环节向左边的高附加值环节移动，由劳动密集型的生产环节向技术密集的关键零部件研发设计等环节移动。由于聊城市轴承产业集群以中小企业为主，因此核心企业的技术创新能力与高端产品有一定的差距，而产业集群内整体创新能力不强，也是聊城市轴承产业集群升级中最关键的问题，构建以核心企业为主导的"中卫型"的产业集群，开展供应链上的合作创新是解决创新动力问题的一条有效途径。为此，一是要促进以产业集群内核心企业为主体的自主创

---

　　① 罗勇，曹丽莉. 全球价值链视角下我国产业集群升级的思路 [J]. 国际贸易问题，2008 (11)：92 – 98.

新，积极培育技术型企业，推进企业研发机构建设，提高企业的技术创新能力；二是要实施协同创新战略，集合产业集群中各个企业的技术特长，促进企业之间进行研发合作，加大对地方产业集群升级具有关键作用的共性技术攻关，解决单个企业无法解决的技术问题，在更短时间内实现技术突破；三是要积极实施产学研合作创新战略，加强与高等院校、科研机构、政府有关部门的合作，积极参与相关行业标准制定。①

最后，推动轴承产业从价值链曲线的中间制造环节向右边移动，通过实施制造服务战略推动轴承产业攀升到高附加值的营销、品牌和服务环节。一方面，聊城市轴承产业集群的转型升级需要加快塑造自主品牌的步伐，在现有基础上进一步拓展品牌的影响力，提升品牌的价值。根据价值曲线，市场营销和品牌推广都是附加值很高的环节，沿着价值链曲线向右边移动，标示着制造业产业集群的升级。另一方面，实施产业集群企业服务发展模式，根据聊城市轴承产业集群的规模和现状，可以选择中小企业产业集群服务制造模式（如图7-11所示）。该模式可以对产业集群内的

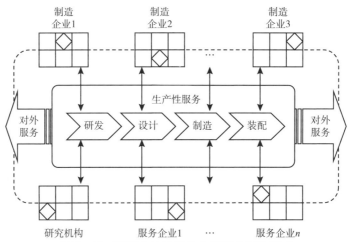

图7-11 聊城市轴承产业集群服务制造模式

资料来源：本图由作者绘制。

---

① 胡大立．我国产业集群全球价值链"低端锁定"战略风险及转型升级路径研究［J］．科技进步与对策，2016，33（03）：66-71．

优势资源进行有效整合，加强供求双方的联系，推动价值链的延伸和产业集群的升级。由于产品处于产业链的低端环节，产品同质问题比较突出，所以聊城市轴承产业集群内存在企业间过度竞争、无序竞争、同质竞争的问题，这也导致企业绩效不佳，创新动力严重不足。对于现有问题，需要延伸产业集群供应链，加快培养龙头企业的步伐，促进上下游企业之间的合作，优化产业集群网络内节点关系，推动聊城市轴承产业集群组织结构升级。

7.5 全球价值链下聊城市轴承产业集群质量升级的问题分析

我国现有瓦房店市、浙东地区、长三角地区、洛阳市、聊城市五大轴承产业集群。瓦房店市是我国最早的轴承产业基地，洛阳市是建国初期国家重点建设的工业基地，这两个轴承产业集群发展起步早，具有较好的工业基础；浙东地区和长三角地区的轴承行业虽然起步相对较晚，但是由于浙东地区和长三角地区都是国内的经济发达地区，对外开放程度高，地方经济发展具有较大活力，当地的工业发展需求也有力推动了轴承产业集群的发展，因此弥补了其起步晚的缺点。与其他产业集群相比，聊城市轴承产业集群以草根经济的方式在夹缝中成就了自己的事业，但是在科技基础、经济发展水平和对外开放程度上的不足，使得进一步升级遇到瓶颈。

7.5.1 集群大而不强，产品处于产业链条中低端环节

作为区域分工体系，产业集群是一种把大多数零部件和生产工艺分散于千家万户、由众多小生产组成的社会大生产体系。聊城市轴承产业集群是一些中小乡镇企业基于低成本集聚而自然发展起来的产业集群。产业集

群中企业数量众多但是个体规模普遍偏小，大多以简单加工为主，停留在低端生产环节，只重模仿而且自主创新能力差，追求的是利润最大化。轴承产业集群中的产品档次低，缺乏市场竞争力，处于价值链最底层，广大小微加工户基本都是家庭作坊式生产，生产设备一般为大企业淘汰的落后旧设备和二手设备，经过他们简单粗加工和低端生产的产品，造成同质产品大量过剩，挤占了市场资源；同时，产业集群中的恶性竞争会迫使中小企业转移他地甚至衰退消亡。例如冠县清水镇轴承圈锻造过程中低端高耗能淬火炉、磨超设备数量较多，"三去一降一补"任务较重，规模小、工艺差、产能落后的轴承业户由于环保意识缺失、环保设备缺乏、环评手续缺少，在国家环保政策不断趋严、各级环保督察力度加大的形势下，已经部分关停或倒闭，最终面临被淘汰的命运。

7.5.2 专业化分工不明确，合作水平差

聊城市轴承产业集群以乡镇企业、私营企业起步，产业链条中企业之间相互协调合作水平差，协作意识差，缺少强有力的生产协调组织，造成了无序与恶性竞争。产品同质生产还减少了企业之间的交流与合作，限制了产业集群创新氛围的形成和产业集群效应的充分发挥。

聊城市轴承产业集群内企业间协作化程度不高，大企业倾向于搞"大而全"，小企业搞"小而全"，不但不能合理配置生产要素，也严重阻碍了企业的技术创新和产品质量的提升。在没有明确专业化分工的前提下，大多数中小企业的生产都呈现小而全的模式，从零部件到最终产品都由企业一手包办，由于生产的产品同质性较强，这也在一定程度上加剧了企业之间的竞争。最终不仅影响了产业集群内企业的合作与交流和经济绩效，阻碍了产业集群内企业规模的扩大，也影响了产业集群的快速发展。

7.5.3 技术创新能力不足，四大质量基础设施建设有待提高

聊城市轴承产业集群技术创新能力相对落后，企业在技术研发、高端

人才引进、行业标准制定、设备工艺流程等方面跟国内先进轴承生产基地还存在一定差距。绝大多数轴承企业还没有实现从技术模仿、技术追踪向技术创新的转变，缺乏核心、专利技术，致使自身没有拳头产品。产业高质量发展所需的标准、计量、检验检测、认证认可四大质量基础设施平台建设有待进一步提高，建设、培育和推广品牌的力度还不够大，各检测机构管理及运营效率有待提高。产业集群缺乏具有核心竞争力、带动性强、知名度高的龙头企业。现有规模企业缺乏自主创新的内生动力和活力，对产业集群内的中小企业的辐射带动作用较弱。

7.5.4 企业自身管理水平低，质量管控措施不强

聊城市轴承产业集群内企业管理者整体素质不高，管理水平低，企业的优秀管理人才少。产业集群内企业特别是中小企业的现代化管理意识不强，规模较大的企业难以招聘到高水平的企业经理人和管理人员，中小企业多采用家族式管理模式，将企业交予家人、亲戚管理，企业产权具有明显的血缘、亲缘和地缘特点。在这种企业制度下，企业的决策权、经营权和管理权高度集中，企业难以及时迅速对市场变化作出正确的决策，导致企业的资源得不到合理利用，这种"一言堂"的决策模式提高了企业的决策与运营风险，阻碍了企业的快速发展。另外，聊城市轴承产业集群主要分布在县域的乡镇和农村，各方面条件跟大城市相比差距巨大，因此对高水平管理人员的吸引力不大。

7.5.5 品牌意识薄弱，人文环境需优化提升

产业集群发展缺乏大品牌、大企业的引领带动，产业集群内的企业和加工业户生产的产品科技含量和附加值较低、核心竞争力不强，高、精、尖产品较少，且产品同质化现象严重，整体质量档次不高，已经成为聊城市轴承产业长远发展的"软肋"。

良好的人文环境是轴承产业集群发展的必要条件，如洛轴所、中机十院、河南科技大学可以作为洛阳市轴承产业集群发展的技术依托，为产品设计、研发等技术创新活动提供技术支撑和人才支持，提供优质的劳动力和人才保障。相比之下，临清市轴承产业的技术工人和企业管理者的受教育水平还有待大力提升。目前，临清市能提供技术培训的学校或机构比较少，科研与教育力量不足，不足以为轴承产业的发展提供人才支持。

7.6 全球价值链下聊城市轴承产业集群质量升级的对策

党的十九大报告明确提出要加快建设制造强国，支持传统产业优化升级，促进产业迈向全球价值链中高端环节。聊城市轴承产业集群的质量升级，应以党的十九大精神为引领，按照习近平总书记"腾笼换鸟、凤凰涅槃"的要求，遏制落后产能低水平重复建设，为优质轴承项目发展腾出空间。具体来说，聊城市轴承产业集群提质增效应做好以下内容：

7.6.1 推动轴承产业集群技术创新，提高产品技术含量、可靠性和精度

积极实施"创新驱动发展"战略，推进"两化"融合，改变聊城市轴承产业缺乏核心技术的现状，加强技术创新和知识产权的保护力度，提高企业核心竞争力。

从我国轴承行业产品结构来看，技术含量较低的普通轴承生产能力已较为充足，而高精度、高技术含量、高附加值的轴承，具有特殊性、能满足特殊工作条件的自润滑轴承，无论是品种还是数量都有较大发展空间。提高滑动轴承生产商的研发、设计和制造能力是实现滑动轴承高技术含

量、高可靠性、高效率、高精度的唯一途径。在国家政策的支持下，随着我国装备制造业的快速发展，预计未来滑动轴承行业企业将把提升轴承产品的精度、性能、寿命及可靠性等方面作为重点投资方向。聊城市轴承企业应通过加大研发力度、引进国外先进制造设备等手段，不断提高研发设计水平及制造水平，这也符合未来行业发展的必然趋势。

聊城市轴承产业集群应由政府主导建立多层次的创新体系。由于聊城市轴承产业集群内没有市场内的大型领先企业，技术积累相对薄弱，技术创新的难度大，因此应该由政府牵头成立以制造技术提升为目的的研发及检验检测中心。建立健全以企业为主体、市场为导向、产学研用相结合的技术创新体系，合理配置资源，促进研发和创新，全面提升技术创新能力。鼓励企业与科研院所、高等院校等联合建立研发机构、产业技术联盟等技术创新组织，推动企业加强以技术中心为核心的技术创新体系建设，建立企业自主创新的基础支撑平台。

7.6.2　完善轴承产业集群质量升级的顶层设计，提升全球价值链分工地位

为确保高质量发展阶段的聊城市轴承产业能持续健康发展，必须制订科学的聊城市轴承产业集群发展规划，完善配套扶持政策。临清市、冠县、东阿县、东昌府区等各轴承产业链产品集聚区也应因地制宜，制订适合本区域的轴承产业集群发展规划。

结合聊城市经济发展现状，规划、设计、建设好轴承产业集聚区，完善硬件设施，提高服务水平，提供更优惠的政策，积极承接产业转移，吸引知名轴承企业到园区发展；推动聊城市轴承企业与国内外知名企业"联姻"，鼓励企业开展技术、产品、市场等方面的合作，优化资源配置，增强综合竞争力。

加快建设轴承产业集群新旧动能转换示范园区，高标准建设标准化厂房，实现企业、加工业户集约化发展，让无法办理环评手续的小微企业、

个体加工户走出村落，进入示范区，利用示范区完善的环评、安全生产环境实现新的发展，把实施环保整改的过程转化为整合轴承产品、完善产业链条、培育优势企业的过程。

加快烟店镇轴承产业园区建设，打造实体市场与"互联网＋"深度融合、相互促进的新型市场。充分发挥山东省内外贸易结合的市场优势，加强电商产业规划，加快电子商务发展。依托"智慧烟店 App"和 WiFi 全覆盖，综合利用物联网、云计算等信息技术，构建智慧化园区管理服务中心枢纽，为市场商户、客商、园区企业提供全面的信息化服务。将烟店镇打造成为全国轴承物流中心，打造集物流园区运营、货运仓储、物流信息平台和进出口贸易平台于一体的专业化仓储物流服务平台，建成生产服务型现代化多功能物流中心。

根据细分市场实施轴承集群差异化发展战略。差异化战略即让产品或服务区别于竞争对手，提供与众不同的产品与服务的发展策略。要在聊城市不同轴承企业之间实施差异化发展，引导各轴承企业合理分工，错位经营，避免内部消耗和重复建设，避免轴承企业恶性竞争，实现优势互补。

企业实施差异化发展战略就是要根据细分市场进行专业化分工，将企业的产品定位于细分市场，集中优势资源打造企业竞争优势。例如，不同种类的滑动轴承对热处理水平、车加工精度、表面处理方式、生产装置自动化程度及制造工艺等要求不同，滑动轴承特别是自润滑轴承存在多品种和多规格产品。因此，现有的滑动轴承企业基本专注某一专门领域或细分市场。全球轴承产业经过上百年的发展已经在全球范围内形成了稳定的专业化分工，国际轴承巨头企业都是在各自的细分市场领域组织专业化生产，通过持续的技术创新打造优势产品。因此聊城市轴承生产企业应当通过科学的市场调研进一步明确产品定位，走专业化分工道路，做强做精细分市场，打造自己的特色和核心竞争力。

实现高柔性大规模生产，提高产品质量。现代轴承行业的制造生产，特别是中小型轴承的制造生产，其产品基本上具有少品种大批量的特点。因此，此类大批量轴承的生产线自动化程度很高，生产效率和设备利用率也很高，但是只能加工生产线设计时对应的一种或几种非常相似的产品。随着产品的高速更新换代，客户需求的不断精细甚至定制，市场对多品种小批量轴承产品的需求越来越多。面对这样的情况，这种"刚性"或低柔性的生产线要么无能为力，要么调整成本过高。高柔性大规模生产是未来轴承智能制造的一个重要方向，随着我国轴承行业的发展，我国生产的轴承产品在轴承市场中受到越来越多的关注，客户对产品质量的要求也越来越高。通过柔性化大规模生产，能够满足不同产品层次的需求。因此，提升生产线的柔性，并保持大规模生产的低成本对于轴承企业适应市场变化至关重要。

7.6.3　优化轴承集群的市场结构，加快培育行业龙头企业

改变聊城市轴承产业集群结构失衡，产业集中度、关联度偏低的现状，需要多途径加快产业集群的转型升级。同时，发挥行业协会作用，鼓励聊城市轴承企业组成产业战略联盟，加强与其他地区交流合作，在更高层次上、更大范围内提高聊城市轴承产业集群的综合影响力。

（1）加快培育行业龙头企业。坚持"外引驱动"和"内生培育"两条腿走路，多途径培育行业龙头企业。一方面充分利用好聊城市轴承的广阔市场，加强对外招商引资，引进国内外大型龙头企业到本地设厂生产；另一方面加大扶持力度，通过联合、兼并、重组等整合资源，逐步培育出更多的龙头企业（集团）。

（2）整顿合并小企业。聊城市轴承产业集群需要依托行业协会，建立轴承产业联盟，尽快改变低端市场无序竞争的现状，适度提高行业准入门槛，逐步限制技术水平低、生产能力弱的作坊式小企业进入，鼓励有竞争力和有产品、技术优势的中小企业快速发展。逐步淘汰落后产能，引导和支持中小企业转型升级，由低端产品生产向"专、精、特、新"方向发展，提高区域产业集聚水平，并努力融入大型企业的产业链中。通过强强联合、差异化，组织形式变革，团体标准＋园区管理等多种途径，引导

一批企业实现"抱团"发展、"融合"发展，打造竞争优势，提升聊城市轴承产业集群的整体竞争力。借鉴中国台湾中心卫星工厂制度，推动中小制造业与同类型的大企业开展专业化协作，形成生产网络关系，发挥整体的合作生产力。

7.6.4 促进服务型制造业发展，提高轴承集群质量升级的服务化水平

除了通过技术创新和设备改造来支撑未来的发展以外，聊城市轴承企业还可以从"生产型制造"向"服务型制造"转型，提供价值链高端服务，"服务型制造"是针对聊城市轴承制造业存在的低附加值、高资源消耗和弱竞争力等问题，提出的一种符合其制造业向全球化、精益化、信息化、专业化、服务化、绿色化、智能化方向发展的先进制造模式。依照中国轴承行业规划，制造业服务化以后会成为一种趋势。

上下游产业的合作价值制造是指下游企业全程参与整个轴承制造与服务的生产和传递过程，下游企业与上游轴承企业的沟通与合作，能够更准确地满足其需求，从而促进轴承生产企业提供下游企业需求的质量、设计、售后和环境等相关的服务；同时，轴承生产企业作为其上游钢铁等供应企业的客户，在享受服务和提供需求的同时，全程参与指导上游企业的制造与服务的全过程，优化和提升上游钢铁、陶瓷等相关行业的产品供应和服务质量，从而依托整个轴承产业链提升了企业竞争力。

实现服务型制造的关键要素是要搭建服务型制造的网络公共平台，实现产业内外资源相互协作、共同创新和整体资源优化。而采用云计算模式和面向服务的多层体系架构，实现了轴承产业内资源的接入和云端化，帮助了产业集群内的中小企业依附平台顺利开展资源优化和业务协作。

7.6.5 加强质量基础设施建设，突出团体标准引领作用

在质量管理方面，一方面质量监督管理部门要建立严格的质量监督管

理体系，完善并宣传轴承行业质量标准体系，积极推进质量认证工作，积极倡导卓越绩效管理、精益生产、零缺陷等先进理念，逐步提高轴承行业的质量管理意识；另一方面，企业要把产品质量作为其生存发展的生命线，建立并实施严格的质量控制管理体系，在整个生产流程中的各个环节都严格按照 ISO 质量标准体系的要求进行操作。

在检验检测方面，提高轴承产品检测中心检测能力和使用效率，整合轴承产品检测资源。发挥山东洛轴所轴承研究院、省轴承质量检测中心临清市检测站等的平台作用，加快智创未来精密轴承科技园建设，推动质城检测中心大厦、国家技术工程中心等尽快建成使用，为园区轴承产业转型升级提供高水平的技术研发、产品检测服务。

在质量文化建设方面，认真开展员工质量教育培训，将保证产品质量作为企业核心文化加以建设。提高企业质量管控流程建设，对企业质量管理流程进行全面培训。依托有资质的聊城市定点培训机构与企业开展订单培训，高薪聘请技术能手、金蓝领技师等人才担任教师，利用职工业余时间开展理论与实践相结合的培训。

推动聊城市轴承产业团体标准建设，成立聊城市轴承技术标准联盟，制定轴承产业"团体标准"。团体标准旨在整合产业资源和社会资源，建设先进的标准化体系，促进产业健康、快速发展。团体标准下的产品型技术扩散在动力机制方面更适合集群网络环境，通过聊城市轴承产业集群团体标准建设，可以规范产业集群内中小企业的竞争秩序，加速企业的技术创新，对于地方政府扶植发展民营企业发挥了重要作用。聊城市轴承产业团体标准建设落后于浙东地区、瓦房店镇等轴承产业集群区，先进地区已先后制定了技术联盟标准等多项团体标准，有力地推进了当地轴承产业集群的发展。聊城市轴承产业必须要加快轴承产业相应团体标准的制定，寻找适合聊城市轴承产业团体标准建设的模式和治理机制，提高聊城市轴承企业的核心竞争能力，推动聊城市轴承产业向高端轴承领域发展。

7.6.6 打造"临清好轴承"区域品牌，提升聊城市轴承集群的品牌水平

建议积极打造"临清好轴承"区域品牌知名度。区域产业集群品牌对政府、产业集群内企业具有明显的积极作用。产业集群成员（相关企业、支撑机构及政府等）均是产业集群品牌的受益者。对政府而言，集群品牌化有利于塑造和提升区域形象，改善投资环境，强化产业集群的集聚机制，成为招商引资、招才引智的"磁场"，促进了资源要素的集聚，从而增加了财政收入，促进了当地就业；对产业集群内企业而言，产业集群品牌化有利于促进技术的创新，提升产品的附加值，形成产业集群区域整体营销效应，创造了市场需求，树立了消费者信心，并且排斥了竞争对手，从而促进了产业集群终端产品、中间产品的销售。

积极探索"群体品牌""区域品牌"的发展路径，即几家企业生产的产品按照同一标准同一流程进行检测，检测合格后打上同一品牌进行销售。这样，能够有效降低品牌创建的成本和风险，实现抱团共赢。首先，树立统一的价值观，打造"品牌价值共同体"。在政府、机关、企业、产业服务单位及客户当中广泛建立统一的"临清好轴承"价值观念，提升区域企业公众的"公共品牌意识"，以"保护和提升区域品牌竞争力"为核心价值观；其次，"临清好轴承"区域品牌为企业品牌背书，帮助其更快进入市场，打消消费者顾虑，增加企业品牌的可信度，缩减消费者购买的决策时间，从而帮助企业打开市场。

把培育本土品牌上升到发展战略的高度去规划、实施。一方面可以对现有轴承品牌进行提升再造，力争成为全省、全国乃至享誉全球的知名品牌；另一方面，有助于协助部分骨干轴承企业将其在全国领先的特色产品创建品牌并加以培养。此外，各种类型、不同规模的企业都要在不同层次上进行自主品牌的建设，以品牌建设带动技术研发、带动质量管理、带动企业长远发展。

8

全球价值链下产业集群
质量升级路径与对策

在我国产业集群进入高质量发展阶段的时代背景下，推进全球价值链下产业集群质量升级，必须坚持"创新、协调、绿色、开放、共享"的新发展理念，按照创新驱动、质量第一、效益优先的方针要求，深化质量技术、质量基础设施、质量品牌、公共质量管理、市场质量服务等供给侧结构性改革，不断优化产业集群质量供给水平，提升产业集群质量供给层次，推动产业集群质量变革，才能从根本上贯彻和落实"中国制造2025计划"，实现"推动中国制造向中国创造转变、中国速度向中国质量转变、中国产品向中国品牌转变"的战略目标。

8.1 全球价值链下产业集群质量升级的路径

推进全球价值链下产业集群质量升级，必须以客观存在的一般经济规律和特定的技术发展路线为遵循，以新发展理念为指导，以质量供给侧结构性改革为着力点，坚持目标导向、战略导向与结果导向相统一，实现合规律性与合目的性的有机统一。从运行主体和机制作用发挥来看，要充分发挥市场对资源配置的决定性作用，更好发挥政府调控、规范和引导作用，要以企业为主体，以产业集群协会为桥梁，以消费者需求为基准，以社会生态为支撑系统。从技术路线来看，要通过不断的质量技术创新、质量基础设施升级、质量品牌塑造、质量链治理及质量文化建设，打通产业集群研发投入→专利确权→标准制定→品牌塑造→市场拓展→利润增加的关隘，不断推进产业集群技术专利化、专利标准化、标准国际化、产品品牌化、品牌国际化，从而实现产业集群全球价值链的跃升。

8.1.1 面向全球中高端价值链，加快产业集群引领式技术导向创新

追求更高利润和获取更多价值增值，是产业集群质量升级的根本动力。技术创新是通向更高利润和实现价值增值的必经之路，是产业集群质量升级的根本途径。加强5G、云计算、大数据、物联网等新技术在质量基础设施建设和管理方面的应用，是产业集群质量升级的重要抓手。

1. 树立全球视野和世界眼光，不断推动产业集群内企业的技术创新

技术特别是核心技术规定了产品质量的内在功能属性，决定着产品质量满足需求程度的层级差异。技术创新是产业集群产品质量不断升级、满足市场需求层次不断提高的根本与关键。推进技术创新，占领全球高端价值链，首先要树立全球视野和世界眼光。视野决定技术创新的空间，眼光决定技术创新的时机。只有树立全球视野和世界眼光，才能在中外比较中坚持问题导向和目标导向，及时发现我国产业集群存在的问题和短板，进一步明确产业集群发展的全球坐标和差异定位。只有树立全球视野和世界眼光，才能在全球范围内，捕获一流的产业技术信息，寻求一流的创新资源，在学习借鉴和消化吸收中不断实现技术突破和自我超越，实现经营方式由劳动密集型、资本密集型向技术和知识密集型转变。通过持续创新和自我革新，推动微笑曲线从中间向两端延伸，不断实现产业价值增值和价值链的跃升，从而摆脱产业链、价值链的低端锁定。

中国制造业产业集群领军企业发展的普遍经验表明，全球化经营理念和战略是推动企业持续创新的先导和前提。作为中国白色家电产业的领头羊和"走出去"的典型代表，海尔集团在 20 世纪末开始实施国际化发展战略，2005 年实施国际品牌化战略的同时，不断开拓全球销售网络、研发和制造基地，并先后在欧洲建立德国研发中心、意大利设计中心、法国营销中心，抢占了高端家电产品研发阵地，截至 2018 年，形成了十个研发基地（其中海外 8 个）、66 个营销中心，实现了设计、制造、营销"三位一体"的全球网络布局①，2020 年海尔集团全球营业额达到 2 097 亿元，同比增长 4.5%②。作为全球领先的信息与通信（ICT）基础设施和智能终端提供商，华为投资控股有限公司（以下简称华为公司）1996 年首次进入香港市场，开启了艰难的国际化征程。在激烈的国际市场竞争中，华为公司曾与处于巅峰时期的摩托罗拉达成出售协议，由于对方人事变动，最终被拒，从此华为公司被迫增强了与世界一流同行企业竞争的决心，更加注重科技研发，强化研发投入力度，成就了华为公司在 ICT 领域的全球领先优势；作为宠物食品行业的后起之秀，乖宝宠物食品集团有限责任公司从创业之初，就树立了"全球视野，持续创新"的发展理念，不断解放思想，瞄准国际市场，通过对接美国、欧洲地区、日本等严格的国际标准，倒逼企业加快技术创新步伐，建立起跨国界跨地区联合研发中心、检测中心、智能化生产线、仓储物流和电商中心等创新平台和经营设施，实现了由贴牌生产向自主品牌塑造的转变。因顺应国际贸易形势的新变化，2018 年乖宝宠物食品集团全球营业额达到了 13 亿元，其中国内收入接近 7 亿元。

2. 增强集群创新能力，由"跟踪""并跑"走向全球引领

能否实现技术创新不仅在于拥有创新意识，更在于拥有技术创新能

---

① 海尔海外市场 [EB/OL]. [2020 – 04 – 30 访问] http：//www. haier. net/cn/about_haier/haier_global/market/.

② 海尔 2020 年财务报告。

力。其获取、积累和蜕变提升的渠道，一是"干中学"①（Arrow，1962），二是"用中学"②（Rosenberg，1982）。通过实践创新，不断积累创新成果；通过使用反馈，不断改善产品，推进技术创新。技术创新能力不是先天就能获取的，需要大量的学习和反复试验。基于创新具有的特定的不确定性风险特征，创新的实现是一个小概率事件。要实现这个事件，必须遵循创新规律，没有任何捷径可循。对于后发国家，产业集群发展相对较晚，自主创新一般建立在技术模仿、吸收消化再创新基础之上。对于企业技术演化，一般遵循仿制、创造性模仿和自主创新三个发展阶段③。基于正确的战略导向和充分必要的投入付出，企业可以通过扩大竞争对手的技术溢出效应和企业内外联动的学习效应，快速获取、整合和消化二手技术，缩短仿制、创造性模仿阶段的时长。但在自主创新阶段，一切都是未知数，创新实现只能充分依赖企业自身的学习效应，整合人类社会现有的一切科学知识，以满足人类社会发展的现实需求与未来愿景为导向和目标。

以中国高铁为国家名片的轨道交通产业集群，通过不间断的技术积累、技术引进消化再吸收、技术自主创新实践，形成了自主创新的技术能力，实现了由"跟踪""并跑"走向全球引领的重大转变。中国中车作为中国轨道交通产业集群的领军企业，在积累了自主研制动车组技术的基础上，于2004年、2005年通过国际招标成功引进了法国、日本、德国和加拿大先进的产品平台和部分关键技术，坚持自主创新、开放创新和协同创新，先后成功研制了具有完全自主知识产权的"和谐号"CRH380A高速列车（2010年）和"复兴号"中国动车标准组（2017年）。中国中车已经形成了完整的产业链，动车组技术、重载技术、城轨地铁技术达到世界

---

① Arrow，K. J. Economic Implications of Learning by Doing [J]. Review of Economic Studies，1962，2：155–173.

② Rosenberg N. Perspectives on technology [M]. London：Cambridge University Press，1976.

③ 金丹，杨忠. 创新驱动发展下的领军企业技术能力提升策略研究 [J]. 现代经济探讨，2020（03）：81.

先进水平，动车组国产化率提高到90%以上，铁路技术装备制造已经领跑世界①。华为公司作为民营企业的创新典型，非常注重科技研发，每年研发经费销售收入比保持在10%以上，研发人员比重接近50%，近10年累计投入的研发费用超过6 000亿元。2019年，华为公司研发经费支出达到1 316.59亿元，占销售收入的15.3%。长期高强度的研发投入，换来的是领先的技术优势，确保了在美国极端政策冲击下没有偏离正常航道，依然保持着旺盛的生命力。截至2019年底，华为公司拥有有效授权专利85 000多件，其中90%以上为发明专利；中国以外国家有效授权专利50 000多件，其中欧美有效授权专利40 000多件。华为公司2005～2016年海外销售收入比重保持在50%以上，2019年销售收入达到8 588亿元，同比增长19.1%，其中海外销售收入占比为41%②。2005～2019年营业利润率这一指标年均保持在10%以上。华为公司的创新能力，已经从基于客户需求的技术创新、工程创新、产品创新和解决方案创新的1.0时代，迈向基于愿景驱动的理论突破和基础技术发明的2.0时代③。

3. 推动5G、AI、低碳等技术变革应用，提升质量管理效能

以5G、云计算、AI、新能源为代表的新一轮信息技术、智能技术和绿色技术革命，正以排山倒海、压倒一切之势滚滚而来，全社会各领域各产业只可迎，不可拒。敏捷、智能和绿色象征着人类发展的美好需求属性，昭示着人类社会的发展方向，必然寄寓于各种产品、服务、工程和环境的质量要求之中。质量层次的先进性，一方面取决于由技术创新能力创造的内在技术构造，另一方面在于质量基础设施和质量管理手段、方法和技术的先进性。作为第五代移动通信技术，与4G相比，5G具有高速度、广覆盖、低功耗、低时延的复合特征。5G、AI、云计算、低碳相互赋能，

① 刘化龙.科技创新引领高质量发展——中国轨道交通装备科技创新的实践与思考［N］.人民日报，2018-11-29.
② 2020年度报告［EB/OL］.https：//www-file.huawei.com.
③ 华为投资控股有限公司.2019年年度报告［EB/OL］.［2020-04-30访问］https：//www-file.huawei.com/-/media/corporate/pdf/annual-report/annual_report_2019_cn.pdf? la=zh.

大大拓宽了物联网、工业互联网的应用空间，推动了国家质量基础设施、产业集群质量治理内外的互联互通，推进了企业质量管理与 MES 系统、ERP 系统、CRM 系统和 OA 系统的有机融合，形成了全链条全过程信息化的质量责任追溯、问题分析和数据反馈的一体化系统。加速 AI 场景模拟和开发，提升云计算效能，有助于开发极端量测量、计量传感技术、动态测试和在线测量技术等高精准度、高稳定性的量传溯源技术，使计量测度更加精准、更加可靠。通过在线场景识别、人机交互、流程再造，有助于生产、管理、仓储和营销标准化实施；通过理论算法革新、计算能力提升，有助于制定新的标准，提升标准化和检验检测的运行效率，使标准管理更加科学、检验检测更具能效。同时，通过程序优化和迅速响应，及时发现、淘汰质量不合格的产品，降低质量治理的信息不对称成本和人为操作成本，使质量管理更加智能、简捷、经济，符合当代绿色发展方向。

当前，我国 5G 产业已具备从技术到应用的国际竞争优势[①]，AI 技术申请专利数居全球第一，为产业集群质量治理提供了操作层面的先进技术支撑。从实践扩散路径来看，遵循了由点到线、由线到面的发展演化过程。所谓点，即产业集群的一个或极少个领军企业，利用 5G 高宽网络，通过大量的在线传感器、回传设备和中央处理系统，建立起一套符合企业发展实际、能够优化和重塑业务流程的智能制造与管理系统，在质量管理领域率先在全行业形成新技术突破，成为智慧管理的典型。所谓线，即与产业集群领军企业联系比较密切的个别上下游企业或者具有替代性质的一些横向企业，通过技术溢出效应和学习效应，掌握了新的质量管理技术和解决方案。所谓面，即在产业集群所有大中小企业生态圈实现了质量管理的现代技术突破，质量管理效能大大提升，助推了集群产品向集群品牌转变、集群价值链向全球高端跃升。

---

① 郭晓蓓. 5G 产业发展概况及投资建议 [J]. 中国国情国力, 2020 (04)：9 – 11.

8.1.2 建立健全产业集群技术标准化联盟，抢占国际标准前沿阵地

技术标准是产业集群内外竞争的制高点，是产业集群质量升级的技术手段，在产品质量技术要求方面发挥了规范、约束和引领作用。产业集群技术标准化联盟是产业集群技术标准制定修订、推广和完善的有效组织形式，是产业集群技术标准进行市场扩散的助推利器①，是构造产业集群质量治理多元化体系的主体内容。因此，产业集群技术标准化联盟成为产业集群跨区域竞争的常用形式。建立与国家主导标准协同发展的市场标准体系，大力培育产业集群团体标准，积极参与国际标准化申报和组织机构事务活动，是增强国际标准话语权、抢占国际标准前沿阵地的重要形式。

1. 发挥领军企业作用，建立健全产业集群技术标准化联盟

技术标准联盟是产业集群发展到一定阶段的必然产物②，是产业集群内部较为先进的技术进行市场扩散的一种高级组织形式，是产业集群各企业利益关联增强的必然结果。作为市场扩散的技术准则和依据，标准是产业集群各治理主体进行有效组织、达成统一契约的技术体现。中国标准化改革实践的方向表明，在不断完善社会主义市场经济体制的框架下，逐步推动中国标准由政府主导向政府市场共同发挥作用转变。我国产业集群技术标准化联盟的建设历程与发展实践表明，政府在技术标准联盟成立和发展的作用必不可少，但是干预的力度在减弱；市场主导、自主发挥的模式特征愈发明显，更能代表产业集群企业的意愿，符合标准建设的实际，标准建设绩效和可持续性进一步加强。早期的时分同步码分多址（Time Di-

---

① HEMPHILL T A. Cooperative strategy and technology standards setting: a study of U. S. wireless telecommunications industry standards development [D]. Washington, D. C.: The George Washington University, 2005.

② 李庆满. 产业集群条件下技术标准联盟形成的动因探析 [J]. 中国市场，2009（28）：12 - 14.

vision – Synchronous Code Division Multiple Access，TD – SCDMA）标准联盟（2002 年成立）、数字音视频编解码技术标准（Audio Video coding Standard，AVS）产业联盟（2005 年成立）虽然由多家企业自愿联合发起成立，但是政府干预色彩较为浓厚①，特别是 TD – SCDMA 标准联盟的成立和发展，离不开国家部门的强力支持。闪联（IGRS）产业联盟（2003 年成立）在政府监督和激励的历史情景惯性下，探索出一条主要由市场自主制定的标准模式，成为标准化市场改革的典范。在市场自主制定的标准模式中，领军企业发挥了关键作用。

相对于跟随者企业，领军企业在产业集群中往往学习能力较强，具有获取前沿技术和核心技术的动力优势，在行业某些技术领域甚至关键领域积累了一定的领先优势。领军企业在规模经济、范围经济效应方面较为显著，往往具有较高的市场占有率，表现出较强的市场竞争力和产业集群领导力，能够发挥引领、示范和带动作用，形成产业关联和产业集群发展的积极的外部效应。因此，领军企业在产业集群中往往扮演龙头企业或者隐形冠军的角色，在标准联盟建设中发挥着倡议者、推动者甚至主导者的作用。

发挥市场在产业集群标准化资源配置的决定性作用，必须充分发挥领军企业的模范带头作用。增强领军企业在产业集群技术标准化联盟建立健全的责任感、危机感和使命感，发挥领军企业产业集群公共物品和服务供给的部分积极作用，增强产业集群大中小企业在标准化领域的联系，构建产业集群内外统一的标准化体系，形成产业集群标准化合力，增强产业集群技术标准联盟在团体标准、行业标准和国际标准的话语权。同时，在领军企业和跟随企业之间，建立科学合理的利益共享和风险共担机制，保障产业集群技术标准化联盟长期存在、持续发展。

2. 培育壮大团体标准，积极推进团队标准与国际标准对接

标准建设是产业技术标准联盟的直接功能体现，决定着产业技术标准

---

① 王茂光，李博，唐孝文. 技术标准联盟发展演化的关键路径研究——以 TD 联盟为例 [J]. 管理现代化，2015，35（05）：3.

联盟的生命力。作为市场和科层制之间的中间组织形式，产业技术标准联盟在团体标准、行业标准和国际标准建设方面发挥了不可或缺的作用。2019 年国家标准化管理委员会、民政部印发的国标委联〔2019〕1 号文件，明确了《团体标准管理规定》，肯定了产业技术联盟在制定团体标准、填补"四新"标准空白、创建中国标准品牌和推进国际标准化的积极作用。当前，我国团体标准发展较快，根据全国团体标准信息平台发布的数据可知，截至 2020 年 4 月底，我国社会团体公布的团体标准涵盖了 20 个国民经济行业分类中的 19 个，其中团体标准数量最多的为制造业，共计 6 087 项，占团体标准总数的 41.9%，其次是农业、林业、牧业、渔业，共计 1 800 项，卫生和社会工作类等行业，共计 806 项。出现这一现象的原因，主要是以产业技术标准联盟或产业联盟为代表的中间组织相对集中在制造业领域。

高起点的国内团体标准，既可以转换为行业标准，也可以通过国际标准 ISO 立项审查转化为国际标准；同样，国际标准 ISO 立项，也可以转化为国内团体标准。例如，闪联（IGRS）提出的信息设备资源共享协同服务标准，先后成为 3C[①]协同领域的国家推荐性行业标准（2005 年）和国际标准（2010 年）。宜昌汇富硅材料有限公司王跃林博士主导制定了国际标准 ISO 18473 - 3：2018《硅橡胶用气相二氧化硅》，于次年通过我国氟硅协会标准化委员会团体标准立项审查，成功转化为我国团体标准，这对规范和推动相关产业发展发挥了重要作用。

壮大团体标准，必须建立促进可持续发展的互利共赢和风险平衡机制，积极探索专利共享的典型做法和经验模式，促进利益共享，提高产业集群内部企业遵循和实施团体标准的积极性、主动性；加强对团队标准培育的资金支持力度，继续设立政府专项基金，引导社会团体加大在团体标准方面的资金投入；加强团体标准人才队伍的建设，积极引进紧缺的海内

---

① 所谓 3C，即 "computer, consumer electronics & communication devices" 的英文首字母简称。

外高精尖标准化人才，建立有效的师徒传帮带机制，加速培养产业技术标准联盟内部人才；根据市场需求，扩大高校标准化专业在校生招生规模，充实团体标准化后备人才力量。基于当前团体标准的快速发展，需要加强外部监管和产业技术标准联盟自律，确保团体标准全面超越或严于国家标准、行业标准，及时填补国内标准的空白，并不断提升团体标准的质量水平，积极推动促进对接、有效转化为国际标准，不断抢占国际标准阵地。

8.1.3　推进量子基计量基础设施建设，提升检验检测、认证认可能级

　　先进而完善的计量设施是产业集群实施标准化、推进质量升级的基础和前提，计量质量检测是控制产业集群产品质量的根本方法。检验检测、认证认可是保障产业集群产品质量的有效手段，是产业集群产品质量管理的体检证、市场交易的信用证和国际贸易的通行证①。随着国际计量进入量子时代，国际计量基准发生变革，客观上对国家计量基础设施升级改造和计量标准再修订提出了新的要求。为顺应量值传递溯源的扁平化发展趋势，必须优化计量资源配置，形成国家量子计量检定实验室、产业集群第三方量子计量检定实验室和企业量子计量校准实验室优势共生、资源共享的产业计量生态发展格局。深化检验检测、认证认可机构"放管服"改革，完善规范市场化运行秩序，提升产业集群质量合格评定服务能级。

　　1. 深化计量供给侧结构性改革，推进量子基计量基础设施建设

　　以量子计量基准为核心，深化量子计量供给侧结构性改革，健全完善国家量子计量基础设施，更新改进现有计量标准。从历史纵向发展来看，新一轮技术革命特别是智能制造的迅速发展，建立在高精度数据的测量基础之上。通过自动化、智能化的传感器，测度、采集大量精准可靠的

---

① 国家认证认可监督管理委员会. 认证认可检验检测基本情况［EB/OL］.［2020 - 05 - 10访问］http://www.cnca.gov.cn/rdzt/2019/qgh/hyzl/201902/t20190227_57090.shtml.

数据；通过物联网、云计算、大数据和 AI 处理，形成一套自动化、智能化的解决方案和操作流程。在智能制造背景下，数据成为解放和发展生产力的重要资源。随着时间演化推移，原有计量基准具有不稳定性，难以适应测量精度、测量范围和测量响应的变革要求，为顺应这一变革要求，随着 2019 年 5 月 20 日新国际单位制（SI）体系的生效，计量基准告别实物状态进入自然常数的量子时代，计量单位制量子化变革成为新趋势。为了抓住这次变革机遇，需要更新改进现有计量标准，制定新一轮国家计量发展规划，改造升级计量基础设施。从现有横向比较来看，虽然我国各地纷纷实施标准化战略，个别企业通过进口和研发，建立了较为先进的计量检测设施，但是可供产业集群使用的大部分计量传感器、敏感期、检测器等仪器设备与现有国际标准还存在一定的差距。现有国家、省、市、县四级量传体系建设固化、更新速度较慢，难以满足先进计量技术的检定需求，现有计量基础设施，难以对量子基准计量技术的发展需求做到及时、迅速和有效的响应。因此，瞄准国际前沿阵地，必须加大量子基准计量技术研究和器具研发，特别是量子基智能计量器具研发、计量器具在线检定和远程校准技术研究，完善量子基准计量技术规范和标准再修订，形成世界领先的量子基计量技术体系。

优化配置计量资源，补全量值溯源链，健全扁平化的产业集群计量体系。在国家层面，加大投资力度，建设一批国际一流的以量子基准为支撑的国家产业计量测试中心，满足先进企业对先进计量技术的检定需要。强化社会公用计量标准建设，满足现代化产业、医疗卫生、教育体育、安全环保等经济发展和社会民生领域的计量需求。鼓励产业集群技术标准化联盟建设第三方计量检定实验室，鼓励先进企业建设先进的量子计量校准实验室，不断提升计量质量供给水平。注重产业集群内外计量优势互补，加大各方计量资源整合，建立可持续发展的协议定价与市场化运作相结合的技术共享与利益补偿机制，最大限度地提升计量资源的使用效率，充分发挥计量在产业集群质量升级的基础性、根本性作用。

2. 加强检验检测、认证认可"放管服"改革，提升服务集群效能

（1）加强"放"改革。所谓"放"，即简政放权，减少、简化行政许可和审批，旨在降低制度性交易成本，建立有序运行的检验检测、认证认可市场秩序。作为 21 世纪的现代服务业，检验检测、认证认可是我国重点发展的新兴产业。2011 年 12 月，《国务院办公厅关于加快发展高技术服务业的指导意见》一文将检验检测列入国务院重点发展的八大高技术服务业。2014 年 7 月，《国务院关于加快发展生产性服务业促进产业结构调整升级的指导意见》一文将检验检测认证列入国务院重点发展的十一大生产性服务业。2018 年 1 月，《国务院关于加强质量认证体系建设促进全面质量管理的意见》一文专门就加强质量认证体系建设形成意见，提出了完善强制性认证制度、创新自愿性认证制度、清理行政许可、简化审批等"放"改革措施，要求充分发挥认证认可制度的市场化、法治化、国际化特性。在新形势下，要充分发挥市场对检验检测、认证认可资源配置的决定性作用，加快发展第三方检验检测、认证认可服务，鼓励组建产学研用一体化的检验检测认证联盟，构建检验检测、认证认可的市场运行体系和产业服务体系。

（2）加强"管"改革。所谓"管"，即加强监管，创新质量监管模式，完善质量监管体系，旨在规范和保障稳定的检验检测、认证认可市场秩序。充分发挥市场对检验检测、认证认可资源配置的决定性作用，不等于完全让市场发挥作用。完全放任检验检测、认证认可市场，不利于产业的健康稳定发展。当前，存在一些从业机构及人员为了谋取不当得利而丧失责任意识、诚信意识的机会主义行为，严重违反了检验检测、认证认可工作的客观性、准确性和严谨性精神，甚至弄虚作假、主动索贿，触碰了法律的底线。这不仅加大了企业的经济成本，助长了企业的机会主义倾向，损害了消费者质量安全权益，也严重干扰了整个行业的运行秩序。必须健全完善"法律规范、行政监管、认可约束、行业自律、社会监督"的五位一体监管体系；建立具有法律约束力的采信制度，加大诚信缺失的法律惩罚成本；建立自上而下与自下而上相结合的有效监管分工机制，注

重监管力量下移，增强基层质量监管队伍和能力建设；加强行业监管自律，对于出现的问题和苗头及时发现、及时治理；加强对新闻媒体、消费者的监督，保护消费者的正当权益。

（3）加强"服"改革。所谓"服"，即优化服务，转变政府职能，提升政府服务效能，旨在更好地发挥政府在检验检测、认证认可的公共服务作用。根据国际质量发展形势，结合我国实际，及时制定和调整检验检测、认证认可产业发展规划和政策措施，发挥对产业集群加强质量管理的引导作用；加大财政支持力度，采用政府投资、政府和社会资本合作（PPP）等多种方式，健全完善高标准的区域布局合理的质量溯源、质量信息、质量安全、质量品牌、质量保障等公共服务平台，建立企业、消费者、专业机构、行业协会和政府五位一体的产业集群质量治理体系；建立健全政府、产业、社会等多层面、网格化的质量管理采信机制，建成最严厉最严格的质量失信惩戒机制；强化检验检测、认证认可监管服务，不断增强产业集群质量信用意识，推动产业集群企业提升质量信用水平，形成一批具有国际竞争力、影响力的检验检测、认证认可企业集团；充分利用"互联网+"、大数据、人工智能、5G等新技术，创新政府服务模式，推行检验检测、认证认可"一站式"窗口服务，降低政府服务成本，提升服务效率。

8.1.4　强化集群品牌与企业品牌互动，加快产业集群国际品牌建设

品牌建设是现代市场竞争的主要手段，是跨国公司、知名企业的通行做法，是产业集群质量升级的价值表现。品牌建设具有丰富的含意，包括了精神层面的品牌精神、价值观与管理哲学，物质层面的产品、服务、环境与工艺流程，制度层面的品牌决策体制、组织结构与管理制度，以及行为层面的品牌设计、传播、扩张和服务等[①]。从供求两端来看，品牌建设

---

① 盖宏伟.产业集群品牌特征、结构及构建策略 [J].企业经济，2010（11）：54－58.

一方面要求供给方产品、服务及社会价值供给质量的高凝结、高标准，另一方面体现为需求方消费密度、丰度以及广度的高满意、高黏性。品牌建设的过程，既是产业集群产业链不断成长、发展和延伸的过程，也是产业集群价值链不断渗透、提升和迈向全球高端环节的过程。

1. 积极发展壮大产业集群品牌，不断扩大产业集群市场影响力

产业集群品牌是产业集群知名度、美誉度发展到一定阶段的产物，是与其他产业集群整体相区别的符号，是产业核心竞争力的综合体现。从产业集群品牌性质来看，产业集群品牌具有俱乐部公共物品的属性特征，与产业集群内的企业品牌具有较强的互补共生关系；从产业集群品牌效益来看，与大企业相比较，产业集群品牌对中小企业的利益影响更为明显[1]，对于大多数中小企业来说，建设融入产业集群品牌是提升企业知名度、增强市场影响力的重要举措；从产业集群发展来看，产业集群品牌建设是产业集群整合优化内部资源、扭转"小、散、乱、弱"局面、加快产业集群品牌国际化、提升产业国际竞争力的重要路径选择。产业集群品牌建设理论研究的初衷，有着深厚的实践基础，主要是为了应对我国加入 WTO 后本土企业遭遇跨国公司同台竞争的严峻挑战[2]。在我国加入 WTO 之前，相关研究成果极少，主要体现在概念的提出上，王缉慈等（2001）最早提出了"集群品牌"概念[3]，蕴含了产业集群品牌的区位性、共同性和整体性特征。

随着产业集群实践的发展和研究认识的深入，产业集群品牌的范畴逐步厘清[4]，产业集群品牌建设的实践正在推进。2016 年 10 月，工信部科函〔2016〕420 号文件确定随州专用汽车、温岭机床工具、清溪光电通讯

---

① 邓恢华，杨建梅. 从集群品牌视角探讨广州汽车产业集群竞争力的提升［J］. 南方经济，2005（09）：60.

② 北京国际贸易学会课题组. 中小企业集群克服开拓国际市场的障碍［N］. 国际商报，2003－12－13（03）.

③ 王缉慈等. 创新的空间——企业集群与区域发展［M］. 北京：北京大学出版社，2001.

④ 何晓媛，宋永高. 集群品牌是集群整体的品牌还是集群产品的品牌？［J］. 商业研究，2016（08）：137－144.

等 6 个产业集群为首批产业集群区域品牌建设示范区，其中深圳内衣区域品牌组织实施单位为深圳市内衣协会，其他皆为相应所在地政府，这是在国家层面上对产业集群品牌建设实践的积极肯定与认可。2018～2019 年，中国品牌建设促进会和相关产业集群协会先后主办了两届"中国集群品牌论坛"，成立了涉及中国资源、技术、特色产业和中华老字号等领域的 30 个产业品牌集群，开启了国家性区域产业集群品牌的实践探索。其路径是通过发挥国家产业协会的作用，推动产业集群内的企业品牌，进而塑造产业集群的整体品牌。

基于全球价值链的视角，积极发展壮大产业集群品牌，需要遵循从产业集群企业自主品牌→产业企业品牌集群→产业集群地方性区域品牌（实质上就是地方性区域产业集群品牌）→中国产业集群品牌→国际品牌的发展路径。为实现产业价值链跃升，必须首先培育壮大产业集群企业自主品牌。对于一般性的非资源型工业品产业集群而言①，企业自主品牌培育是产业集群品牌构建的基础。充分发挥政府引导、产业集群协会桥梁和纽带作用，鼓励支持产业集群内部企业增强研发能力和品牌意识，实现由 OEM→ODM→OBM 的发展转变。更好地发挥政府在产业基础设施建设、公共服务效能提升、市场秩序维护、工匠精神弘扬等营商环境的塑造和升级作用，推进产业集群企业品牌集聚，更好地发挥地方政府与产业集群协会的协同创造作用，打造地方性区域产业集群品牌。

充分借鉴地方性区域产业集群品牌形成的经验，不断提升产业集群的市场影响力。连续多年位居全国百强镇的古镇镇，在产业集群品牌壮大方面提供了一个较为成功的制造业样板。20 世纪 90 年代古镇镇政府在"工业立镇"、主打灯饰龙头产业的战略支持下，形成了古镇镇灯饰产业集群和古镇镇灯饰产业集群品牌。1998 年古镇镇灯饰产品更新速度加快，全国市场占有率超过 50%；1999 年共有灯饰及配套企业 352 家，并举办了

---

① 有学者，将产业集群品牌分为一般性产业集群品牌和特殊性产业集群品牌（主要包括原产地名称品牌和地方民间品牌）。本研究对象主要为一般性的非资源型工业品产业集群品牌。详见：牛永革，赵平. 基于消费者视角的产业集群品牌效应研究 [J]. 管理科学，2011（02）：44～56.

首届中国（古镇）国际灯饰博览会，至 2020 年已累计举办 24 届，打响了古镇镇灯饰的品牌；2000 年，注册"古镇灯饰"集体商标；2001 年，组建中山市（古镇）照明技术研究开发中心、中山市（古镇）企业技术中心研发中心和灯具检验检测室，推动了灯饰照明共性技术研发，提升了产品质量合格率；2002 年成立了古镇镇照明电器协会，荣获中国轻工业联合会和中国照明电器协会联合授予的"中国灯饰之都"称号，创办了中国灯饰照明行业第一份报纸——《古镇灯饰报》，确立了古镇镇灯饰区域品牌的整体形象，同年，全国市场占有率达到 60%；2010 年，组建了具有集体所有制性质的古镇镇生产力促进中心，加快了新技术、新材料、新工艺研发力度；2011 年，古镇镇成立"中国中山（灯饰）知识产权快速维权中心"，开启了全国知识产权镇级平台建设的先河；2014 年，经中国照明电器协会年度报告确认，古镇镇灯饰占全国市场份额比重达到 70%；2015 年，召开首届中国灯饰之都（古镇）灯光文化节，研发经费占生产总值比重超过 2.36%，总产值达 176.6 亿元，出口的国家和地区达到 130多个；2016 年，古镇镇灯饰入选国家首批产业集群区域品牌建设示范区，拥有专利总量接近我国的一半，市场份额占世界总量的 50% 以上；2017年，成立古镇镇灯饰区域品牌联盟，由灯饰产业集群内部领军企业琪朗、华艺等出资组建的古镇灯饰品牌联盟股份有限公司负责运营；截至 2019年，古镇镇共有各类市场主体总量 41 685 户，高新技术企业 128 家，规模以上企业 109 家[①]，其中绝大部分为古镇镇灯饰照明企业。目前，古镇镇灯饰拥有 10 多个集体商标，汇集琪朗、欧普、华艺、开元、胜球等几十余家行业知名品牌，带动古镇镇及其周边电商品牌年销售额达到 5 000 万元以上的有 100 余家。充分利用新一轮技术革命成果，古镇镇灯饰正朝着"世界灯饰之都"迈进。

2. 强化产业集群品牌与企业品牌互动，形成国际品牌共建格局

在推进产业集群品牌迈向国际品牌的过程中，必须正确处理好产业集群

---

① 中山市古镇镇人民政府. 2020 年古镇镇《政府工作报告》［EB/OL］.［2020 - 05 - 15 访问］http：//www. zs. gov. cn/zsgzz/gkmlpt/content/1/1743/post_1743014. html#1871.

品牌与产业集群内部企业品牌之间的互动关系。由于产业集群品牌与企业品牌代表的是不同利益主体，二者在运行成本、运行机制和利益共享方面存在较大的差异，尽管学者们和业界多倾向于二者一致性的观点主张和愿景初衷，不可忽视二者之间的利益分歧及产生的隔阂与冲突，但是基于产业集群品牌的公共物品属性特征，由于成本收益不对称和信息不对称，产业集群品牌的使用企业存在一定的"搭便车"现象和机会主义行为。因此，必须建立合理的成本支付机制，降低企业"耍滑头"的概率。同时，若存在产业集群内部一个或几个领军企业一枝独秀的情景，即通过自身努力实现了企业内品牌集群，从而成为了世界一流的国际品牌，那么从利益机制驱动此类企业建设产业集群品牌存在相当程度的困难。因此，必须建立新的激励机制，推动大企业建设产业集群品牌，带动整个产业集群品牌的提升。总之，必须在明确产业集群品牌与企业品牌分歧甚至冲突的前提下，强化产业集群品牌与企业品牌的互动，达成合乎目的性与规律性的一致。

在制定产业集群品牌标准时，必须充分把握现有企业品牌标准，科学定位产业集群品牌发展方向，合理制定产业集群品牌发展规划。产业集群品牌建立的初衷与目的在于，通过加强产业集群内部合作，形成交互共生优势，不断提升整个产业集群的技术标准、质量管理水平和整体形象，不断提升国际市场影响力，成为国际品牌。作为公共品牌，产业集群品牌在标准制定时，应借鉴国际领军企业品牌标准制定经验，结合产业集群发展实际，制定实施略高于产业中位数企业品牌标准，倒逼产业中位数企业品牌标准以下企业进行品牌塑造和升级；如果企业品牌标准低于国际领军企业品牌标准，应努力保持领先企业对产业中位数企业品牌标准以上企业的平台支撑作用，推动产业中位数标准以上企业品牌进一步做大做强，形成和谐共生并不断升级的品牌生态发展格局。在制定发展规划时，根据国际产业集群品牌供给趋势，参照国际领军企业现行品牌标准，充分进行产业调研，及时吸收产业集群典型企业、第三方机构、专家学者和社会意见，应制定出地方产业集群品牌发展规划和国家产业集群品牌发展规划。

充分发挥领军企业在产业集群品牌建设的模范带头作用。现代企业与古典企业的不同点在于，企业的功能不仅在于经济价值增值，即获得企业生存和发展所需的利润，而且还在于社会价值增值，即要为社会创造正的外部效应，从而创造良好的社会生态发展环境。也就说，处于产业集群内部的领军企业，在不断获得市场利润的同时，也需要考虑整个行业的生态系统发展。一方面，"一花独放不是春，万紫千红春满园"；另一方面，"木秀于林，风必摧之；堆出于岸，流必湍之"。领军企业不仅担负着企业自身的责任，还担负着产业集群发展的行业责任。因此，需要增强领军企业的行业责任意识，在产业集群品牌制定、宣传、推广方面发挥模范带头作用。

充分发挥产业集群协会在知识产权保护方面的积极作用，保护好产业集群品牌与产业集群内企业品牌的合法权益。在知识产权立法方面，产业集群协会代表产业集群内所有企业提供的具有规范性的立法建议；在知识产权执法方面，产业集群协会能够发挥必要的协助、补充和监督作用，配合执法机关进行调查取证，提供重要的数据信息和建议参考；在知识产权创新方面，产业集群协会能够发挥平台优势和桥梁作用，提供必要的信息统计、人员培训、知识交流、宣传教育等，是产业集群品牌的建设主体和主要推广阵地；在知识产权维权方面，产业集群协会具有集体优势，能够运用各种资源，并能代表企业伸张正义，打击各种假冒伪劣产品，维护产业集群品牌与企业品牌的正当权益。

8.1.5 全面共建质量链治理体系，形成浓厚的质量意识和文化氛围

1. 健全质量链生态系统治理体系，夯实产业集群质量升级基础

健全质量链生态系统治理体系是质量链生态系统治理主体与客体辩证统一的内在要求，是产业集群质量升级的生态系统支撑。产业集群质量升级是质量链生态系统治理体系和治理能力现代化的系统性工程。健全质量

链生态系统治理体系，必须进一步健全质量链生态系统治理主体，增强质量链生态系统治理主体的治理意识和协同机制，发挥治理主体的功能和作用，采取科学的治理媒介（工具、手段和方法），实现质量治理链条化、精准化和专业化。

质量链生态系统治理主体主要涉及质量意识不断觉醒的产业集群企业、作用更加突出的集群协会、功能更加完善的第三方机构、服务更加优化的政府，以及收入、消费理念不断提升的消费者等。其中，产业集群企业不仅包括生产同类或者相似产品（服务）的企业，还包括相关的上下游企业及生产中间产品的企业，是质量链生态系统治理的质量执行和提升主体。在买方市场下，产业集群企业的质量竞争压力进一步增大，质量意识和质量行动得到进一步增强。产业集群协会是质量链生态系统治理的质量协调与配合主体，在产业集群内外企业、政府、第三方机构和消费者之间发挥了枢纽和桥梁作用。

第三方机构主要指检验检测、认证认可机构、质量信用采集机构、质量保险机构和新闻机构等。检验检测、认证认可机构是质量链生态系统治理的质量评价与传递主体，提供质量信号。质量信用采集机构、质量保险机构是质量链生态系统治理的新生力量，质量信用采集机构积累产业集群企业的质量信用，影响着质量链生态系统治理主体的决策行为和实质行动；质量保险机构致力于在维护消费者合法权益方面提供更具有实质性意义的风险补偿解决方案。政府是质量链生态系统治理的质量监管和推动主体，包括决策部门、监管部门和法律部门，具有极大的强制力和约束力。消费者是质量链生态系统治理的质量使用与反馈主体，同时还发挥一定的监督作用。

基于质量治理的利益相关者属性，质量链生态系统治理主体均有动力去关注和实施产品质量提升。但是由于信息不对称和辨识能力的劣势，企业对消费者传递的质量反馈信号可能采取了不行动或者弱行动的做法，这就需要第三方机构和产业集群协会进行调节，必要时政府进行干预。同时，产业集群企业质量提升的信号，需要第三方机构进行传递，引导消费者决策和行动。因此，为了缩短质量链生态系统治理主体间的质量信号传输和停留时滞，需要采用新技术、新模式构建质量链生态系统治理主体的协同机制。

质量链生态系统治理客体是产业集群的产品（服务）质量等级和层次。链接质量链生态系统治理主体与客体之间的媒介，是质量链生态系统治理工具、手段和方法。即利用基于5G、物联网、云计算、大数据、AI、区块链等新技术和新基础设施，推动标准、计量、检验检测、认证认可等质量基础设施升级，进而推动产业集群企业质量技术进步，不断提升质量信用和品牌价值。在质量治理链条上，以产品标准为基准、以检验检测为依托、以质量溯源为手段、以质量信用为核心、以质量保险为保障，形成质量治理的闭环。实践中，在质量链建设上进行了积极探索，构建了第三方全要素质量数据公共服务平台，正在推动形成多方参与、互联互通、共治共享的质量链生态系统治理体系①。

2. 强化精神层面质量价值观再塑，营造良好质量文化氛围

质量价值观是集群或者企业关于产品、服务、工程和环境质量作用、效果和重要性的基本认识和总体评价。作为"一种持久的信念"②，质量价值观"影响了个体或群体的行动方式、途径及目的的选择"③，是质量文化建设精神层面的核心范畴，是质量文化建设的精神支撑和最高层级④。全球价值链下产业集群质量升级，不仅是质量文化制度层面、行为层面和物质层面的质量变革，更是精神层面的质量意识觉醒、质量价值观再塑。

---

① 质量链介绍［EB/OL］.［2020 – 05 – 15 访问］https：//www. cloudchain. cn/.

② Rokeach，M. The nature of human values. In the nature of human values and value systems［M］. New York：Free Press，1973：5 – 11.

③ 张强，李颖异. 企业价值观体系的架构及要素［J］. 管理世界，2015（10）：193. 详见：Kluckhohn，C. Values and value-orientations in the theory of action：an exploration in definition and classification［J］. In：Parsons，T. and Shils，E.，Eds.，Toward a General Theory of Action，Harvard University Press，Cambridge，1951：388 – 433.

④ 陈永清，韦焕贤. 中小企业质量文化及其重构研究［J］. 广西民族大学学报：哲学社会科学版，2011（04）：133.

　　我国传统质量价值观是建立在中庸思维模式、伦理思想和农业文明基础之上的，奉行集体主义，在社会生产上注重和谐统一①。这一价值观，在农业文明时代有其固有的优势，成就了举世闻名的大型质量工程，比如长城、故宫等，留传了中外质量工艺瑰宝，比如瓷器等。但是由于阶层收入分配的极度不对等，在产品质量供给上，具有明显的阶层性差异，缺乏普惠性、包容性。长期以来普通大众的高质量需求难以得到有效释放，客观上束缚了质量意识的提升和质量管理的改进，导致整体质量观处在较低的水平上。随着我国逐步进入工商文明和生态文明时代，传统质量管理越来越难以适应社会大规模生产的需要，更不能满足现代社会日新月异的变革需要，因此亟须健全制度、程序、流程等方面的缺陷，增强全面质量管理方法、手段、工具实施，保障精准严格的产品质量。反映在质量价值观再塑方面，就是增强理性、科学、严谨、普惠，做到客观、公正、一视同仁。从质量需求层面来看，仍然需要扩大提升国民收入，使他们产生层级更高的质量需求，创造更大更多的质量需求拉力，刺激增强产业集群企业质量升级价值观再塑的紧迫性和重要性的认识。

　　强化精神层面质量价值观再塑，推动质量价值观现代化。坚持和完善社会主义市场经济体制，以更加开放的心态、更加宽阔的国际视野，坚持洋为中用、古为今用，积极学习对接国际先进质量管理思想、方法和工具，并不断在实践中提炼、升华，形成具有中国特色的现代企业质量管理理念、制度和方法体系。从人员组织上看，产业集群质量价值观再塑首先是要对产业集群企业家质量理念再塑，通过政府推动、协会组织、主动出击等多种形式，每年对国内外先进企业现场考察至少3次，开拓企业家和部分中层管理人员质量管理视野，牢固树立质量就是竞争力、质量就是利润的价值理念，积极寻求治理质量管理差距的办法；其次，推进中层管理人员和普通员工质量意识深化，加强中层管理人员和普通员工质量知识培

---

　　① 马中东，王肖利，梁树广. 国家质量文化：影响因素和类型特征分析——以中美德日为例［J］. 广西社会科学，2018（10）：190－194.

训，宣讲质量管理的重要性，不断增强员工质量管理意识，提升员工质量管理技能。通过举办质量技能比赛、质量证书比拼等形式，树立先进典型标杆，发挥模范带头作用，形成人人学质量、人人争质量之先的企业质量文化氛围。

从实践塑造来看，注重学习、吸收和创新相结合。边干边学，边学边干，摒弃传统质量管理非合理的思想、方法，选择性吸收标杆企业的先进质量管理经验、方法和手段，创新发展形成新的质量价值观，才能不断升级质量管理实践。通过质量理念扬弃、质量制度变革，逐步形成适合本企业需要的现代化质量价值观。华为公司在企业管理学习借鉴上探索出了一条"先僵化、再优化、最后固化"的路子，实质上就是从最初老老实实的照搬，到实践中不断消化、破除、吸收，最后形成质量管理的创新创造，形成比较成熟的质量管理模式和现代化质量价值观。

加强产业集群质量文化引领和全社会质量文化建设。从供给来看，先进的产业集群质量文化是全社会质量文化的重要组成部分，在全社会质量文化建设中发挥着示范引领作用，带动了全社会质量文化迈入新台阶。同时，全社会质量文化是产业集群质量文化建设的基础和支撑，先进的全社会质量文化对产业集群质量文化建设发挥助推器、润滑油和催化剂的积极作用，能够更加迅速、快捷地推进产业集群质量文化建设。反之，落后的全社会质量文化对产业集群质量文化建设发挥逆推器、绊脚石、抑制剂的消极作用，需要以更大的决心、更高的成本推动产业集群质量文化的改造。加强全社会质量文化建设，需要发挥政府治理作用，贯彻和落实《中华人民共和国产品质量管理法》。相关部门应组织举办质量安全与质量监管舆论宣传、知识讲座等系列大型社会质量活动，持续投入，久久为功，严格打击非法，鼓励支持守法，让质量意识深入广大生产者和消费者的思想中，形成人人重视质量、人人关注质量、人人推动质量升级的社会生态氛围。

8.2　全球价值链下产业集群质量升级的对策

8.2.1　加强质量重视，完善制度建设

（1）提升质量重视程度，充分认识全球价值链下产业集群质量升级的重要性、紧迫性，牢固树立质量管理的责任感、危机感和使命感。满足客户不断升级的高质量需求，是产业集群企业生存和发展的使命所在、责任所在。在全球新冠肺炎疫情暴发并严重影响出口和内需的背景下，数量竞争、价格竞争已经不再是产业集群的竞争优势。只有不断提升产品（服务）质量，企业竞争才有活路，产业集群发展才有出路。在美国霸权主义肆虐和对中国创造遏制趋紧下，实现《中国制造 2025》到 2025 年迈入制造强国行列的目标所遭遇的外部压力大大增大，产业集群质量升级外部环境严峻，必须增强时间危机意识，以一万年太久、只争朝夕的精神和态度，苦练质量技术和管理内功，不断提升产品质量合格率①。

（2）完善全员、全过程、全方位质量管理制度。新形势下，严格贯彻落实《中华人民共和国质量法》《建筑工程质量管理条例》《中华人民共和国电子商务法》等相关法规，严格落实工程质量终身责任制，严厉打击质量违法现象。建立健全企业质量责任制，普及推广首席质量官制度，不断拓展首席质量官质量管理领域，巩固深化产品（服务）质量管理、质量检验、质量安全等传统业务，探索实现企业工作质量、绩效质量和发展质量管理等新兴业务，提升企业产品质量、运行质量和发展质量。积极探索多种形式的质量采信制度，推动行业质量信用建设，完善第三方检验

---

①　2019 年我国制造业产品质量合格率为 93.86%，仍然存在较大的提升空间。

结果采信管理。健全完善顾客满意度评价制度，健全普及质量保险制度。

8.2.2　优化财力投入，提升资金效能

（1）加强质量技术创新、质量基础设施升级投入。大量而持续的硬投入，是质量技术创新、质量基础设施升级的物质基础。充分发挥财政资金的杠杆作用，以奖励、补助、加计扣除等多种形式激励产业集群企业进行科技研发和质量基础设施升级改造，带动更多企业进行创新活动。据统计，2018 年我国制造业仅有 44.7% 的规模以上企业具有产品或工艺创新活动，在创新主体数量方面仍然存在较大的拓展空间。加大财政对"从 0 到 1"基础研究经费的投入比重，逐步带动提升我国基础研究经费在全社会研发经费的比例①。加大财政对质量基础设施投资的政策倾斜，带动全社会增加质量基础设施有效供给。截至 2019 年底，我国共有国家质检中心 835 家，比 2018 年增加 44 家；现有产品质量、体系和服务认证机构 596 家，比 2018 年增加 112 家，累计完成企业认证数比 2018 年增加 90 000 家，达到 720 000 家②。

（2）提升财政资金效能。受新冠肺炎疫情对经济增长和财政收入的影响，2019 年前四个月我国一般公共预算收入同比下降 14.5%，财政收入趋紧状况将延续到第二个季度；一般公共预算支出同比下降 2.7%，下降幅度大大低于一般公共预算收入，财政赤字状况进一步扩大。2019 年财政赤字预算为 37 600 亿元，比 2019 年增长 10 000 亿元。在财政紧张情况下，必须提升财政资金使用效能，加强投入产出指标评估，确保好钢用在刀刃上。充分发挥财政的资源配置功能，带动更多资金投向与质量密切相关的"四新""新基建"领域，提升质量技术设施管理能力和运行效率。

---

① 2019 年这一指标仅为 5.56%。

② 资料来源：国家统计局发布的中华人民共和国 2019 年、2018 年国民经济和社会发展统计公报。

8.2.3 建设完善平台，强化服务协作

（1）建立健全具有公共物品性质和半公共物品性质的质量平台。围绕量子基准计量变革，建设改造一批国家计量检验中心、国家计量器具产品质量监督检验中心，满足产业集群领军企业的高精尖计量需求，推动部分企业率先进入国际计量标准第一方阵。围绕社会公用计量标准建设，优化完善信息化管理系统和公共服务平台，提升自动化、智能化、网络化服务能效，推动产业集群计量标准不断提升。围绕质量技术创新、团体标准制定修订、国际品牌塑造，更多以市场化方式，更好发挥政府作用，组织建立一批产业集群技术标准化联盟、质量品牌公共服务平台，推动产业集群企业增强技术研发力度、抢占国际标准阵地、加速产业集群品牌国际化。健全完善国家产品质量信用平台，建立精准可靠、可持续的质量采信机制，提升质量信用使用效能。

（2）强化服务协作，建立有效的质量专利、产业集群品牌、信用信息等资源共享和科学决策机制。一是产业集群协会发挥第三方沟通协调服务作用，推动产业集群内部资源有机整合，建立集群内部的利益共享和风险共担机制；二是政府质量管理部门健全完善质量监管政策、企业质量信用、企业质量负责人（首席质量官）责任履行、第三方检验检测及认证认可机构资质、运行反馈等信息共享与决策选择机制，推进科学、及时和高效的监管；三是加强"放管服"改革，更好地发挥第三方检验检测、认证认可机构质量服务的市场主体作用，促进质量服务业的快速发展。

8.2.4 创新质量生态，扩大学习效应

（1）创新质量生态，构建质量链共治体系。依靠5G、物联网、云计算、大数据、人工智能、区块链、扫码识别等新技术，借助传统媒体及微信、抖音、快手、直播等新媒介，传递反馈产品（服务）质量追溯、检

验、认证等质量要素在产业供应链中的运行效能，增强质量链质量要素在各治理主体之间的信息共享和反馈频率，推动各方参与质量"共治"，打破传统质量治理的"孤岛"局面。作为质量治理的执行主体，产业集群企业应以更加开放的心态，集聚吸纳供应链、消费终端、第三方机构乃至全社会质量治理力量，吸收各方质量治理建议和具体解决方案，让各方关注企业在质量管理方面组织的战略、采取的措施和认证的结果，增进质量互信，推动质量升级。作为质量治理的校验主体，第三方质量基础设施机构应严格遵守诚信、客观、公正的行业操守，更加注重运行质量，避免因市场拓展放松自律而受到不当得利侵蚀。

（2）强化质量学习，普及推广应用质量管理知识。质量学习是产业集群质量升级的原始基础和根本活动，贯穿了质量模仿、质量创新、质量领先的整个过程。无论是外部的质量监管、检验检测、认证认可，还是内在的行业自律、质量技术创新，都需要依赖一定的质量知识，完成相应的学习时间积累。从一定意义来说，质量学习是质量技术人员实现创新的源途径。在构建质量链共治体系、推动质量治理主体互动的基础上，要不断强化质量学习，提升质量认知能力，提高质量履行自觉程度。在举办"质量论坛""质量月"活动的基础上，强化面向全社会全民族的质量知识宣传教育和实践应用，增强全社会全民族质量意识和管理自律，提升全社会全民族质量管理素养。

8.2.5 推进国际合作，造就引领优势

开放推动交流，交流促进合作，合作走向共赢。在新时代构建的高水平全方位开放格局背景下，积极践行"一带一路"倡议，加强与国外先进质量技术、认证认可国际合作交流，深化国际质量合作发展空间，拓展国际质量合作发展领域，创新国际质量合作发展方式。大力参与国际标准制修订相关活动和事宜，逐步提升中国标准在全球质量标准话语体系的影响力和世界市场经济的竞争力。推进多双边互信互认，促进"一带一路"

贸易畅通。加快检验检测、认证认可机构"引进来"和"走出去"步伐，积极引进国外先进检验检测、认证认可标准、技术、服务和管理运行经验，通过提高国内检验检测、认证认可市场开放度，刺激本土检验检测、认证认可机构迸发市场竞争活力。加强"一带一路"产能合作，支持推动越来越多的本土检验检测、认证认可机构开拓国际市场，熟悉国际规则，提升中国质量服务竞争力。

在以美国为主导的贸易保护主义抬头的情况下，必须以更大的决心、更大的力度，采取更为灵活的对外合作方式，加强同"一带一路"沿线国家和非洲国家的质量交流合作。造就引领优势不是一蹴而就的，而是有阶段、分步骤依靠扎实的技术标准支撑和国际合作事务开展来实现的。造就引领优势，不是单纯为了领先而领先，而是为了全球产业质量整体性提升和消费者满意度增高，为了社会生产力与社会福利的同步增长，为了全社会人类获得感、幸福感的增进，以此为使命，深化国际合作，势在必行。放眼未来，全球价值链下我国产业集群质量升级，虽道阻且长，但行则将至。

附　　录

改革开放以来党中央国务院颁发的有关制造业
产业集群质量升级的重要文件目录

时间	文件名称	颁发单位	重要意义
1979 年 6 月	《中华人民共和国优质产品奖励条例》经技〔1979〕156 号	国家经济委员会	鼓励工业企业不断提高产品质量，赶超世界先进水平
1980 年 3 月	《工业企业全面质量管理暂行办法》经技〔1980〕115 号	国家经济委员会	全面质量管理是现代化工业生产中一种科学的质量管理方法
1986 年 4 月	《工业产品质量责任制条例》国发〔1986〕42 号	国务院	第一次对产品质量责任提出要求
1987 年 5 月	《国家优质产品评选条例》	国务院	规范了评选办法，1994 年废止
1992 年 7 月	《关于进一步加强质量工作的决定》国发〔1992〕41 号	国务院	提出依靠技术、引入市场机制、加强质量监督等政策措施
1993 年 9 月	《中华人民共和国产品质量法》	全国人大常委会	我国质量工作进入法制轨道
1996 年 12 月	《质量振兴纲要（1996～2010年)》	国务院印发	第一次对质量发展提出长远规划
1999 年 11 月	《关于加强产品质量工作若干问题的决定》	国务院印发	第一次比较系统地要求以市场经济规则来加强质量管理

续表

时间	文件名称	颁发单位	重要意义
2012 年 1 月	《质量发展纲要（2011～2020年)》国发〔2012〕9 号	国务院	突出质量安全、质量发展两大主题，是具有方向性和指导性的纲要
2013 年 3 月	《计量发展规划（2013～2020年)》国发〔2013〕10 号	国务院	是指导计量工作发展的行动纲领
2013 年 5 月	《质量工作考核办法》国办发〔2013〕47 号	国务院办公厅	对各省级政府的质量工作考核
2014 年 2 月	《关于整合检验检测认证机构的实施意见》国办发〔2014〕8 号	国务院办公厅	将"整合"作为主要抓手，建立现代检验检测认证机构体系，逐步做大做强
2016 年 9 月	《消费品标准和质量提升规划（2016～2020 年)》国办发〔2016〕68 号	国务院办公厅	以先进标准引领消费品质量提升，倒逼消费品装备制造业转型升级
2015 年 3 月	《深化标准化工作改革方案》国发〔2015〕13 号	国务院	全面吹响了我国标准化工作改革的号角
2015 年 5 月	《中国制造 2025》国发〔2015〕28 号	国务院	我国实施制造强国战略第一个十年的行动纲领，培育一批具有核心竞争力的产业集群和企业群体
2015 年 12 月	《国家标准化体系建设发展规划（2016～2020 年)》国办发〔2015〕89 号	国务院办公厅	是我国标准化领域第一个国家专项规划，是对国家标准化体系建设作出的全面部署
2016 年 1 月	《中华人民共和国认证认可条例（2016 年修改)》国务院第 119 次常务会议通过修改	国务院	是我国认证认可法制建设工作中的一件大事，标志着认证认可工作法治化进程向前迈出一大步

续表

时间	文件名称	颁发单位	重要意义
2016 年 4 月	《装备制造业标准化和质量提升规划》国质检标联〔2016〕396 号	国家质检总局，国家标准委，工业和信息化部	对接《中国制造 2025》制定有关装备制造业在标准化和质量工作方面进行提升的专项规划
2016 年 6 月	《关于发展品牌引领作用推动供需结构升级的意见》	国务院办公厅	是为更好发挥品牌引领作用，推动供给结构与需求结构升级而制定的法规
2016 年 11 月	《国务院办公厅关于建立统一的绿色产品标准、认证、标识体系的意见》	国务院办公厅	贯彻生态文明体制改革和供给侧结构性改革相关要求，统一绿色产品体系，提升消费品品质，服务经济社会
2016 年 11 月	《认证认可检验检测发展"十三五"规划》	国家质检总局国家认监委国家发展改革委	是我国首次对检验检测、认证认可机构行业进行整体设计和统筹布局的专项规划
2016 年 12 月	《质量品牌提升"十三五"规划》	国家质检局	是全国质检系统"十三五"时期推动质量品牌提升的行动纲领
2017 年 5 月	《关于进一步加强能源计量工作的指导意见》国质检量联〔2017〕211 号	国家发改委国家质检局	完善能源计量体系，提高能源精细化管理水平，推进能源计量服务向全过程、综合性、智能化转型升级
2017 年 9 月	《中共中央、国务院关于开展质量提升行动的指导意见》	中共中央、国务院	质量发展史上的重要里程碑，第一次以党中央、国务院文件名义提出实施质量强国战略。实现价值链升级，形成一批质量效益一流的世界级产业集群
2017 年 11 月	《中华人民共和国标准化法》	全国人大常委会	我国标准化工作进入法制管理新阶段

续表

时间	文件名称	颁发单位	重要意义
2017 年 11 月	《国家认监委关于质量管理体系认证升级版的实施意见》国认可〔2017〕137 号	国家认监委	以质量管理体系认证制度的升级，带动企业质量管理升级
2017 年 12 月	《团体标准管理规定（试行）》国质检标联〔2017〕536	质检总局、国家标准委、民政部	为满足市场和创新需要，协同相关市场主体共同制定的标准
2017 年 12 月	《标准联通"一带一路"行动计划（2018～2020 年)》	国家标准委	建设标准国际化发展新局面，中国标准与国际标准体系兼容水平不断提高
2018 年 1 月	《国务院关于加强质量认证体系建设促进全面质量管理的意见》国发〔2018〕3 号	国务院办公厅	质量认证是市场经济条件下加强质量管理、提高市场效率的基础性制度

参 考 文 献

[1] 白让让. 双重合资与本土企业自主创新惰性——兼论新能源汽车合资热的负面效应 [J]. 财经问题研究, 2018 (10): 49-57.

[2] 蔡秀玲, 余熙. 德日工匠精神形成的制度基础及其启示 [J]. 亚太经济, 2016 (05): 99-105.

[3] 陈朝晖. 全球价值链视角下的产业集群创新成长战略——以柳州汽车产业集群为例 [J]. 亚太经济, 2008 (02): 91-94.

[4] 陈国亮, 陈建军. 产业关联、空间地理与二三产业共同集聚——来自中国212个城市的经验考察 [J]. 管理世界, 2012 (04).

[5] 陈启斐, 王晶晶, 黄志军. 参与全球价值链能否推动中国内陆地区产业集群升级 [J]. 经济学家, 2018 (04): 42-53.

[6] 陈肖飞, 郭建峰, 胡志强, 苗长虹. 汽车产业集群网络演化与驱动机制研究——以奇瑞汽车集群为例 [J]. 地理科学, 2019, 39 (03): 467-476.

[7] 陈艺毛, 李春艳, 杨文爽. 我国制造业国际分工地位与产业升级分析——基于增加值贸易视角 [J]. 经济问题, 2019 (05): 105-114.

[8] 陈永清, 韦焕贤. 中小企业质量文化及其重构研究 [J]. 广西民族大学学报: 哲学社会科学版, 2011 (04): 133.

[9] 程虹, 陈文津. 企业质量文化异质性与企业利润关联的实证研究 [J]. 管理学报, 2017, 14 (07): 966-972.

[10] 程虹, 范寒冰, 罗英. 美国政府质量管理体制及借鉴 [J]. 中国软科学, 2012 (12): 1-16.

[11] 程虹, 沈珺, 宁璐. 日本持续性质量管理政策及其借鉴 [J].

国家行政学院学报，2017（01）：56-59+127.

[12] 程虹等. 美国政府质量管理体制及借鉴 [J]. 中国软科学，2012（12）：1-16.

[13] 单宝. 欧洲、美国、日本实施标准化战略的新动向及启示 [J]. 中国科技论坛，2007（06）：140-143.

[14] 邓恢华，杨建梅. 从集群品牌视角探讨广州汽车产业集群竞争力的提升 [J]. 南方经济，2005（09）：59-61.

[15] 邓恢华，杨建梅. 基于企业品牌与集群品牌关系的我国汽车产业集群发展探讨 [J]. 科技管理研究，2005（12）：99-102.

[16] 邓科. 品胜起诉苹果 MFi 认证涉嫌垄断 [N]. 人民邮电，2017-08-31.

[17] 丁毅. 日本产品质量监控组织体系及相关制度研究 [J]. 当代经济，2016（12）：121-123.

[18] 董珍. 人民日报新知新觉：不断提升产业集群竞争力 [N]. 人民日报，2018-04-02（07）.

[19] 冯军. 改革开放40年我国质量发展历程与变革 [J]. 中国发展观察，2019（01）：35-37，42.

[20] 冯德连. 加快培育中国世界级先进制造业集群研究 [J]. 学术界，2019（05）：86-95.

[21] 高晓娜，马延吉. 瓦房店市轴承企业集聚及持续发展研究 [J]. 人文地理，2009，24（04）：98-102.

[22] 龚丽敏，江诗松，魏江. 产业集群创新平台的治理模式与战略定位：基于浙江两个产业集群的比较案例研究 [J]. 南开管理评论，2012，15（02）：59-69.

[23] 龚晓明. 从质量精神、质量方法到质量实践 [J]. 中国质量，2015（04）：19-22.

[24] 龚艳萍，赵志刚. 国家文化及其应用研究综述 [J]. 管理现代化，2006（05）：15-17.

[25] 关峻，徐泽磊，邢李志．全球产业集群发展关联网络模型研究——以汽车产业集群为例 [J]．科技进步与对策，2017，34（17）：72-79．

[26] 郭宝霞．中外滚动轴承工业标准对比分析 [J]．世界标准化与质量管理，2008（05）：9-12．

[27] 郭朝先，王虹，李辉．发达国家对检验认证行业的监管及其借鉴 [J]．中国市场，2012（20）：90-96．

[28] 郭晓静．国际手机展成重庆专属名片 [N]．重庆日报，2018-11-12．

[29] 郭彦．我国轴承产品出口结构的演变及优化策略 [J]．经济纵横，2008（06）：53-56．

[30] 郭彦．中国轴承制造业三大基地的竞争力比较研究 [J]．财经问题研究，2008（07）：103-108．

[31] 制造质量强国战略研究课题组．制造质量强国战略研究 [M]．中国标准出版社，2016．

[32] 哈奇，黄应贵，郑美能，译．人与文化的理论 [M]．哈尔滨市：黑龙江教育出版社，1988：329．

[33] 何可．美国产品质量检验检测体系面面观 [J]．质量探索，2012（05）：45．

[34] 洪银兴．参与全球经济治理：攀升全球价值链中高端 [J]．南京大学学报（哲学·人文科学·社会科学），2017，54（04）：13-23+157．

[35] 胡大立．我国产业集群全球价值链"低端锁定"的诱因及其突围 [J]．现代经济探讨，2013（02）：23-26+36．

[36] 胡大立．我国产业集群全球价值链"低端锁定"战略风险及转型升级路径研究 [J]．科技进步与对策，2016，33（03）：66-71．

[37] 华为投资控股有限公司．2019年年度报告 [EB/OL]．[2020-04-30访问] https：//www-file.huawei.com/-/media/corporate/pdf/annual-report/annual_report_2019_cn.pdf？la=zh．

［38］黄灿艺．日本标准化管理体制对我国的启示［J］．山东纺织经济，2009（04）：96－97．

［39］黄光灿，王珏，马莉莉．全球价值链视角下中国制造业升级研究——基于全产业链构建［J］．广东社会科学，2019（01）：54－64．

［40］姜红，刘文韬．技术标准联盟特性及联盟发展影响因素综述［J］．科技管理研究，2019，39（11）：153－158．

［41］姜红，孙舒榆，吴玉浩．技术标准联盟知识生态系统演化机理分析——闪联产业联盟案例［J］．科技进步与对策，2019，36（21）：1－9．

［42］蒋家东，李相禛，郑立伟．国家质量基础设施研究综述［J］．工业工程与管理，2019，24（02）：198－205．

［43］蒋家东，徐哲．质量文化研究（下）——维度及模式分析［J］．航空标准化与质量，2000（04）：22－26．

［44］蒋家东，张豪．质量基础设施效能评估的初步研究［J］．航空标准化与管理，2019（03）：23－28．

［45］蒋家东，张豪．质量基础设施效能评估的初步研究［J］．机械工业标准化与质量，2020（01）：41－46．

［46］蒋家东等．国家质量基础设施研究综述［J］．工业工程与管理，2019，24（02）：198－205．

［47］蒋家东．质量文化研究（上）——概念及结构化分析［J］．航空标准化与质量，2000（03）：25－29．

［48］金丹，杨忠．创新驱动发展下的领军企业技术能力提升策略研究［J］．现代经济探讨，2020（03）：81．

［49］康淑娟．行业异质性视角下的中国制造业在全球价值链中的地位及影响因素［J］．国际商务（对外经济贸易大学学报），2018（04）：74－85．

［50］库妮都孜·司地克，付书科．全球价值链视角下地方产业集群升级路径及对策［J］．商业经济研究，2016（21）：199－200．

［51］李大庆，李庆满．产业集群环境下企业技术标准扩散模式及路

径研究 [J]. 科技进步与对策, 2017, 34 (23): 77 – 83.

[52] 李明武, 綦丹. 产业集群品牌生态系统的构成、特征及演化 [J]. 企业经济, 2017, 36 (03): 23 – 28.

[53] 李庆满, 杨皎平, 赵宏霞. 集群内外竞争、标准网络外部性对标准联盟组建意愿和创新绩效的影响 [J]. 管理科学, 2018, 31 (02): 45 – 58.

[54] 李瑞林, 魏剑锋. 我国地方产业集群四大 "负锁定" 的特征、风险及生成机制 [J]. 贵州社会科学, 2018 (04): 126 – 131.

[55] 李唐. 中国传统质量文化的主要特质 [J]. 宏观质量研究, 2015 (03): 1 – 15.

[56] 李玮. 全球价值链理论和发展中国家产业升级问题研究 [J]. 工业技术经济, 2017, 36 (01): 22 – 31.

[57] 梁颖, 卢潇潇. 发展中国家如何实现产业升级? ——基于价值链转变视角的文献述评 [J]. 广西大学学报 (哲学社会科学版), 2019, 41 (01): 87 – 96.

[58] 林忠钦, 赵亦希, 潘尔顺. 中国汽车制造质量提升战略研究 [J]. 中国工程科学, 2018, 20 (01): 45 – 51.

[59] 刘殿兰. 提升我国区域汽车产业集群竞争力的对策研究——基于 AHP 模型的广州汽车产业集群竞争力研究 [J]. 科技管理研究, 2013, 33 (11): 138 – 142.

[60] 刘华军, 王耀辉, 雷名雨. 中国战略性新兴产业的空间集聚及其演变 [J]. 数量经济技术经济研究, 2019, 36 (07).

[61] 刘化龙. 科技创新引领高质量发展——中国轨道交通装备科技创新的实践与思考 [N]. 人民日报, 2018 – 11 – 29.

[62] 刘世锦、冯飞. 汽车产业全球化趋势及其对中国汽车产业发展的影响 [J]. 中国工业经济, 2002 (05): 5 – 12.

[63] 刘世锦. 加入 WTO 后的中国汽车产业发展模式选择 [J]. 管理世界, 2002 (08): 54 – 62.

［64］刘斯敖，贺华丽．浙江经济空间集聚模式的历史演进分析［J］．浙江学刊，2012（01）：210－217.

［65］刘维林．中国式出口的价值创造之谜：基于全球价值链的解析［J］．世界经济，2015，38（03）.

［66］吕文栋，张辉．全球价值链下的地方产业集群战略研究［J］．中国软科学，2005（02）：119－124.

［67］吕越，陈帅，盛斌．嵌入全球价值链会导致中国制造的"低端锁定"吗？［J］．管理世界，2018，34（08）：11－29.

［68］吕越，马嘉林，田琳．中美贸易摩擦对全球价值链重构的影响及中国方案［J］．国际贸易，2019（08）：28－35.

［69］罗勇，曹丽莉．全球价值链视角下我国产业集群升级的思路［J］．国际贸易问题，2008（11）：92－98.

［70］马纪岗．浅析苹果公司的企业文化［J］．知识经济，2017（21）：90＋92.

［71］马进．认证认可在质量治理中的作用［J］．检验检疫学刊，2019，29（03）：86－91.

［72］马涛．全球价值链下的产业升级——基于汽车产业的国际比较［J］．国际经济评论，2015（01）：98－111＋6.

［73］马晓云．中国装备制造业自主创新路径选择——基于宁夏西北轴承合资案的视角［J］．宁夏大学学报（人文社会科学版），2010，32（01）：178－181.

［74］马中东，王肖利，梁树广．国家质量文化：影响因素和类型特征分析——以中美德日为例［J］．广西社会科学，2018（10）：190－194.

［75］马中东．分工、市场、制度与产业集群升级研究——以山东为例［M］．北京：中国社会科学出版社，2016（01）.

［76］马中东．分工视角下的产业集群形成与演化研究［M］．北京：人民出版社，2008（09）.

［77］马中东．区域治理模式与产业集群升级困境分析——基于全球

价值链视角 [J]. 山东社会科学, 2014 (04)：130 - 134.

[78] 梅建华. 迈向质量时代的行动指南——学习领会习近平总书记质量观 [N]. 中国质量报, 2016 (06)：4.

[79] 宁朝山. 基于质量、效率、动力三维视角的数字经济对经济高质量发展的多维影响研究 [J]. 贵州社会科学, 2020 (04).

[80] 潘天波. 工匠文化的周边及其核心展开：一种分析框架 [J]. 民族艺术, 2017 (01)：26 - 33.

[81] 钱炳. "市场换技术" 有效吗？——中国汽车产业全要素生产率再估计 [J]. 科技管理研究, 2015, 35 (21)：118 - 125 + 140.

[82] 乔小勇, 王耕, 李泽怡. 全球价值链国内外研究回顾——基于 SCI/SSCI/CSSCI 文献的分析 [J]. 亚太经济, 2017 (01)：116 - 126.

[83] 容秀英. 我国企业质量文化构建研究——日本的启示与借鉴 [J]. 科技管理研究, 2015, 35 (12)：237 - 241.

[84] 阮建青, 石琦, 张晓波. 产业集群动态演化规律与地方政府政策 [J]. 管理世界, 2014 (12).

[85] 阮建青, 张晓波, 卫龙宝. 危机与制造业产业集群的质量升级——基于浙江产业集群的研究 [J]. 管理世界, 2010 (02)：69 - 79.

[86] 申虹. 民族文化对质量管理影响分析——中美日质量管理特征的比较研究 [J]. 现代商贸工业, 2014 (02)：81 - 83.

[87] 申明浩, 隋广军, 孙雷. 中国汽车产业集群发展的影响因素分析 [J]. 科技管理研究, 2008 (01)：216 - 219 + 223.

[88] 石洁. 全球价值链治理模式研究综述 [J]. 财会通讯, 2016 (07)：41 - 43.

[89] J·H. 斯图尔德, 玉文华. 文化生态学的概念和方法 [J]. 民族译丛, 1988 (06)：1 - 7.

[90] 苏东坡, 柳天恩, 李永良. 模块化、全球价值链与制造业集群升级路径 [J]. 经济与管理, 2018, 32 (04)：54 - 61.

[91] 苏瑜, 万宇艳. 中部汽车产业集群案例分析 [J]. 中国科技论

坛, 2010 (01): 25 - 28 + 78.

[92] 孙佳林, 刘治宏. 日美质量文化及其推进过程的对比研究 [J]. 中国质量, 2014 (04): 28 - 29.

[93] 佟岩. 产业集群竞争力的实证分析——以沈阳市汽车产业集群为例 [J]. 辽宁大学学报 (哲学社会科学版), 2007 (03): 6 - 11.

[94] 王静华. 全球价值链视角下产业集群升级的路径探析 [J]. 科技管理研究, 2012, 32 (01): 156 - 158.

[95] 王英军. 计量——质量监管的基石 [J]. 中国市场监管研究, 2018 (08): 28 - 29.

[96] 王名扬. 美国行政法 [M]. 北京: 中国法制出版社, 1995.

[97] 王启万, 王兴元. 产业集群品牌环境生态化对品牌关系质量驱动机制研究 [J]. 华东经济. 管理, 2012, 26 (08): 91 - 95.

[98] 王仕卿, 韩福荣. 基于产业集群的质量生态实证研究 [J]. 科学学研究, 2006 (02): 438 - 443.

[99] 王孝松, 吕越, 赵春明. 贸易壁垒与全球价值链嵌入——以中国遭遇反倾销为例 [J]. 中国社会科学, 2017 (01): 108 - 124 + 206 - 207.

[100] 王雪梅, 雷家骕. "以市场换技术" 政策在汽车行业的实施效果评估 [J]. 科学学与科学技术管理, 2008 (04): 19 - 23 + 57.

[101] 王岳平. 德国提升制造业产品质量的做法及对我国的启示与借鉴 [J]. 经济研究参考, 2012 (51): 33 - 36.

[102] 王振国, 张亚斌, 单敬, 黄跃. 中国嵌入全球价值链位置及变动研究 [J]. 数量经济技术经济研究, 2019, 36 (10): 77 - 95.

[103] 魏澄荣. 高新区转型发展的路径选择 [J]. 社科纵横, 2018 (10): 9.

[104] 吴金忠, 王银光. 政策制度变迁与农村生产要素集聚——对临清市烟店轴承产业发展的案例分析 [J]. 金融研究, 2008 (06): 195 - 203.

[105] 吴闫，刘非．论我国检验检测认证国际话语权的提升 [J]．开放导报，2019（03）：99－103．

[106] 吴义爽，蔡宁．我国集群跨越式升级的"跳板"战略研究 [J]．中国工业经济，2010（10）：55－64．

[107] 夏梁，赵凌云．"以市场换技术"方针的历史演变 [J]．当代中国史研究，2012，19（02）：27－36＋124－125．

[108] 向晓梅，吴伟萍．改革开放40年持续性产业升级的动力机制与路径——广东迈向高质量发展之路 [J]．南方经济，2018（07）：1－18．

[109] 肖宇，夏杰长，倪红福．中国制造业全球价值链攀升路径 [J]．数量经济技术经济研究，2019，36（11）：40－59．

[110] 徐成华．国家质量基础设施技术体系建设的实践与思考 [J]．中国市场监管研究，2020（01）：23－26．

[111] 徐梅．日本的规制改革 [M]．北京：中国经济出版社，2003．

[112] 闫云凤．全球价值链位置决定价值获取程度吗？——基于长度和强度的产业"微笑曲线"检验 [J]．南京财经大学学报，2018（05）：12－20．

[113] 杨仁发．产业集聚与地区工资差距——基于我国269个城市的实证研究 [J]．管理世界，2013（08）．

[114] 余东华，田双．嵌入全球价值链对中国制造业转型升级的影响机理 [J]．改革，2019（03）：50－60．

[115] 袁红林，辛娜．全球生产网络下我国先进制造业集群的国际经验与政策建议 [J]．国际贸易，2019（05）：61－68．

[116] 袁俊．美国、日本、韩国及欧盟的合格评定 [J]．铁道技术监督，2008（03）：11－14＋17．

[117] 曾繁华，杨馥华，侯晓东．创新驱动制造业转型升级演化路径研究——基于全球价值链治理视角 [J]．贵州社会科学，2016（11）：113－120．

[118] 曾洪鑫．认证认可对出口消费品质量影响 [J]．华南理工大学

学报（社会科学版），2018（02）：64-70.

[119] 曾祥炎，成鹏飞. 全球价值链重构与世界级先进制造业集群培育 [J]. 湖湘论坛，2019，32（04）：72-79.

[120] 张辉. 全球价值链下地方产业集群升级模式研究 [J]. 中国工业经济，2005（09）：11-18.

[121] 张茉楠. 当前"逆全球化"趋势与新一轮全球化走向 [J]. 宏观经济管理，2017（05）：33-37.

[122] 张鹏，占豪剑. 基于全球价值链的集群升级及对广东的启示 [J]. 科技管理研究，2009，29（06）：426-429.

[123] 张强，李颖异. 企业价值观体系的架构及要素 [J]. 管理世界，2015（10）：193. 详见：Kluckhohn, C. Values and value-orientations in the theory of action：an exploration in definition and classification [J]. In：Parsons, T. and Shils, E., Eds., Toward a General Theory of Action, Harvard University Press, Cambridge, 1951：388-433.

[124] 张晓东，何攀. 跨境电商产业国际集群品牌形成机理研究——基于扎根理论分析 [J]. 科技管理研究，2019，39（22）：237-246.

[125] 张星久，闫帅. 文化传统、制度创新与日本的"质量奇迹" [J]. 宏观质量研究，2013，1（02）：10-18.

[126] 张旭明，李辉，王亚玲. 汽车产业集群的理论依据与政策选择 [J]. 工业技术经济，2005（06）：115-117.

[127] 张云逸，曾刚. 技术权力影响下的产业集群演化研究——以上海汽车产业集群为例 [J]. 人文地理，2010，25（02）：120-124.

[128] 章志光，林秉贤，郑日昌. 中国心理咨询大典（下册）[M]. 天津：天津科学技术出版社，2008：916.

[129] 赵福全，刘宗巍. 制约自主品牌车企品质提升的质量要素及其改善策略 [J]. 科技管理研究，2016，36（24）：201-206.

[130] 赵广华. 产业集群文化的形成机理和培育策略 [J]. 经济学动态，2008（10）：34-37.

[131] 赵晓庆. 中国汽车产业的自主创新——探析"以市场换技术"战略失败的体制根源 [J]. 浙江大学学报（人文社会科学版），2013，43（03）：164 – 176.

[132] 赵雪. 基于全球价值链理论的产业集群转型升级机理研究 [D]. 天津：天津大学，2018.

[133] 赵增耀. 产业竞争力、企业技术能力与外资的溢出效应——基于我国汽车产业吸收能力的实证分析 [J]. 管理世界，2007（12）：58 – 66.

[134] 赵子军. 华为标准化实践 [J]. 中国标准化，2019（13）：6 – 13.

[135] 郑立伟，徐仁冬. 质量文化发展趋势研究 [J]. 质量与可靠性，2007（04）：52 – 55.

[136] 支树平. 计量是重要的国家质量基础设施之一 [J]. 中国计量，2015（08）.

[137] 制造质量强国战略研究课题组著、国家质检总局质量管理司组编，《制造质量强国战略研究：综合卷》《制造质量强国战略研究：基础卷》《制造质量强国战略研究：技术卷》《制造质量强国战略研究：支撑卷》《制造质量强国战略研究：行业卷》[M]. 北京：中国质检出版社、中国标准出版社，2016（05）.

[138] 中国经营报. 华为："零缺陷"质量管理体系的演进历程 [N]. 中国经营报，2016 – 05 – 16.

[139] 中华人民共和国2019年国民经济与社会发展统计公报，国家统计局网站.

[140] 朱杰，李溥. 我国汽车产业集群创新平台的构建 [J]. 科技进步与对策，2008（08）：89 – 92.

[141] 朱启贵. 建立推动高质量发展的指标体系 [N]. 文汇报，2018 – 02 – 06：12.

[142] 邹小勇. 质量视角下的中山市产业集群升级探析 [J]. 当代经济，2015（07）.

［143］祖国，李诚固，王颖. 我国汽车产业集群式发展个案研究［J］. 经济纵横，2012（05）：58 – 61.

［144］ANSI. Domestic programs（American National Stand-ards）over-view［EB/OL］.［2012 – 5 – 23］. http：//www. ansi. org/stan-dards_activi-ties/domestic_pro-grams/overview. aspx? menuid = 3.

［145］Arrow，K. J. Economic implications of learning by doing［J］. Re-view of Economic Studies，1962（02）：155 – 173.

［146］Bair，J. & Gereffi，G. Local clusters in global chains：the causes and consequences of export dynamism in Torreon's blue jeans industry［J］. World development，2001，29（11）：1885 – 1903.

［147］Bazan，L. & Navas-Alemán，L. Upgrading in global and national value chains：recent challenges and opportunities for the Sinos Valley footwear cluster，Brazil［C］. In EADI's Workshop "Clusters and Global Value Chains in the North and the Third World" Novara，2003：30 – 31.

［148］Crestanello，P. & Tattara，G. Industrial clusters and the govern-ance of the global value chain：the romania-veneto network in footwear and cloth-ing［J］. Regional Studies，2011，45（02）：187 – 203.

［149］Dicken，P.，Kelly，P. F.，Olds，K. & Wai-Chung Yeung，H. Chains and networks，territories and scales：towards a relational framework for analysing the global economy［J］. Global networks，2001，1（02）：89 – 112.

［150］Fonseca，L. & Domingues，J. P. ISO 9001：2015 edition-manage-ment，quality and value［J］. International Journal of Quality Research，2017，1（11）：149 – 158.

［151］Gereffi，G.，Humphrey，J. & Sturgeon，T. The governance of global value chains［J］. Review of international political economy，2005，12（01）：78 – 104.

［152］Gereffi，G. International trade and industrial upgrading in the ap-parel commodity chain［J］. Journal of international economics，1999，48

（01）：37 - 70.

［153］Humphrey, J. & Schmitz, H. Governance and upgrading: linking industrial cluster and global value chain research ［M］. Brighton: Institute of Development studies, 2000.

［154］Humphrey, J. & Schmitz, H. How does insertion in global value chains affect upgrading in industrial clusters? ［J］. Regional Studies, 2002, 36 （9）：1017 - 1027.

［155］Kogut, B. Designing global strategies: comparative and competitive value-added chains ［J］. Sloan Management Review（pre - 1986）, 1985, 26 （04）：15.

［156］Lee, J. R. & Chen, J. S. Dynamic synergy creation with multiple business activities: toward a competence-based business model for contract manufacturers ［J］. applied business strategya, 2000：209 - 228.

［157］Lessman C. , Seidel A. Regional Inequality, Convergence, and its Determinants: a view from outer space ［J］. European Economic Review, 2017, 92 （02）.

［158］Morris, M. & Staritz, C. Industrial upgrading and development in Lesotho's apparel industry: global value chains, foreign direct investment, and market diversification ［J］. Oxford Development Studies, 2017, 45 （3）：303 - 320.

［159］Nadvi, K. & Halder, G. Local clusters in global value chains: exploring dynamic linkages between Germany and Pakistan ［J］. Entrepreneurship & Regional Development, 2005, 17 （05）：339 - 363.

［160］Ponte, S. , Kelling, I. , Jespersen, K. S. & Kruijssen, F. The blue revolution in Asia: upgrading and governance in aquaculture value chains ［J］. World Development, 2014, 64：52 - 64.

［161］Porter, M. E. & Advantage, C. Creating and sustaining superior performance ［M］. Competitive advantage, 1985, 167：167 - 206.

[162] Rajan R. G. , Zingales L. Financial dependence and growth [J]. The American Economic Review, 1998, 88 (03).

[163] Rokeach, M. The nature of human values [M]. New York: Free Press, 1973: 5 - 11.

[164] Rosenberg N. Perspectives on technology [M]. London: Cambridge University Press, 1976.

[165] Sturgeon, T. & Lee, J. R. Industry co-evolution and the rise of a shared supply-base for electronics manufacturing [C]. In Nelson and Winter Conference, Aalborg, 2001 (06): 12 - 15.

[166] Sturgeon, T. J. Modular production networks: a new American model of industrial organization [J]. Industrial and corporate change, 2002, 11 (03): 451 - 496.

[167] Tsai, M. T. & Tsai, C. L. Innovation capability and performance in taiwanese science parks: exploring the moderating effects of industrial clusters fabric [J]. International Journal of Organizational Innovation, 2010, 2 (4).

[168] Visser, E. J. , Távara, J. I. & Villaran, F. Growing but not developing: long-term effects of clustering in the peruvian clothing industry [J]. Tijdschrift voor economische en sociale geografie, 2015, 106 (01): 78 - 93.

[169] Zhu, S. , Pickles, J. & He, C. Global and local governance, and industrial and geographical dynamics: a tale of two clusters [M]. Springer, Berlin, Heidelberg, 2017: 143 - 167.

课题的阶段性成果

［1］基于全球价值链的国家质量基础与产业集群质量升级研究［J］.统计与决策，2020（15）：14－18.

［2］数字经济、要素配置与制造业质量升级［J］.经济体制改革，2020（03）：24－30.

［3］金融去杠杆、污染防治与中国制造业转型升级［J］.经济体制改革，2019（06）：102－108.

［4］国家质量文化：影响因素和类型特征分析——以中美德日为例［J］.广西社会科学，2018（10）：190－194.

［5］团体标准推进我国制造业高质量发展的对策分析［J］.中国标准化，2018（17）：91－95.

［6］全球价值链下产业集群质量升级的历程分析［J］.产业质量研究，第二辑，2020（06）：28－40.

［7］基于质量文化和品牌的质量管理成熟度模型构建与实证分析——以聊城市企业为例［J］.聊城大学学报（社会科学版），2018（03）：114－120.

［8］网络购物购买意愿的影响因素及其复杂关系研究——基于PLS-SEM与贝叶斯网络［J］.统计与信息论坛，2018，33（08）：110－117.

［9］基于钻石模型的区域制造业质量竞争力评价［J］.统计与决策，2020，36（23）：173－177.

［10］产业集群绿色发展的动力机制研究——以山东为例［J］.聊城大学学报（社会科学版），2020（06）：71－80.

[11] 中国区域经济质量差异及其收敛性分析 [J]. 地域研究与开发，2020，39（06）：24 - 28 + 35.

[12] 中国区域制造业质量差异及其收敛性——基于空间计量模型的实证 [J]. 统计与决策，2020，36（23）：98 - 101.

后　　记

　　本书是作者主持承担的 2017 年国家社科基金课题"全球价值链下产业集群的质量升级路径与对策研究"的最终成果，课题组的成员由宁朝山、李哲、张宪昌、梁树广、李绍东、王金河、潘凤广、张延辉、乔美华、王肖丽、任海平、李克乐、宋丽丽组成。

　　本课题由马中东负责课题总体设计、每章的结构安排、部分章节的撰写，负责全部书稿的审定工作。具体分工是：

　　绪论、第 1 章第 1 节、第 2 章：马中东；

　　第 1 章第 2、3、4、5 节：任海平；

　　第 3 章：宁朝山；

　　第 4 章第 1、2 节：梁树广，第 3 节：梁树广、李克乐；第 4 节：马中东、王肖丽；

　　第 5 章：马中东、任海平、乔美华、李克乐；

　　第 6 章：李哲；

　　第 7 章：李绍东、张延辉、王金河、潘凤广；

　　第 8 章：张宪昌。

　　本课题从立项到结项，最后到完成书稿，凝结了课题组成员的集体劳动成果。课题组成员进行了大量实地调研，到江苏常州、浙江慈溪、山东临清考察了轴承产业集群。

　　该课题在研究过程中，在 CSSCI、全国中文核心期刊等国内学术期刊公开发表相关论文 10 余篇，其中负责人为第一作者撰写的《数字经济、要素配置与制造业质量升级》被中国社会科学网全文转载，并获得 2021 年校级社科优秀成果一等奖。论文《团体标准推进我国制造业高质量发展的对策分析》发表在 2018 年第 17 期《中国标准化》杂志，被引用 8 次。负责人主持的《聊城市轴承产业集群提质增效升级研究》在当地产学研合作交流中产生了积极影响，研究成果得到了政府部门和行业协会等机构的认可。

课题组在开展课题研究过程中，通过期刊网、购买书籍和统计年鉴、实地调研、邀请专家座谈、举办专家研讨会等渠道收集了较多的包括部分一手资料在内的相关材料，为本课题的研究提供了重要的参考依据和支撑。课题组收集整理了近二十年来国家颁布的关于质量的文件和政策，还收集了《中国标准化年鉴》《中国认证认可年鉴》《中国标准化》《中国质量监管》《质量与标准化》等资料，重点参考了国家统计局、国务院发展研究中心、中国工业数据库、万德数据库等网站的数据和资料。课题组成员参加了多个学术会议，比如：2019 年中国质量大会、中国质量研究与教育联盟年会、全国标准化大学联盟会议（2019 杭州、2020 青岛），通过学术会议，聆听了国内外专家学者的最新研究成果，获得了前沿学术观点。课题研究期间，课题负责人主持召开了三次区域产业质量高峰论坛，并在经济科学出版社主编出版《区域产业质量》辑刊三期，为本课题的研究提供了良好的研究资源和途径。

山东大学臧旭恒教授、杨蕙馨教授对课题进行了指导，商学院中国特色社会主义研究所徐鹏杰所长、质量研究所张延辉所长对课题提出了宝贵的意见和建议。国家市场监督局发展研究中心的贾玉奎副主任、赵陕雄处长，以及山东省标准化研究院的孙玉亭、孙良泉主任也进行了具体指导，商学院部分老师以及质量管理工程专业部分同学等参与了课题调研、部分数据的查找和整理等工作，在此表示衷心的感谢。本课题得到聊城发展研究院王志刚院长、聊城质量研究中心徐传光主任的大力支持和悉心指导，一并表示感谢。本课题中关于轴承产业集群质量升级的研究成果也是聊城大学质量学院、聊城质量发展研究中心的横向课题成果，并得到出版经费支持，同时，本书也是"聊城大学产业质量协同创新中心"项目和聊城市"水城领军人才"项目（R19WC0601）、聊城大学社科项目（32146131101、321021505）的结题成果，特此说明。